何处是远方

半日闲斋读书札记·甲编

阿 艾◎著

中国出版集团
中译出版社

图书在版编目（CIP）数据

何处是远方：半日闲斋读书札记：甲编 / 阿艾著. -- 北京：中译出版社，2023.9
ISBN 978-7-5001-7492-9

Ⅰ.①何… Ⅱ.①阿… Ⅲ.①读书笔记-中国-现代 Ⅳ.①G792

中国国家版本馆CIP数据核字（2023）第151734号

何处是远方：半日闲斋读书札记：甲编
HECHU SHI YUANFANG: BANRIXIAN ZHAI DUSHU ZHAJI: JIABIAN

出版发行：	中译出版社
地　　址：	北京市西城区新街口外大街28号普天德胜大厦主楼4层
电　　话：	010-68003527
邮　　编：	100088
电子邮箱：	book@ctph.com.cn
网　　址：	www.ctph.com.cn

内封题字：郑也夫

特约策划：	傅小英
特约编辑：	李亚炜　余　笑
责任编辑：	张　旭
文字编辑：	赵艺瑾　崔晓颖　林　楠
封面设计：	末末美书
排　　版：	北京竹页文化传媒有限公司

印　　刷：	北京中科印刷有限公司
经　　销：	新华书店
规　　格：	840毫米×1092毫米　1/16
印　　张：	24
字　　数：	300千
版　　次：	2023年9月第1版
印　　次：	2023年9月第1次

ISBN 978-7-5001-7492-9　　定价：78.00元

版权所有　侵权必究
中　译　出　版　社

阿艾读书掠影

本书出现的图书出版机构和出版时间信息均来自作者藏书,有些作品的版本情况已经变更,特此说明,后不赘述。——编者注

熊逸 著 《周易江湖》

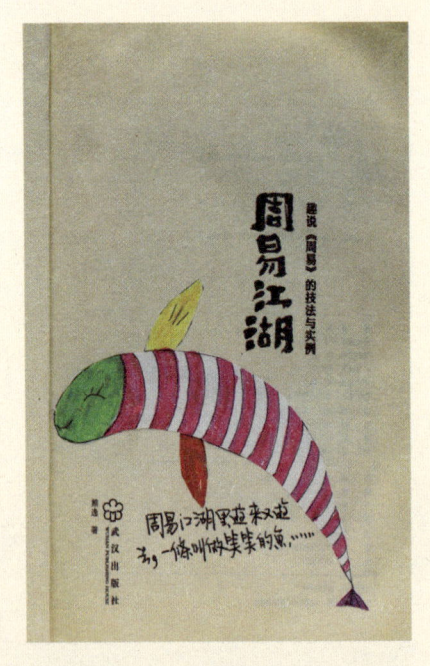

流沙河 著
《诗经现场》

鲁西奇 著
《何草不黄：〈汉书〉断章解义》

苏秉琦 主编
《中国远古时代》

陈序经 著
《匈奴史稿》

周纬 著
《中国兵器史》

刀尔登 著

《中国好人：刀尔登读史》

牟森 著

《直到山河尽头》

陈燊君　主编
《纸》

李一冰　著
《苏东坡新传》

黄且圆 著
《大学者》

止庵 著

《周作人传》

张维迎 著

《回望：一个经济学家是如何长成的》

费孝通 著
《乡土中国》

孙以煜 著

《夜空的云已不似当年》

[美] 艾尔·巴比 著

《社会研究方法》

[德]恩格斯 著
《路德维希·费尔巴哈和德国古典哲学的终结》

[德]尤迪特·沙朗斯基 著
《逝物录》

[英]罗勃·谢泼德 著
《艺术中的灰姑娘：西方书籍装帧》

[英]威尔·贡培兹 著
《现代艺术150年：一个未完成的故事》

[美]马歇尔·杰文斯 著
"哈佛经济学家推理"系列
《致命的均衡》《夺命曲线》
《边际谋杀》《看不见的手》

[南非]德斯蒙德·图图 著
《没有宽恕就没有未来》

[英]玛格丽特·沃特斯 著	[美]海伦·凯勒 著	[法]阿尔贝·加缪 著
《女权主义简史》	《假如给我三天光明》	《西西弗神话》
[英]约翰·艾奇逊 著	[美]赛珍珠 著	张亨年 著
《消失的脚印》	《大地》	《长城新韵》
木心 著	赵晓春 赵晓宇 赵晓慧 著	赵晓春 著
《西班牙三棵树》	《我的母亲张珍年》	《体育的中国化与现代化》

推 荐 序

为一本读书札记写序不易,为阿艾的《何处是远方》写序更难。因为《何处是远方》是阿艾读过的100本书的读后感。读后颇让人有感。现在一个人能在业余时间抽空挑灯夜读100本书,且聚精会神,认真研读,读后有真情实感,还能写成读书札记,实在少之又少。清代彭端淑有《为学》一文,开诚布公:"天下事有难易乎?"吾言之,有,此事即难之,未听说再有人有此举。现在真正能塌下心来读书不易,能塌下心来认真读100本书就更不易了。

"读万卷书,行万里路"是中国读书人的追求。现在中国热衷于"行万里路"的人,熙熙攘攘,万水千山,何畏高温湿热,何惧千辛万苦。蜂拥的人群拥挤在故宫门前;上海南京路上游客挤得"针插不进,水泼不进";西湖断桥上只见人群不见桥;西安兵马俑前挤得风雨不透;每逢节假日,有关统计部门热衷于统计火车增开了多少列，飞机增飞了多少班，游客增加了多少万，旅游收入又增加了多少亿……只要看一眼以上各种情景，便可知"行万里路"深入人心矣，仿佛你不去旅游，你就是"异人类"。但未见有统计关注：长假期间读书族有多庞大？新华书店里有多拥挤？图书馆门前排了多长的队伍？有多少人为了读书，聚精会神、闭门谢客、不看手机？又有多少人还在认认真真读书？"万般皆下品，唯有读书高"可能是现在最腐朽的"僵尸"词。我想起数十年前曾横行中国的一句魔咒：读书无用。不禁让人疑惑，死灰也能复燃？

值得世世代代中国人骄傲的先秦文化中，诸子百家哪一家不是读书郎？哪一家不是学富五车、著作等身？立德立功立言，读书为本。孔子欣然称悦的是："学而时习之，不亦乐乎？"到孔子称之为乐的阶段，其读书的渴望和热忱岂止是一般的"段位"？"三更灯火五更鸡，正是男儿读书时。"那是一种崇高境界。

阿艾读书贵在两点：一为博览群书，开卷有益；二是用心读书，把读书实实在在放在心上。世界上怕就怕认真二字，读书就必须认真，必须用心。毛泽东晚年病重后读庾信的《枯树赋》，在读到"树犹如此，人何以堪"时，竟不禁痛哭，可见其是真正用心读了，真正读进去了。把读书放心上，没有书，可以找书；没有时间，可以挤出时间；没有读懂的，可以反复读；读过没有记住的，可以做笔记；也可以找"高手"切磋，找参考书参考，"水路""陆路"兼程而下。阿艾在读一本30万字书的时候，自己能写下3万字的笔记，过上一段时间，他还会把这些文字再整理成一篇读后感，像这样下功夫，何难之有？久而久之，就会养成习惯，就会手不释卷，就会有"书瘾"。我们现在打麻将、打掼蛋、撸串、喝酒、逛街、吹牛都能成瘾，且热爱至甚，为何独读书被"打入冷宫"？看到过有人喝酒请客，旅游出国，买高档化妆品、奢侈品、名牌，从不吝惜，但买一本几十块钱的书却如同割肉放血；更可怕的是有相当多的人一年甚至数年从未买过一本书，也从未借过一本书，更从未全神贯注地认真读过一本书。

阿艾读书很有"江湖味"，他在书中讲："我是读中国书，也读外国书；读现代书，也读古书；读好懂的书，也读不好懂的书；读畅销书，也读经典书。"读书"杂"如食五谷杂粮，必得其味，必得其益，必有好处。一开始要循着自己的兴趣、爱好挑书看，看到得意处会拍案而起，阿艾读书即然，看着看着兴趣就广了，口味就"刁"了，志向就远了，关注点就精了。作为食客讲究"食不厌精"，作为读书人也讲究读经典，读名著，阿艾读过的这100本书中就不乏国之经典，世之名作，跟随他，读着读着你就觉得自己也厚重了，也超脱了，也明白了，也豁然洞开了。跟读阿艾读过的这100本书，你还会渴望再看100本书，精神食粮能够让人满足、渴望追求，充实精神的需求和寄托。读书"杂"可以开拓视野，开阔思路，开放自我，增加阅历，超脱自己。当然看书要有自己的喜好，"有兴而读"。杨振宁就能从物理学中看到文学，看到美学；爱因斯坦能从相对论中看到人神的区别，看到广义相对论中神的归宿；牛顿在写完《自然哲学的数学原理》后，开始关注资本对股市的振动影响，研究这种振动的规律；而亚当·斯密完成《国富论》，更关注的是人类的进化和种族的消失。做"专家"不易，做"杂家"亦难。读书无止境，那就"跳出三界外，不在五行中"，由"必然王国"跃而进入"自由王国"。

阿艾的100篇"读后感"是让人"读前看"，是想让读者知晓自己是如何在读书时解决"船"和"桥"的问题的。但这不是一道浅显易解的题。我曾经讲过序难写。天下堪称经典的好文章浩如烟海，却未见一篇好序。王羲之的《兰亭集序》写得好，被誉为天下第一，是因为王羲之的字写得好，天下称奇，是文从字美。1600多年间，看过《兰亭集序》的人当以亿计，看过《兰亭集》的人却寥若晨星，看过《兰亭集序》的人中，真正研读序文内容的人又凤毛麟角。

序难写，还在于"有一千个读者，就有一千个哈姆雷特"。众口难调，没有一片完全相同的树叶，但也没有一片完全不同的树叶。

阿艾的《何处是远方》就是一块敲门砖，敲门而入恐怕是阿艾推荐他读过的这100本书的愿望，我看这是块真砖，是块金砖。

崔济哲
癸卯年小暑于北京头发胡同"逸然斋"

前言　我的书生活

我是个书虫，每年读书超过100本。读完的书，还喜欢写书评。久之，书评也攒下不少。受朋友激励，就开了个公众号，叫"晓春荐书"。这本《何处是远方：半日闲斋读书札记·甲编》里边的文章，多来自这个公众号。"何处是远方"是其中一篇；半日闲斋是我的书房；甲编言者，是奢望还有乙丙之类。承蒙中译出版社的厚爱，要将拙著出版，喜出望外之余，又不知如何写序。正好几年来，我做过多场关于读书的公益讲座，便将其中之一整理成文稿，拿来顶数。承原新华社副社长、大散文家崔济哲先生不弃，赐序一章，褒奖有加。窃喜之余，心里也颇惴惴不安。

这个讲座叫作"我的书生活"。说是一个讲座,但一般的讲座是传授知识和传递信息的,我这个讲的是个人感受,让大家知道有这么一个人,以这样一种方式在生活。我今年已经55岁了,有近4万册书,即使再读30年,每年100本书,也只能读完藏书量的十分之一。这么多书,我这辈子肯定是读不完了。这就是我的极限。所以我非常愿意和大家分享读书这件事。我讲五个内容:第一个叫书事,谈我怎么就读起书来了;第二个叫书缘,介绍在我治学和生活中十分重要的十本书;第三个叫读书,谈我怎么读书的,有哪些偏好,有哪些习惯,有哪些心得;第四个叫买书,我的书都是买来读的,因为我喜欢在书上写批注,借别人的书不好意思写;第五个叫书话,谈谈所谓书生活的感受。

书事:做个读书人

回顾童年,读书意味着拯救

我从小就是一个酷爱读书的儿童,却碰到了一个无书的时代。我出生在一个小县城,从小受我姥姥家这边的亲人影响较大。姥姥家是一个传统意义上的书香门第,我的姥太爷①酷爱读书,所以家里有无数的书,他去世后书都留给我姥爷了。但是听姥爷讲,这些书就在我出生前,也就是"文革"爆发的时候全被烧了。当

---

① 有些地方称"太姥爷",指姥姥的父亲。

时谁家里有古旧书，那就是"四旧"。我读的第一本书就是这把火的一个"幸存者"，我姥爷家有一张破烂的八仙桌，这本书就在八仙桌底下垫桌腿。它特别像五指山下的孙猴子，蓬头垢面，面目全非，无头也无尾。我玩着玩着就发现了这本书，然后我就开始看。后来才知道，这是一本繁体字竖排版的《水浒传》（第一卷），当时一多半字我都不认识。我就去请教姥爷，跟头把式地把这本书看下来了。

回顾这段历史，我是想说什么呢？现在历史学有一种研究方法叫反事实研究，就是做一个假设，假如希特勒被炸死了，"二战"的走向会如何，诸如此类。其实我们每个人都会做反事实想象，假如说你那年考这个公司没考上，那么，你现在在哪里？假如你那天没有和那个恋人生气，你现在的爱情和婚姻会是什么样子的？人都会忍不住想这样的问题。我也想这样的问题：假如没有书，我会怎么样？

我觉得我现在很自豪的是，尽管我现在55岁了，犯过很多错误，做过很多后悔的事情，也对不起过很多人，但是我觉得特别自豪的一件事情是，我没有变成年轻时候自己特别讨厌的那种人。在我看来，一个人的成长史就是一部沉沦的历史。这是人生的一个趋势，也是一个不可避免的规律。我们不是在不断地变好，而是在不断地变坏。我们年轻时候讨厌什么人，我们最后往往会变成那样的人。我们小时候觉得大公无私好，其实我们是越来越自私；我们小时候觉得帮助别人是一种快乐，后来我们越来越不愿意帮助别人。我们要努力地与之斗争，才能够避免这种沉沦。

假如回顾我的 9 岁，回到那个每天捧着"孙猴子"乱翻的时候，我相信我有价值判断，能很纯洁、很无私地判断是非。我引以为自豪的一点就是，40 多年过去了，我并没有变成我 9 岁时特别讨厌的那种人。

而原因可能就是读书。读书尽管不能完全拯救一个人，因为人生中，有很多东西在反向拉动，但是读书最重要的一点，就是会有一个理想，有一个价值观，有一束光芒，你不能忽略它。有时候你可能暂时地要滑向另一边，因为那边可能有诱惑，有你内心无法战胜的东西，不断地挑战你的道德、你的良心、你的尊严，但是读书带给你的那束光芒一直在，这个是非常重要的。柏拉图在他的《理想国》里曾经有一个非常著名的"洞穴譬喻"，表达了他重要的哲学思想。其实柏拉图这个隐喻里边有更重要的一点，就是有一束光芒一直在。试想，如果没有这束光芒，这个洞里一片漆黑，我们所有人类的主体性都没有意义。我们所谓有主体性，就是有理想、有光芒。这就如人类五千年文明史给你注入的精神，这是支撑我们生存下去的一种精神，而这种精神，其实就藏在书里。你不停地寻找它，尽管你不一定能按照书里的道理和价值观完全地规范自己，但是你不能忽略它的存在。就好像我们一旦做了一件坏事后，心里会想起妈妈，觉得妈妈看到我这个样子会不喜欢、会伤心。那么，这就是一个重要的刹车，我们可能因此避免了一个错误。

对我而言，读书意味着拯救。当时，大家都不读书，而且认为读书是一件坏的事情。所以我很容易就可以反事实想象，能想到我会变成一个什么样的人。也就是说，如果有两个我，假如我能剥离自己，向两个方向生活，我自然是不喜欢那个不读书的自己，所以我认为是读书拯救了我。如今的我尽管不那么富足，但是事业还算成功，生活还算幸福，内心还算充实，这是拜读书所赐。

因为读书，我成了"我"

我回忆自己读书的经历，大约经历了三个阶段。第一个阶段，为了求知而读书。或者说，是为了满足好奇心而读书。亚里士多德说哲学有三个前提，一是自由，二是闲暇，三是好奇。就是这个意思。第二个阶段，是为了炫耀而读书。上大学的时候，我们读书的动力更多是来自炫耀，特别是在女生的面前炫耀。我宿舍有一个同学，他总能和不同的女生谈恋爱，吸引女生的不变法则是拼命和她谈书，往往女生喜欢读书的男生。但其实他没那么多时间读书，那他是怎么读的呢？每本书读开头和结尾，这样去谈话，别人会觉得他读了很多书。所以他在情场上就颇为得意。后来，发生了一件很有趣的事情。当时我们用一种很老的蚊帐，是不透光的那种布料，夏天睡在里边能把人捂死。把蚊帐放下来睡觉，别人是看不见里边有没有人的。有一个星期天早上，我还蒙在蚊帐里睡觉，那个男生约了一个很漂亮的女生来了我们宿舍，他们以为我不在，我只好装睡。然后他就一直和那个女生聊啊聊，聊他读过很多书——其实就是开头和结尾。我就忍不住想笑。没想到那个女生也很有意思，突然用很崇拜的语气对他说，看你年龄不大，这么成熟，不像我这么"幼稚"。我猜想，她其实想念

"幼稚"，但她不认识这个字，就念成"幼雅"了。这个时候我再也忍不住了，就顾不上形象，大笑着冲出房门，足足笑了5分钟。所以这确实是当时我说的"炫耀"，为了显示自己更博学一点儿。这是我说的读书的第二个阶段。

我觉得从40岁开始就到了第三个阶段，我称之为书生活，就是用读书把我的生命进行一个新的塑造，成为一个与众不同的，包括跟过去的我所不同的我，这就叫因为读书，我成了"我"。这来源于我40岁时的感受。我记得非常清楚，40岁生日那天下午，我独自坐在办公室，忽然觉得进入40岁是一件很恐怖的事情。我一个人在那儿坐了一下午，写了一篇文章叫作《人到中年》。我忽然觉得我的生活要有变化，不能再像现在这样了。在那之后不久，我就把烟戒了，然后我也不打麻将了，每天坚持吃早饭然后健身锻炼，现在身体很结实。当然，我也比以往更认真地读书。

那天我就在想一个问题。以前觉得年轻，你会有一种无限感，就是很远很远、很长很长、很多很多，这叫无限感，不是真正的无限。但到了40岁，我忽然发现，不再是很远很远、很长很长、很多很多，而是突然看得见终点了。那天我很悲伤地写道：人到40岁就开始老，一直老到死的那一天。我忽然意识到，未来的光阴是有限的，我的生活是不能无限增加的，这就需要我去思考怎样过好以后的生活。显然，读书是一个很好的生活方式。这就是"书生活"。

有书在，人生不孤独

我们活在现在这个时代，跟过去的生活相比，最重要的变化就是闲暇越来越多。大多数人不免孤独，当然孤独还是有几个含义的：有的孤独就是没有人陪伴，有的孤独是没有人理解，有的孤独是一个人走得太远，思想完全处于珠穆朗玛峰顶上，没有人能看到。我觉得每个人其实最后都是孤独的，从不同的意义上理解，孤独都成立。

生活中你感到孤独，可以用书来陪伴。通常读书能让人忘却现实，回到、去到某一个地方。如果你思想上感到孤独，那么你可以读读《论语》，就会很"治愈"。你想想孔老夫子55岁已经做到了大司寇，相当于山东省副省长，却为了理想和尊严，辞官不做，带领一群弟子像流浪汉一样行走了14年。那个时代，人的平均年龄不超过40岁，55岁相当于现在的90岁。我们想象一下，一个90来岁的老头领着一群六七十岁的弟子，"匪兕匪虎，率彼旷野"。这是为什么呢？读《论语》，其实就是在和这样的灵魂对话。孔老夫子一孤独就梦到周公，这就是所谓精神上、思想上的绝对孤独。如果你的思想真的到了绝对孤独的境界，那恐怕只有书才能慰藉你了。由于能这样与古人神交，我似乎从来没有觉得孤独过。实际上我追求的就是读书和生活完全无缝对接，这就是"书生活"。

书缘：最爱十本书

第二部分叫书缘，我想介绍对我的人生产生过重要影响的十本书。

《水浒传》

我在前面说过，一本真正的好书，人物是活的，是发展的。我们看《水浒传》，确实做到了这一点，甚至可以说，四大名著中，只有《水浒传》做到了这一点。我们读第十回，看林冲这个人，所谓八十万禁军教头，现在看，只是国防大学的一个教员而已，而且宋朝崇文抑武，一个武官，社会地位也就那么回事。但比及现代，林冲好歹也是国家公务员，属于"正处级干部"，社会地位当然是有的，但在书中，林冲一出场，就是老婆让人欺负了，本来要赏对方一顿老拳，一听是衙内之子，气先矮了半分，可见其窝囊和隐忍，后来不论高俅的爪牙如何陷害他，他始终有个幻想，希望能摆脱厄运，重归体制。你看，林冲的人生态度，和中国农民过去"三十亩地一头牛，老婆娃娃热炕头"其实没太大区别，一直到风雪山神庙，火烧草料场，林冲对未来完全绝望，才迸发出了冲天气概，斗杀陆虞候，雪夜上梁山。京剧《夜奔》就是讲这一段故事的，唱腔悲凉高亢，是一部真正意义上的经典。这是一个灵魂的蜕变，一种精神的升华，读进去，大多数人都会有强烈的代入感，觉得自己就是那个林冲，在生活中委曲求全无数次，有时是领导不恰当的批评，有时是老婆因为屁大点儿事吵嘴，有时是社会上各种各样的不公，这种事天天憋得你难受。终于有一天你会喝上二两酒，然后大喊一声："去他的，老子不干了！世界这么大，我要去看看。"这不就是林冲吗？你会完全沉浸在这个人物的内心世界之中。当然，等酒劲儿过去，就会发现这种冲冠一怒只是个想象，看看荷包，想想处境，还得继续干。这就是《水浒传》的魅力所在。四大名著中只有《水浒传》是写底层人物命运的。这些鲜活的底层人物，他们的卑微情感，他们的苦难挣扎，他们彼此的倾轧与相帮，都是数千年中国社会特别是专制时代最真实的写照。我们读历史就知道，你要想更真实地了解中国古代社会的历史和文化，《水浒传》是最合适的。

不止于此，我们还可以从政治的角度去看《水浒传》，把《水浒传》研究通了，中国古代的政治似乎也就明晰了。事实上，四大名著都是写中国的政治生态的。《西游记》看上去写的是妖魔鬼怪，其实也是政治生态。而《红楼梦》《三国演义》更是如此。但如果我们把标准定为"最逼真的政治生态"，那很容易看得出来只有《水浒传》把中国官场和江湖的关系清清楚楚地表现了出来。其他著作，只有《儒林外史》参差仿佛，但《儒林外史》多少有点儿戏谑化，每次逼近真实就拐弯了。而细观《水浒传》，中国的政治完全在书里呈现出来，它比《三国演义》真实多了，底层人的挣扎，各种不公，上层贵族的腐化和胡作非为，比比皆是。看了《水浒传》，我们甚至能够"古为今用"，从历史的纵深，理解中国为什么要反腐。它当然也是政治小说，用隐喻和变形的方式揭露最残酷、最真实、最黑暗的现实，比《官场现形记》《二十年目睹之怪现状》更深刻，比《儒林外史》《镜花缘》更逼真。如今，只要你打开《水浒传》，仍然能感受到那种令人熟悉的江湖和市井气息，和今天的社会高度神似。古人说"少不看水浒"，叫我说，其中另外的意思是，一个人没有足够的阅历，是看不懂《水浒传》的。

《绝句三百首》

这本书是我在特价书店用一毛钱买下的。当时很幸运——这样说有点儿不道德，新华书店让水淹了，淹了很多书，都出了些质量问题，所以他们就很便宜卖了，我们就欣喜若狂地去买，一块钱可以抱一摞子书。其中就有这本《绝句三百首》。书开本很小，浅绿色封皮。我小时候突然喜欢上了诗歌，背了不少诗，后来，背着背着突然脑子里就有了意境在那里，能够进入唐诗的意境。当然，《绝句三百首》不光是唐诗。上中学时，我每天早晨都背诗，背了很多。我突然发现我学会了一种表达方式，直到今天仍然是我的一个看家的本领。所以我现在觉得要让孩子多背点儿诗歌，它是文雅的一个来源。我们能从中知道古人的心灵曾经是那样的美好，能写出那么好的东西。我现在有一个圈子，大家坐到一起喝酒的时候，都要吟诗，这是指引我勇敢地热爱生活的力量。这种感觉太好了，让我们这些平时很严肃的人可以借着酒兴去背诗，去朗诵，去抒发，人生因此才变得美好。我这个人一生尽管没有做成职业的文学家，但是一直像海德格尔说的那样，是在诗意地栖居，我觉得是拜这本书所赐。

《美的历程》

我觉得一个人要提高自己的人文素养，这本书是必读。这本书是李泽厚先生的著作，李泽厚先生是中国新时代美学的奠基人物，他在改革开放后重新开始研究美学，创立了很多概念，比如青铜饕餮、线的艺术、佛陀世容、儒道互补等，很多重要的文学和美学概念、命题和范畴，这本书都做了最完美的呈现。难得的是李先生最初是准备拿这本书当一个提纲，实际上只写了十几万字。中国美学史这么短的一个篇幅，在我们看来是不太有可能的，是不可思议的。但是呢，他居然就写出来了，而且文辞非常优美。你看看这本书，十几万字一气呵成，就像是一首诗一样。当然这本书也很难读，因为通篇信息很多，思想跳得很快。这本书对我的影响是非常重要的。这本书引起了我对中华文明史的最初兴趣，让我从美学切入形成兴趣，去读历史。所以这本书我建议大家看一看，看完以后一定会有一种美好的享受。

《朦胧诗选》

这本书对我来说有一段很有意思的回忆。当时，它大概卖2元多，但我买不起，那时候我们一个月只有四五元的零花钱，还要买香皂、牙膏这类生活用品，所以一个月买书的钱只有一两元。那时候一个月生活费只有25元，20元差不多用来吃饭，其他只能是一点点。我一直借着别人的《朦胧诗选》看,自己没有买。后来有一天,我在校刊上发表了两首诗,得到了5元的稿费,正好有个同学早就买了这本书,他突然来找我,说把这本书卖给我,但是我得先给他5元。原来他是有朋友来了要请客喝酒,正好缺钱,所以我就买下了。《朦胧诗选》确实是打开了一个新的我,我觉得我的青春记忆就是从这本书开始的。我觉得青春期不是一个生理的概念,青春期更重要的是要有幻想,有激情,对世界要有跟情感有关的理解,这才能称为青春期。我看完这本书,得到一个启发,就是世界上有这样一种表达方式,有一些人是这样说话的,而不是像我以前读的那些书,是更委婉、更细腻、更优美的一种表达。就好像我第一次听张明敏唱《我的中国心》,感慨歌原来可以这么唱,不是一嗓子喊到底的那种,而是要很有磁性地唱出来。我觉得这是一种非常优美的状态。

《路德维希·费尔巴哈和德国古典哲学的终结》

我们学习辩证唯物主义,最重要的入门就是这本书。它介绍费尔巴哈以及对费尔巴哈的批判,同时又对黑格尔进行批判。其实马克思主义哲学的理论来源,就是费尔巴哈的唯物主义和黑格尔的辩证法,经过马克思的扬弃,就是马克思主义的唯物辩证法或者叫辩证唯物主义。我后来做过一些学术研究,学术训练就是来源于这本书。在大学里,我和几个同学组织了一个马克思主义阅读小组,读的第一本书就是这一本。这本书非常难读。德国人的大脑是世界上最复杂的大脑。所以,他们一个长句就能写3页纸，不停地转折，你刚刚找到谓语，就丢了主语，等你把宾语找到，主语、谓语就全找不到了。但硬着头皮读下去，就是一个哲学的训练。我觉得人要提高人文素质，一定要读一点儿哲学，读到什么时候为止？哲学是可以无限深刻的，一直往下读，没有尽头，这是我们中国的哲学家陈修斋先生说的，哲学就是无定论。但也可以浅一点儿读，浅到什么程度呢？直到你明白什么是哲学。哲学有一种非常重要的概念叫作反思，所谓的反思，就是对前提的思考。哲学就是前提性的思考，一直追一直追一直追，使劲儿地追那个前提。我们说话的时候，很多人特别喜欢那个名言名句，其实这是一个特别危险的倾向，因为每当你把它变成一个句子的时候，它就失去了前提，就成了一个永恒的放之四海的到处都要教导你的东西，但实际上没有这样的事情，因为道理失去了前提是没有意义的。比如说三思而后行，那么你一直要做这件事的话，你就会成为一个疯子，你干任何事都要想三遍，那么什么要想三遍，什么不要想三遍呢？是不是要有个前提呢？其实这就是一种哲学，你必须思考这个问题的前提。哲学就是这样的存在。

《社会研究方法》

这本书是李银河编译的。李银河在美国读博士的时候，她把学习的教材做了个编译。实事求是地说，这本书我认认真真读的只有前20页，后面的就随便看了看。但是这前20页里，传达了一个方法：我们在面对事物的时候，应该秉持一种什么样的思维方式。它首先问你什么是真实？有的事我们一听就是真的，有的事一听就是假的，那究竟什么是真，什么是假呢？比如说地球是圆的，这是真的吗？大家都觉得这是真的，但是你怎么知道？你就只能说老师说的，书上说的，或者别人说的，反正不是你走了一圈。当然，真走一圈你也发现不了。你也可以争辩，有的事情我们靠经验就可以获知。比如说火很烫，被烫过自然就知道了。但是这本书里说，你的感觉有时候是不正确的。比如你把一只手放在热水里，一只手放在凉水里，同时拿出来，然后把双手放在一盆温水里，你的一只手说这盆温水是凉水，另一只手说这盆温水是热水，连你的感觉都在骗你，还有真实的吗？实际上我们都知道，这个世界上大多所谓的事实，只不过是你赞同而已，而不是你真的验证了。那么真实究竟是什么？它就提出一个标准，这个标准其实也是一种哲学，一个是实证的，就是你能验证，其他人也能验证；另一个呢，就是它必须符合一个逻辑。这两个加起来才是一个科学意义上的认识。这一段话对我过去的工作和研究帮助都挺大。

《沉默的大多数》

这是一本杂文集。要我看，王小波这个人，比我们想象的还要伟大得多，他给我们中国带来一种新的东西，叫作自由主义。过去我们认为自由主义是一种坏意思，我们成长的那个年代里，你要批评一个人，要批评这个人狠一点儿，就说你这个人是一个自由主义者，当时对这种人都没有什么好感。但实际上，自由并不是一个坏意思，而是一个重要的价值。现在的社会主义核心价值观，就有自由这个价值。王小波的《沉默的大多数》正是表达了自由的理念。我看这本书的时候，王小波已经去世了，他45岁的时候就突发心脏病去世了。10年以后，我当时正好在一个书店里头淘书，我大学的一个同学给我打电话说："你能不能写一篇纪念王小波的文章？"当时我就很丢人地问了一句话："王小波是谁？"然后他就批评我说："你连王小波是谁都不知道？亏你还号称读书人！"我说："我真不知道。"然后他就跟我滔滔不绝地说了半天。我当时正好在书店，就买了这本书，在尔雅书店的台阶上坐了一下午，一直把这本书看完。我无法形容这是一种什么样的感觉，就好像被人打了一棍子，整个人就"开"了。王小波写作角度之犀利，让我很震撼，当然不仅如此，还有他那种幽默的文风。后来我也写了一篇文章纪念他，叫《永远的王小波》。

《经济学》

我是从这本书开始喜欢上经济学的，后来专门去读了经济学的研究生。斯蒂格拉茨21世纪初获得了诺贝尔经济学奖，也是克林顿政府经济学首席顾问，毫无疑问他是世界上第一流的经济学家。但这本书吸引我的其实是最开始的这段话：

> 对一个二十来岁的年轻人来说，汽车象征着地位、行动自由和对新奇事物的探索。但是对于修车工，汽车似乎是一位治愈的病人。对于一个因堵车而被困在路上的上班族，汽

车就像一个囚禁犯人的监狱。对于一个装配线上的工人，汽车只不过是被组合起来的一堆零件和一份工作。对于一个银行抢劫犯或者赛车手，汽车就是一匹现代化的机械马。在这些不同人的生活中——他们的例子不胜枚举——汽车这个金属、橡胶和塑料的组成物起着重要的作用。当然这种作用的性质可以有天壤之别：从修车弄得满身油污的极端现实，到月夜开敞篷车行驶于高速公路上的浪漫经历。

这是非常优美的一段话，也很流畅，是我们的生活经验所能触及的东西。用这样一段话把人领到经济学这样一个对很多人来说都很陌生的领域，我觉得它做到了。后来我搞体育产业方面的研究，也是因为读了这本书，对经济学产生了兴趣。

《蒋经国传》

跟前面的八本书相比，这本书完全不重要，但我为什么要专门把这本书提出来呢？这本书对于我有什么意义呢？前几年，中国的思想界一直在思考一个问题，我们要如何发展社会主义民主。我就想通过阅读，了解一些关于民主的理论。这本书写得不错，是美国国防部的一个高官退休以后写的。我从这本书里了解到蒋经国晚年在台湾地区的政治体制改革上做了很多事，形成了一个新的民主构架。我突然就对民主的理论感兴趣了，就看了一本叫《民主四论》的书。是一本小书，大概就十来万字。它回顾了民主从雅典诞生一直到今天的历史，这本书中提到了大量的西方哲学家和政治学家，从柏拉图、亚里士多德，到中世纪的奥古斯丁、阿奎那，再到文艺复兴之后的洛克、孟德斯鸠、穆勒这些人，之后是启蒙时期的卢梭、狄德罗、伏尔泰等，一直到现代的罗尔斯。后来我发现，不读这些人的原著好多道理是没法明白的，然后我就开始读这些人的书。这是我阅读的历程。读着读着，又发现一个困难，这些书基本都跟基督教文化密不可分，但我对基督教不了解。我发现，要了解西方的历史、文化和哲学，不懂基督教的历史就很困难。后来我就去研究基督教的历史，从头做起，先读犹太教，基督教最初是犹太教的一个分支。一旦把宗教的来龙去脉搞清楚了，西方世界就看得比较明朗了。比如现在的国际关系，为什么耶路撒冷是那样一个状况？为什么巴尔干半岛是欧洲的"火药桶"？为什么说第一流的发达国家多是基督新教国家，比如美国、英国、德国、比利时、荷兰、丹麦、瑞典等。第二流发达国家多是天主教国家，如西班牙、葡萄牙、意大利等。基本上是这样，宗教的历史、宗教的演变，很清晰。这样我就形成了一种读书流，一本一本读下来，大概这样读了三四年的时间，读完六七十本书，感觉知识结构变得较为完整了。

《左传》

最后一本是《左传》。这本书对我影响非常大，我大概看过三遍。读《左传》，有两个原因，最重要的是第一个原因——《左传》的文辞非常好。现在很多年轻人文字功底是很差的，写不出《左传》这样优美的文字。依我看，你要想写好文章，就读两本书，其中之一就是《左传》，也不用全读，把《古文观止》里边选的《左传》的文章读一读，再把韩愈的文章全部读一遍，你的文章就不可能写得太差。当然你要读通，读进去。把事件清清楚楚、明明白白地用简约的文字写出来。《左传》简直是楷模。第二，我们今天所奉行的一些传统观念和思想是起源于《左传》描述的那个时代的，就是春秋时期。春秋是我们中国人思想的轴心时代，你把这个时代搞明白了，后头的事就好懂了，这是我读书的一个体会。

读书：我的读书法

好多人说没时间读书，其实我觉得不是没时间读书，而是你不想读，想读就有时间。我为什么有这样的发言权呢？我自己就是很好的例子。2020年以前，我几乎每天都要工作12小时，休息时间很少。即便如此，每天2到3小时读书的时间还是可以保证的。但需要把零碎的时间凑起来。比如坐飞机和候机时可以读书，上了飞机，先读5分钟书，把刚才读过的东西稍微回顾一下，然后就睡觉。飞机起飞的时候睡觉是一件比较容易的事情，等飞机平飞了醒来，头脑特别清醒，整个旅程可以看书，效率也特别高。别的时间也一样，比如约了合作方谈事，他还没来，就可以看书。早晨起来，很多人玩半个小时手机再起床，只要不玩手机去看书，这时头脑清醒，看书效果特别好。很多人觉得我有强迫症，把每一分钟都要精确地利用起来。这其实不太困难，你要去试，形成一种习惯以后就变得很简单。

还有很多人说读书记不住，于我也如此。我在朋友圈这样写过：

> 坚持读书，尽管老来迟钝，总能记住些知识、哲理，或者有用的术，以期稍离无知，小有智慧。读几页书后，这些感受，尽管微小，总让人小小自得。但是有一种悲哀，在灯火阑珊处，那就是我们一直在遗忘，以同样的速度，甚至更快的速度。

有时候遗忘到什么程度呢？就是头一天看书，第二天想不起来看的什么，内容都忘了，现在最严重的是连看了一本什么书都忘了，第二天早晨起来想我昨天看的是一本什么书，需要回忆半天。有人说我记忆力好，绝不是我的记忆力好，而是因为我读书花的时间比他们多，我坚持的时间也比他们长，就好像再不熟悉的人，天天见也能记住了。实际上就是这样的道理。

读书，你只要享受就好，读书的愉悦在于读的过程，记不记得住并不重要，当然，想记住也有一个办法，就是晚上你看的书，早晨起来赶紧再看，复习复习。因为心理学上，有个规律叫艾宾浩斯遗忘曲线，它告诉我们遗忘的速度会逐渐减慢，所以说第二天早上翻开看看，对记忆有帮助。

再一个呢，就是我觉得"开卷有益"这句话其实有问题。我觉得有些读书人，只读一种类型的书，一开始仅仅是一个知识结构的缺陷，时间长了，慢慢就变成了一种价值观的缺陷。你不断地读这类书，即使书无比正确，也不应先验地不去怀疑它，但实际上这个观念本身是让人质疑的。所以我说：

> 读中国书，也读外国书。读现代书，也读古书。读好懂的书，也读不好懂的书。读畅销书，也读经典书。

一定要有广泛的阅读面，甚至你要批判一个观点，首先看看批判的正面；你要赞成一个观点，也先看看它反面的东西，把两方面比较。如果你认为你读了批判它的文章，你还是赞成这个观点，这才是符合学术规范的，至少是全面的。如果说你看了以后改变主意了，这其实对你来说是一个提升。

所谓"开卷有益"，巴金老先生曾经说，他的长辈教育他，有些书不能读，因为要中毒。我读书以后也发现很多书确实是有毒的。巴金老先生最后讲真话的那几本书，我当时看了就觉得，老先生90多岁了才明白。如果你没有读过那本书，请不要轻易批判那本书。许多人不看批评对象的文章就大肆批评，我觉得被批评的对象是他自己建构起来的。

下面介绍介绍我读书的偏好。第一，是直接在书上写感想，我读一本30万字的书，有时能写3万字。过一段时间，我就会把这些批注整理成一篇文章，就是很好的读后感，或者说书评。今年，我开了一个公众号，每天向公众推荐一本书，大多数的稿子就是这么来的。第二，就是看不同类型的书用不同颜色的笔，这个就纯属是个人喜好。我慢慢形成了一种习惯，看不同的书用不同颜色的笔。政治和哲学是黑色，历史是蓝色，经济学是蓝黑色，游记是天蓝色，艺术是绿色，人物传记是橙色，文学是紫色，宗教就是红色，这是我个人的偏好。

另外，我对书的装帧有一种特殊的癖好。一本书内容很好，但是设计得很烂，我绝对不买，我宁可等下一个版本。装帧优美的书，我才有读的欲望。好比女孩子化妆，是对别人的一种尊重，也是赢得别人喜欢或尊重的一种方式。书也是，本来是一个文明的载体，结果自身却搞得很不文明，我就会不喜欢，不管它内容有多好。

买书：四海买书记

好多人说你近四万本书，得花多少钱去买？实际上我没花多少钱。只要你肯下功夫，绝对可以找到便宜的书。

我自己买书的心得是，每个城市都有打折书店，城市越发达，打折书店就越多。当然这些年我也有伤心的事，就是书店不停地倒闭。比如我到了四川成都，网上很多朋友推荐一个书店，又便宜质量又好，店长叫老李，秃头，很有亲和力，但是我没有见到老李，那个书店已经消失，变成一个理发店了。这几年，不断看到好的书店在消失，无法经营下去，读书的人似乎越来越少。但还是有不少折扣书店顽强地经营着。

青岛有一个"我们"书店，店主叫马一。这哥们儿非常不错，我就特别向往他那样的生活，非常平和、安详、不紧不慢，他是一个专门做书店的人，"我们"书店也没有多少顾客，但是他就像完全被书熏染出来的，书香气极足。其实每个城市都有这样的书店。我出差中的大量闲暇时间都花在这些书店里。我还有几个特别喜欢的书店。豆瓣书店斜对面是万圣书园。书店非常大，最前沿的书、最好的书都在这里。三联韬奋书店在北京的中国美术馆旁边，大家在网上可以查到。南京有个先锋书店，去南京一定要看看，据说它是亚洲最大的书店，当然可能只是"号称"，亚洲我没去过那么多地方，我不知道它是不是最大。它有多大呢？足球场有多大它就有多大。因为它上面就是五台山足球场，所以你进了这个书店会有一种难以决择的绝望感觉。古希腊就有一头驴，面对两堆草，就饿死了，因为它不知道要吃哪堆。我就是那头闯进先锋书店的驴。苏州的雨果书店也是一个非常棒的书店。最有意思的是，你要进书店必须承诺买一本书，当然你也可以食言，你非要走，他也不可能扣留你。但你要入店前答应买一本书才能放行。这个老板非常好，是一个真正的读书人，一直在思考、一直在阅读、一直在这样生活着。他为什么能在苏州的闹市区开这样一个书店？因为房子是他祖上传下来的，他就用来开了书店。卖书是不赚钱的，但他不用付房租，所以可以勉强经营。

最后，我个人有一些读书的感悟与大家分享。第一点是："读书好比交友，旧友介绍新朋，圈子越来越大。第一个朋友很重要，如果是个坏朋友，后头就鲜见好人了。"从我个人的阅读体验感觉，有些书是坏的，不是说道德方面有问题，而是有一种偏狭的价值观。在这种价值观的指导下，就会形成错误的认知。我曾经碰到一个老先生，跟我讨论《周易》，他说《周易》无所不能，然后滔滔不绝地给我讲了一些《周易》中很神奇的东西，后来我忍不住和这个老先生讲，您可能小学的时候没好好学算术，《周易》里所谓神奇的东西，其实连四则运算都用不上，就是几个数字的转换。这实际上是一种自我迷惑，自己把自己搞晕了，对于学过高等数学的人来说，这些东西完全是小儿科。老先生可能从小是学艺术的，没怎么好好学数学，然后就觉得无比神奇。如果以违背逻辑为出发点的话，那么读书几乎是没有意义的。

第二点是"不求有用，但求有趣"。想要使读书马上就要有什么用，这是一件挺可怕的事情。王小波引用罗素的话——人生的最高境界是有趣。我们都希望有趣，比如说我们和朋友打交道，我们都希望对方是有趣的。其实这是最重要的，即读书能获得的就是有趣，把所有的事情都写出趣味，才有意思。如果一本书不能让我们感到有趣，就不要去读它。

书　话

有两种读书人，一种是爱"读书"，一种是爱读"书"，在我看来，后者好一些。有很多人读书不是真正要从读书中获得乐趣，而是要建立一个读书的形象，让人崇敬，让人觉得我爱读书，但是这个状态维持不了多久，假的就是假的，而且通常还挺可笑，你不曾真读书，你就不知道，但因你给人印象是爱读书的人，所以引人来请教，结果一问三不知，还不如索性就展示真水平，偶尔说句有哲理的话，大家还觉得这个人虽然不爱读书，但还是有些见识的。所以我觉得还是要爱读书，要跟书亲近，而不是跟读书这件事亲近。有一个孩子跟我讲："我觉得爱'读书'还是比不爱'读书'好。"我说："你说得太对了，这就是一个前提性的思维，这个人可能不读书，但是他爱'读书'这件事表明了一个价值观，至少他不是爱别的。"当然，我说后者好一些，也只是我读书的一些感悟。

最后，以我写过的一首《书之颂》来结束这个讲座：

  以你永远的魔法给我们力量
  让理念的图腾从外星飘来
  并且响彻旷野
  给我们徘徊不定的脚步
  标定你的预言

  炎热、喧噪、飞虫
  污浊不堪的空气
  以及更为冷酷的白天的野心
  都消失于你博大的胸襟
  我们于一片幽暗的烛光中感悟你

以你母亲般的慈爱

给我们以启发

让我们安详地入眠

你静静地覆盖我们

覆盖奔逐而疲倦的生命

覆盖我们不知疲倦的野心

浮荡于我们永不自觉的梦幻中

而我一直是路人

在我流浪的旅途中我渴望你

永远的指引是我永远的安慰

以一只飞鸟的名义向往天空

那时便有你庄严的回声

以渴慕的目光注视你

便注释了我的一生

这就是"我的书生活"。谢谢各位。

目 录

1. 脚下的理，才是心上的理
   读《觅理记：中国宋明理学大家遗迹寻踪》 　　001

2. 洪水何以形成？
   读《旧制度与大革命》散记 　　004

3. 因为爱的告别
   读《最好的告别：关于衰老与死亡，你必须知道的常识》 　　008

4. 革命：何来又何往？
   读《中国革命：1925年5月30日，上海》 　　010

5. 匪兕匪虎，何以率彼旷野
   读《孙中山：壮志未酬的爱国者》 　　012

6. 洋眼何可识丹青？
   读《图说中国绘画史》 　　014

7. 通识须得真通
   读《经济学通识（第二版）》 　　016

8. 木心之心
   读《西班牙三棵树》中一首 　　018

9. 沉重的惜别
   读《惜别》 　　020

10. 问苍茫大地，谁主沉浮？
    读《人类的演变：采集者、农夫与大工业时代》 　　024

11. 下面无数龟
    读《政治秩序的起源：从前人类时代到法国大革命》　　026

12. 感恩朦胧
    读《朦胧诗选》　　029

13. 此中有真意，欲辨已忘言
    读《熊逸书院》　　033

14. 穿透荒诞，反抗荒诞
    读《西西弗斯的神话》　　035

15. 获罪于天，无所祷也
    读《左手论语，右手算盘》　　037

16. 规则决定未来
    读《新经济，新规则：网络经济的十种策略》　　039

17. 栖居在唐诗的诗意里
    读《唐诗三百首》　　042

18. 商品的价值是主观的
    读《伟大的博弈：华尔街金融帝国的崛起（1653—2004）》　　045

19. 透明的悖论
    读《透明社会》　　048

20. 何以良渚？
    读《何以良渚》　　054

21. 是什么"离我太远了"？
    读《离我太远了》　　057

22. 熟悉的"城南"，永恒的"旧事"
    读《城南旧事》　　059

23. 这一个马克思！
    读《马克思是怎样炼成的》　　063

24. 后来治恐要深思
    读《我父亲是恐怖分子：一个关于选择的故事》　　067

25. 真正的科学
    读《科学的历程》　　070

26. 夜空的云仍似当年
    读《夜空的云已不似当年》　　073

27. 大舅的幸福生活
    读《长城新韵》序　　076

28. 不能研究经济学的探长不是好作家
    读"哈佛经济学家推理"系列　　083

29. 走进《周易》的江湖
    读《周易江湖》　　085

30. 理工科学者的人文情怀
    读《大学者》　　088

31. 木桶原理之联想
    读《木桶定律》　　091

32. 读老子的另一个可能
    读《老子演义》　　093

33. 何处是远方？
    读《消失的脚印：BBC御用摄影师20年野生动物拍摄笔记》　　095

34. 女权主义：阅读的贫困和实践的贫困
    读《女权主义简史》　　099

35. 艺术中的灰姑娘
    读《艺术中的灰姑娘：西方书籍装帧》　　103

36. 最熟悉的陌生人
    读《匈奴史稿》　　108

37. 你以为你以为的就是你以为的吗？
    读《社会研究方法》   112

38. 最优美的中国文字
    读《春秋左传注》   115

39. 那消失了的，才是真正的存在
    读《逝物录》   118

40. 我的哲学启蒙
    读《路德维希·费尔巴哈和德国古典哲学的终结》 122

41. 经济学启蒙的最佳读物
    读《经济学（第四版）》   127

42. 这一个苏东坡
    读《苏东坡新传》   132

43. 永远的王小波
    读《沉默的大多数》   138

44. 所有的诗都在现场
    读《诗经现场》   142

45. 大隐刀尔登
    谈《中国好人：刀尔登读史》   148

46. 知己不易，知彼尤难
    读《西方那一块土：钱乘旦讲西方文化通论》 153

47. 并不过时的力作
    读《理念的力量：什么决定中国的未来》 155

48. 关于现代艺术的若干随感
    读《现代艺术150年：一个未完成的故事》 157

49. 声音如雷、学问如海、史学之宗
    读《国史纲要》   165

50. 谁的世界，谁的历史？
　　读《镜子：照出你看不见的世界史》　　　　　　　　　　*167*

51. 难得绝妙好辞
　　读《绝妙好辞：汉语江湖中的寂寞高手》　　　　　　　　*169*

52. 科学是文明最耀眼的光
　　读《文明之光》　　　　　　　　　　　　　　　　　　　*171*

53. 哲学之佛与宗教之佛
　　读《我的佛教观》　　　　　　　　　　　　　　　　　　*173*

54. 妙笔生花史景迁
　　读《改变中国》　　　　　　　　　　　　　　　　　　　*176*

55. 大国的底层
　　读《大国志》　　　　　　　　　　　　　　　　　　　　*180*

56. 恶性比丘，以梵檀治之
　　读《金刚经》　　　　　　　　　　　　　　　　　　　　*182*

57. 道德的变迁与不变
　　读《中国人的道德前景》　　　　　　　　　　　　　　　*184*

58. 第三只眼睛看《水浒传》
　　读《水浒传》　　　　　　　　　　　　　　　　　　　　*188*

59. 好经济学家是如何炼成的？
　　读《回望：一个经济学家是如何长成的》　　　　　　　　*194*

60. 伪装成文学的社会学
　　读《金翼：一个中国家族的史记》　　　　　　　　　　　*197*

61. 中国艺术史的扛鼎之作
　　读《美的历程》　　　　　　　　　　　　　　　　　　　*202*

62. 物质文明的魅力
　　读《迷人的材料：10种改变世界的神奇物质和
　　它们背后的科学故事》　　　　　　　　　　　　　　　　*205*

63. 哲学入门的最佳读物
   读《哲学家们都干了些什么》 208

64. 上善若水
   读《流动的权力：水如何塑造文明》 212

65. "火钳刘明"
   读《史记》 215

66. 纸上得来绝不浅
   读《纸》 219

67. 初心中的中国
   读《乡土中国》 223

68. 还原历史的田野本色
   读《何草不黄：〈汉书〉断章解义》 226

69. 五四精神永放光芒
   读《五四运动史：现代中国的知识革命》 232

70. 马克思主义的天才火花
   读《关于费尔巴哈的提纲》 235

71. 寂寞身后事
   读《周作人传》 238

72. 不堪回首的历史
   读《苏联遗传学劫难》 241

73. 书鱼其实不小
   读《书鱼知小》 244

74. 中国绘画艺术的一个独特视角
   读《中国绘画中的"女性空间"》 247

75. 嬉笑怒骂皆成历史
   读《狄更斯讲英国史》 250

76. 难以突破的重围
   读《汴京之围：北宋末年的外交、战争和人》　　253

77. 走过春天，走过我自己
   读《生活的哲学：寻找人生意义的12堂哲学课》　　255

78. 一笑哪知是酒红
   读《苏东坡传》　　259

79. 书院的兴衰
   读《中国书院文化与建筑》　　261

80. 大地上的古中国
   读《中国史前古城》　　263

81. 从亚历山大大帝开始的世界史
   读《亚历山大的征服与神话》　　265

82. 关于"何以中国"的一部力作
   读《黄土与中国农业的起源》　　268

83. 从满天星斗到一轮圆月
   读《中国远古时代》　　271

84. 忍将龃龉报幽魂
   读《第三帝国图文史：纳粹德国浮沉实录》　　274

85. 永远不要忘记"另一半"
   读《另一半中国史》　　277

86. 佛教文明东渐的里程碑
   读《犍陀罗文明史》　　279

87. 古典主义经济学的精彩辩词
   读《为什么我也不是保守派：古典自由主义的典型看法》　　282

88. 月氏踪迹何处寻
   读《大月氏：寻找中亚谜一样的民族》　　284

89. 细节里的"庚子国难"
   读《流亡日志：慈禧在山西的53天》　288

90. 当"山河"遇到"尽头"
   读《直到山河尽头》　291

91. 永远不能忘记那些死亡
   读《黑死病：大灾难、大死亡与大萧条（1348—1349）》　294

92. 国之大事
   读《中国兵器史》　297

93. 孤独灵魂的哲学倾诉
   读《在潮流之后：叔本华读书随笔》　301

94. 巴勒斯坦永恒的悲剧命运
   读《漫步巴勒斯坦：记录一片正在消失的风景》　303

95. 一本令人五味杂陈的书
   读《"心经"新诠》　305

96. 苔花如米小，也学牡丹开
   读《先前的风气（修订版）》　307

97. 永远的萧红
   重读《呼兰河传》　309

98. 真理总是在路上
   读《寂静的春天》　312

99. 市场经济的"三驾马车"
   读《道德情操论》　315

100. 俄罗斯民族的不朽灵魂
    重读《叶甫盖尼·奥涅金》　319

后记　325

1. 脚下的理，才是心上的理

读《觅理记：中国宋明理学大家遗迹寻踪》

书　　名：觅理记：中国宋明理学大家遗迹寻踪
作　　者：韦力
出版机构：海豚出版社
出版时间：2017年8月

知道韦力先生其人，是2020年初的事。看手机淘宝，搜罗好书。偶然间，被一本叫作《觅诗记》的书所吸引。查阅资料，知道了韦力先生及他的若干大作——差不多是共同风格和切入点的特殊游记，连同装帧，都是我喜欢的。遂动了手，将所有网店可见的韦力著作悉数买下，计有《觅宗记》《觅理记》《觅诗记》《觅词记》《觅曲记》，以及《古书之美》种种，等收到快递，竟是厚厚的一大摞！

韦力先生是个皓首穷经的藏书家，他收藏的古籍之多、之珍、之稀、之博，都可谓国内首屈一指。我也有藏书之癖，算来藏书也有近四万册，以数量论，就个人所知，似无出我右者。但比之韦先生，不仅数量，而且品格，均不可同日而语。但韦先生之引我关注，并非他所藏之书，而是所著之书。

他的著作，以我找到的数本言，基本都是一个风格，即以国学某一门类为纲，以实地探访的方式，找寻其现代痕迹并忠实记录。我喜欢这样的写作角度和内容，有一篇介绍他的文章，说：

> 没人做过这么彻底的勘访，所以，韦力说，他是个"挺疯狂的人"。他总结说他现在做的是两类事情：一类是"和书有关的一切"；另一类是"和传统文化有关的一切"。"一切"在很多场合是个过于宏大的词，但之于韦力这个爱书成痴的"书蟑"，好像又只有这种泛泛的说法是妥帖的……

这种无限逼近现场的写作方法，恕我浅陋，实未见另有一人。如果强以类比，大约如同傅斯年在1928年受蔡元培先生之聘，筹立中央研究院历史语言研究所，以"上穷碧落下黄泉，动手动脚找东西"为口号开展现代考古可以类比。中国古代知识分子是习惯于纸上谈兵的，研究学问，脑子自然是动的，但要他们"动手动脚"，却是万万使不得。傅先生有感于旧时代知识研究之弊病，又深悟现代考古学重视现场之要旨，遂有上述口号。但民国以降，时至今日，知识分子重思辨、轻实证，仍是短板软肋。韦力以现场重整学问，以脚步丈量经典，不仅上追先贤，亦对治学时弊形成有力反讽。这也正是我迫不及待买来一读的缘由了。

我从《觅理记：中国宋明理学大家遗迹寻踪》读起，倒不是这本书有另外之不同，而仅仅是我最近偶发的兴趣，是宋明理学。过去，我对宋明理学，只知些皮毛，知识零散，见地亦乏善可陈。但又深知，对国学有兴趣，却对宋明理学如此无知，是断然不可的。读韦力先生的这本夹叙夹议、娓娓道来的著作，正好补上我的短板，可谓恰到好处。

惜乎韦力先生之作，仅仅《觅理记：中国宋明理学大家遗迹寻踪》，便是厚厚上下两大册。我读书杂，一时不止一本，因而两周过去，才刚刚读完上册。虽未窥全豹，也有颇多所得。无论如何，悟得"脚下之理，才是心上之理"一句，正是古人言"纸上得来终觉浅，绝知此事要躬行"蕴含的意思。

2. 洪水何以形成？
读《旧制度与大革命》散记

> 书　　名：旧制度与大革命
> 作　　者：[法]阿历克西·德·托克维尔（Alexis-Charles-Henri Clérel de Tocqueville）
> 译　　者：冯棠
> 出版机构：商务印书馆
> 出版时间：1992年8月

以下的文字，不能独立成篇，只能名为"散记"。实际上，就是我读这本书的时候，写在书页旁边的部分随感。

一

很多著名学者，他的价值观不是由他的处境、他的利益和他的阶级地位决定的，而是由他的思想、他内心的经历以及他对知识和信念的独特追求所决定的。不懂这一点，就很难理解托克维尔。

二

契诃夫有一篇著名的多幕话剧，叫作《樱桃园》。我是随着北京的几个朋友，在毫不了解的情况下看的。那是一曲贵族的挽歌，和托克维尔的著作联系起来，颇有意趣。由此，托克维尔与其说是历史学家，毋宁说是政治学家。

三

"对于一个坏政府来说，最危险的时候通常就是它开始改革的时候。"这是极为深刻的洞见。王岐山同志将这本书推荐给党员干部阅读，当然不是说我们是"坏政府"，而是提示我们注意中国改革的危险性。

四

托克维尔说："我随处都可以发现今天的法国社会深深根植于那片旧制度的土壤之中。"这正是托克维尔这部著作高于同时期或者稍早那些法国大革命史的原因，他不满足于观洪水的泛滥以及其灾害或者福祉，而是透过现象去思考洪水何以形成。

五

托克维尔说："我如同医生为发现生命规律解剖尸体一样，开展我的研究工作。"一个爱自己祖国极为深刻的人才会如此表白，因为这种冷静的批判未必对每一个法国人，特别是当权者的胃口，因而发此言论者尽管在后世可以获得激赏，现实中却可能面临危险。即使历史可以剖白分明，但"个人的命运却往往比国家的命运面临更多的变数"。

六

也许《旧制度与大革命》一书的主题可以如此简略表达：自由和平等，何者更有价值？

七

法国大革命的实际效果是摧毁贵族，但吊诡的是，法国大革命的有力推动者正是一部分观念超乎时代的贵族。事实上，托克维尔也是贵族出身。历史冷峻地选择了她的最合适的代言人，托克维尔从此名满天下。

八

18世纪哲学自然以法国为重镇，旗手包括卢梭、狄德罗、伏尔泰和孟德斯鸠，以及雨果等。这一运动被称为启蒙运动，其特征是去神圣化，反对教会是应有之义。但如果把法国大革命理解成宗教革命，那就把它看小了。其实，大革命本身是混杂的多元体，它没有十分明确的单一目标可以被清晰地描述。事实上，它虽然源自每个人按照自己的意志行事，但确乎在结果上超出了一切人的想象。每个人都在按照自己内心的理解塑造一尊神，但神诞生了，却令每个人都目瞪口呆。

九

法国大革命是世俗革命,但它和宗教改革相似之处在于,它如此深入人心,以至于它本身也成了"宗教"。一种思想观念变为意识形态,实则就是将其宗教化了。从此,所有的理论都变化成貌似真理性的结论,反对思考,也不容许辩论。到此时,它其实就死亡了,或者走向反面。

十

中世纪的欧洲是一个高度同质化但又无比分散的社会。托克维尔正确地指出了这种整个欧洲的相似性或者同质化的状态,但没有分析原因。在我看来,这种同质化的状态源于天主教,整齐划一、无所不在的天主教会是中世纪最基本的社会特征,构成了中世纪欧洲政治和社会秩序的基本来源。

3. 因为爱的告别

读《最好的告别：关于衰老与死亡，你必须知道的常识》

书　　名：最好的告别：关于衰老与死亡，你必须知道的常识
作　　者：[美]阿图·葛文德（Atul Gawande）
译　　者：彭小华
主　　编：王一方
出版机构：浙江人民出版社
出版时间：2015年7月

我宁愿相信，在重阳节这一天，恰好读完这本叫作《最好的告别：关于衰老与死亡，你必须知道的常识》不是一种巧合，而是冥冥中的一种力量使然。

曾经有很长时间，我都觉得衰老和死亡这样的话题与己关涉不大，我们活得风生水起，活得自在潇洒，我们的亲人也健康幸福，家庭和美，那种其乐融融的感觉经常会导致我们产生错觉，以为幸福必将一直都在，如影随形。

然后，有些事，甚至也可能仅仅是一件事，就会打破这种迷醉，让我们回到现实，痛切而冷酷。也就是这时我们才能明白，衰老和死亡，其实一直都躲在不远处，如同潜伏在树丛里的饿狼，随时准备突然一击，令人猝不及防。吾今五十矣，这种感悟，或许正是夫子所言，是该知道的"天命"。

这本书的意义，在于它令我们不仅要知道人之必老必死之"天命"，更要知道，在大限来临之前，我们并非无能为力，而是多可作为。这是人生的必经之路，应对它最好的办法，就是在思想、知识乃至理性的范畴内，把这条路先走一遍。如此，我们不仅可以善待亲人，也可以善待自己，亦可以对整个社会的进步有所裨益。

4. 革命：何来又何往？

读《中国革命：1925年5月30日，上海》

> 书　　名：中国革命：1925年5月30日，上海
> 作　　者：[德] 于尔根·奥斯特哈默（Jürgen Osterhammel）
> 译　　者：强朝晖
> 出版机构：社会科学文献出版社
> 出版时间：2017年8月

最近，几乎是一气呵成地读完了一本叫作《中国革命：1925年5月30日，上海》的书，颇有些收益。

我有个习惯，一段时间（一般是3个月左右）只读一类题材的书，这样似乎可以相互参印，阅读效果可能好些。最近的兴趣是近现代史，因而先后读了若干本这个领域的著作，如菲利普·肖特的《毛泽东传》、徐中约先生的《中国近代史》、一本介绍民国学者群体的《所谓先生》以及《命运的攸关选择：1940—1941年间改变世界的十个决策》，等等，这本关于五卅运动的书也是出于此目的而读的。

我最初选定要读这本书，还有一个考虑，就是把中国共产党成立以来的现代史，选几个重要的节点，分别读一本书。如是考虑后，中选的读物，除了这一本，还有《革命》（杨奎松著）、《血战屠城》（一个外国人写南京大屠杀）、《进城》（写新中国成立初

期共产党人如何接管沈阳、北京、武汉、南京、上海和广州六座大城市），还有一本不在手边忘了书名了，是写滇缅会战的。我觉得这些书构成一个立方体，会让我对中国近现代史有个全面的了解。

但读这本书还有些另外的收获，就是我特别喜欢这本书的写法。我原先以为这是一本关于五卅运动的详尽的介绍，但读了以后才知道，五卅运动只是作者起笔的引子，他真正的用意在于写20世纪中国革命的起因，即那些"推动历史发展的巨大力量，如宗教、农业、官僚体制、军事主义等因素所发挥的巨大作用"（作者语）。而五卅运动，只不过是作者为了说明问题而首先提及的一个重要而典型的例证。这种巧妙的写法使我们对近现代史的审视不再空洞，而是从鲜活的历史现场获得足够的感性体验，从而为一种宏观而全面的理性分析奠定基础。

当然，作者选择五卅运动而不是五四运动作为感性材料，并非无的放矢。恰恰相反，他认为，选择一个中国现代革命的标志性事件来说明问题，五卅运动较之五四运动更为贴切。部分的原因在于，五卅运动的参与者群体更能代表中国未来20多年中革命的主体力量。这一力量，在五四时期，仅仅是青年学生或曰知识分子，而到了五卅运动，工人阶级已经作为主体力量登上了历史舞台。应该说，作者这一独到的见解颇具新意。

从五卅运动的微观视角出发，作者带领我们穿越了19世纪下半叶和20世纪上半叶，从而更深刻地理解中国为何走上了今天的道路。

5. 匪兕匪虎，何以率彼旷野

读《孙中山：壮志未酬的爱国者》

> 书　　　名：孙中山：壮志未酬的爱国者
> 作　　　者：［美］韦慕庭（Clarence Martin Wilbur）
> 译　　　者：杨慎之
> 出版机构：新星出版社
> 出版时间：2006年8月

　　读这本书花了五年多的时间，倒不是它卷帙浩繁，而是我中途释卷长达五年。中断的阅读历程，反映了我内心的困难——阅读近代史需要些定力。事实多半暧昧不清，人物定性忽左忽右，许多扛鼎之作却相互矛盾，令人莫衷一是。这段革命的历程，却由于革命的缘故而不免模糊。

　　我的重读此书来自一个理由，对漫漶不清的史实先由它去，只关注人。毕竟最本质的历史其实是人的历史。一件事不免"各表"，但倘若我们了解一个人的足迹与历程，即使多有不明，也能窥其端倪。

　　孙中山是近代史最不能忽略的人物。虽然未曾事先与闻，但谁也不否认他是那场改变了两千年帝制的革命的第一功臣。无人像他那样"屡战屡败"，亦无人像他那样"屡败屡战"。他缔造了国民党，也重塑了共产党，但两党至今未息的争端也似由他而起。

他饱读洋墨,却在中国掀起了民族主义的巨浪;他坚定革命,早先却与他后来的革命对象眉来眼去,款曲不断……20世纪的中国史其实首先是他的历史,没有他,中国可能是另一个走向。

这些动人之处都颇令人心醉,但我读这本书,更深切的体会是一个人的不竭壮志。正如书名,尽管"未酬",依然"壮志";不但一时"壮志",而且一直"壮志",一生"壮志"。一个人的壮志,能够多大程度改变一个时代,我以前是颇不以为乐观的。孔子立志"克己复礼",14年周游列国,"匪兕匪虎,率彼旷野",壮志不可谓不坚定,但依然落得"丧家狗"一般,就自身抱负而言,不啻一事无成。但晚清中国之革命,以及革命后的走向,都深沉地打上孙中山之烙印。一个人能凭借并无特殊之处的一己之力,如此深刻而持久地对一个庞大的国家施加影响,在我看来,孙中山实在是古今一人。

孙中山的一生值得称颂,但他的去世之早,就不免令人扼腕叹息。尽管毅然北上,也未必能给脆弱的国民革命带来鼎革之变,但回顾孙中山的一生,他从来就是如此,只要有些微之亮色,便能生出漫天之霞光。我们不免设想,倘能再天假阳寿十年,则国共大约不致分裂,中国之未来,断不致如后来那样兄弟阋于墙。

整个20世纪,中华大地风云变幻,但就革命这一贯穿始终的主题而言,我们一直是走在孙中山的延长线上。

6. 洋眼何可识丹青?

读《图说中国绘画史》

- 书　　名：图说中国绘画史
- 作　　者：[美]高居翰（James Cahill）
- 译　　者：李渝
- 出版机构：生活·读书·新知三联书店
- 出版时间：2014年4月

今日难得半日闲——其实，连半日也不足，不过，古人云："夜为日之余"，连晚上算上，大约就够了。坐在书房，枯坐而读书——高居翰先生的《图说中国绘画史》。

说来话长，本来这几日一直在读徐中约先生的《中国近代史》，但今日中午，与前来投资山西足球的上海"80后"企业家周大为把酒对谈，才知周老弟本是学习艺术史专业出身的，而且是已故的加州大学终身成就奖获得者、全球知名艺术史学者高居翰先生的学生，立刻大为钦佩。

我本不敏，毫无艺术细胞，独对中外艺术史情有独钟，此类书籍多有涉猎。我知道高居翰，正是因为高先生2014年去世时，三联书店出版了他为艺术史爱好者倾情著作的《图说中国绘画史》。当时，我在第一时间就买了一本开读。虽然至今未读完，但对高居翰大名已是相当熟悉，后来又陆续买了他的两本书。今年全运会后，有计划要将过去10年来未曾读完的大约100本书，用1年的时间悉数读完，以改良自己虎头蛇尾之不足。这几日，正好在重读这本《图说中国绘画史》，兼以王伯敏先生《中国绘画通史》（也是三联出版），前者已差不多三分之二了，后者上册也只有不到一半。今日得见高先生之学生，且是收藏古画颇有成就的大企业家，不禁喜出望外，请教了不少艺术史的问题。周先生是1985年生人，他出生时我已经上大三了，可谓英雄年少。我和他一见如故，算是忘年交吧。他有志于在山西开拓职业足球，这也正是我的夙愿。我相信，这次会晤，仅仅是个开始，好戏还在后头呢。

这次感兴趣的一个问题是，何以许多优秀的中国艺术史作品反而是出自外国人。这个问题，我早有感觉，但至今没有找到一个令自己信服的答案。也许，要等再多读些书才知道吧。读者诸君或有心得，万望不吝赐教。

7. 通识须得真通

读《经济学通识（第二版）》

书　　名：经济学通识（第二版）
作　　者：薛兆丰
出版机构：北京大学出版社
出版时间：2015年8月

这几天读书最大的收获，是北京大学教授薛兆丰的这本《经济学通识（第二版）》。

书是从网上购得。本来有计划，最近不读经济学，但人性之弱点，架不住忽悠，看网上评论颇好，就买了读。前日上手，原是为了中和最近读得太多的文艺类，谁知一上手便不能舍卷，两日就读完200多页，已经是半本书了。

书好，在于道理讲得切实。本人读经济学读物多年，过手或有百卷，精品亦非个别，但似薛教授这样，一篇千字短文，就能把一个十分复杂的道理剖白明了，让人有醍醐灌顶之感的，却不多见。当然，真有此感，怕也要有些平时的积淀。因为书中许多观念，乍一看，是大违感觉的。不细想想，还真是颠倒不过来。

印象最深的，是读到薛教授对股市预测的一篇短文，题目叫作《股价不可预测》。之所以提这篇文章，是回忆起去年某时与几位朋友的一次辩论。本人是坚定的"股市不可预测"论者，可惜为这些炒股的朋友所不解，斥为无知或是不懂云云，一时颇是周折。这次辩论，我引以为耻者，倒不是自认为正确（也为学界公认）的观念被人批驳，一时失了面子，而是自惭学习多年经济学，自认为颇有体悟，居然一时间说不服别人！今日看了薛兆丰先生的文章，愈发觉出自身的浅陋，不止于学识，亦在于阐发和表达。希望去年在场的几位，有空读读名曰《股价不可预测》的短文，对股价之认知，或有裨益。

不过，股价无规律，是个极重要又极易被误解的观念，非勤于学习并静心体会而不可得。我不炒股，懂不懂倒不要紧，许多炒股的朋友，倘这一基本观念有误，关键时候，损失的可不是面子，而是真金白银啊。

夜深了，还是读书吧。

8. 木心之心

读《西班牙三棵树》中一首

书　　名：西班牙三棵树
作　　者：木心
出版机构：上海三联书店
出版时间：2020 年 5 月

夜读木心，被这首诗触动：

中世纪的第四天

三天前全城病亡官民无一幸存
霾风淹歇沉寂第四天响起钟声
没有人撞钟瘟疫统摄着这座城
城门紧闭河道淤塞鸟兽绝迹
官吏庶民三天前横斜成尸骷
钟声响起缓缓不停那是第四天

不停缓缓钟声响了很多百十年
城门敞开河道湍流燕子阵阵飞旋
街衢熙攘男女往来会笑会抱歉

像很多贸易婚姻百十年前等等

没有人记得谁的自己听到过钟声

钟声也不知止息后来哪天而消失

形式很怪,似乎要强凑整齐划一,如同许多伟大政治家,不容歧见。但木心下笔,毕竟令人舒服,因为他似乎是想用这种形式的整齐,彰显某种历史感。我们都说历史惊人相似,其实不惊人,因为人虽然不是那些人,脑子里的古怪,是一致的。所以历史,也如四季,是枯了荣,荣了枯。你看到荣,心中就不免浮现枯,倒过来,也一样。不管遇到怎样的情形,万马奔腾或者万马齐喑,钟声终归是要响起来的。这钟声,是一个隐喻,昭示天地之间,巨大的逻辑,不可阻挡。木心最后说,钟声消失了。其实,还是响着的,只是要闭上眼睛,打开心灵,慢慢听。因为街市过于喧闹,微弱的钟声难免淹没。

《西班牙三棵树》中有许多木心的诗章,一如此篇,让你一读之下,如芒刺背,不能自已。我称之为"木心之心",就是此意。

9. 沉重的惜别

读《惜别》

书　　名：惜别
作　　者：止庵
出版机构：北京十月文艺出版社
出版时间：2021年3月

知道止庵，是因他写的《周作人传》，看文笔，极喜欢，但许是机缘未到，一直没看。我的母亲最近生了一场大病，我一直为此不安。那天在书房徘徊，想找本写母子间交流的书，结果就是止庵的这本《惜别》。翻开前几页，就知道是我想要的，而且，是那种要慢慢看的。看了差不多20天才看完。当然其间也看其他书，仅是情景适宜的时候，才看《惜别》。看的过程中，随手有些心得，整理如下。

一

书中提到阿尔贝·加缪的《局外人》，正巧我不久前看过。我的感受是，阅读加缪极其困难，《鼠疫》还好些，《局外人》最难。因为我辈身在"局内"，套用钱锺书《围城》妙喻，"局外"进"局内"不易，反过来，也不易。

二

止庵谈举丧，各有其情感表达之途，举阮籍、原壤为例，是想说，人情各异，别标准化。我思忖，中国文化，有专制的基因，不止于治术发达，集权持久，连如何举丧，亦难免标准化。吾尝见故乡之丧礼，主持者呼"孝子举哀"，众人皆哭。又喊毕，众人亟停，仿佛开关电门。如此违情，令人不堪。究其实，礼而不戚，以理伤情也。孔子通达，知人之举丧，各有举哀之径，故不以原壤为失礼。后人拘泥刻板之礼，正是"更无道理"。

三

《礼记·曲礼》有云："居丧之礼，头有创则沐，身有疡则浴。"沐浴亦有别乎？对照上下文，显然。我猜想，沐是洗头发，浴是洗身体。

四

书中引陶渊明《拟挽歌辞》四句，系"向来相送人，各自还其家。亲戚或余悲，他人亦已歌"。中学时学鲁迅《记念刘和珍君》，也引了四句："亲戚或余悲，他人亦已歌。死去何足道，托体同山阿。"两种引法，都不是断章取义，但细细思忖，境界不一。

止庵先生感悟人情，鲁迅先生却"反求诸己"，更旷达无忌。我受鲁迅先生的引文影响很深，多年来每有丧友失亲之痛，心中便默念此四句，颇得宽慰。其实止庵的引法，更接地气。"他人亦已歌"，是说了他们也曾不歌，如同我们纪念伟人逝世，除了降半旗，也要"停止一切娱乐活动"。但总要有个时限，对"他人"而言，悼念死者，也就止于葬仪结束了。生活还是要继续的，向来如此，也只能如此。

五

索尔尼仁琴是个了不起的作家，止庵先生说他写过一本书，叫《癌病房》。这个人是个传奇，一本《古拉格群岛》，洋洋数十卷，令人惊奇。他居然得过癌症，后来还痊愈了，更令人称奇。止庵先生说，倘他50年前死于癌症，《古拉格群岛》《红轮》《癌病房》便都没有。其实，倘他真彼时死，我们也感慨不了这些。

六

止庵先生引了一段古代的祈祷文，令我很有感触：

> 主啊，请赐给我力量去改变能够改变的事物。主啊，请赐给我力量去忍受不能改变的事物。主啊，请赐给我智慧去分辨这两者的区别。

后人读史，常觉古人愚蠢。其实是知道结果了，推及前因，自然可以事后诸葛亮。于我而言，越长大，越无力。感悟命运之力，是年齿渐增而弥为深切，涉世越深，无力感越强。强为之喻，则如爱因斯坦说自己比其弟子更无知，因已知之范围越大，无知之边际也越大。

10. 问苍茫大地，谁主沉浮？

读《人类的演变：采集者、农夫与大工业时代》

> 书　　名：人类的演变：采集者、农夫与大工业时代
> 作　　者：[美]伊恩·莫里斯（Ian Morris）
> 译　　者：马睿
> 出版机构：中信出版集团
> 出版时间：2016年1月

　　读伊恩·莫里斯的书，这是第三部了。第一部是《西方将主宰多久》，第二部是《文明的度量》。总体上看，三本书延续了一贯地试图从大视角审视历史的"大历史"观，以及从高于国家的文明层级研究历史变迁的现代史学方法。这种源自汤因比的历史观念影响巨大，至今未衰。

　　细读《人类的演变：采集者、农夫与大工业时代》，发现这部著作是一部简单化的作品，它的优点和缺点都源自简单化。从正面理解，简单化意味着对纷纭历史现象及其规律的哲学式穿透，作者睿智地洞察两万年以来推动人类文明发生根本性变迁的基本动因及其演变过程，把能量获得方式作为物质文明和精神文明产生和发展的根本力量，颇具解释性和启发性。反过来，这种"奥卡姆的剃刀"式的简单化也带来了一些显而易见的问题，在每一种能量获得方式（觅食、农耕、化石燃料）所代表的文化样

貌中，我们都观察到极为丰富的变体，对变体需要更有力、更具体的分析。但无论如何，这本书是极具启发性的，我猜想作者的意图正是如此，一个开放式的论题的价值远大于一个自以为是的结论的价值。

这本书令我印象最深的是，他主动引入了回应，由四位颇具专业素养的历史学家分别著文，与作者在同一论域内展开对话。看得出，尽管四位作者（其中一位即是中国读者耳熟能详的史景迁）都对作者观点的立意、研究的深入性和许多方面的启发性赞叹有加，但对他过度简化和唯物化的研究方法以及由此而来的结论并不完全认同。这种一本书内的短兵相接是我平生所仅见，因而印象深刻，十分过瘾。最后，作者对批评作出了有力的回应，使得整部书的主题和丰富性都加强了许多。

11. 下面无数龟
读《政治秩序的起源：从前人类时代到法国大革命》

> 书　　名：政治秩序的起源：从前人类时代到法国大革命
> 作　　者：[美] 弗朗西斯·福山（Francis Fukuyama）
> 译　　者：毛俊杰
> 出版机构：广西师范大学出版社
> 出版时间：2014年9月

美国著名日裔政治学者弗朗西斯·福山是另一位更为著名的美国政治学家亨廷顿的学生。他曾因提出"历史的终结"而声名大噪，但后来全球民主发展并未迅疾出现福山预言的局面，反而出现了诸多曲折，许多学者就此嘲弄福山的天真。我在国内听一些国际形势的讲座时，诸位名师可谓言必称福山——并非赞许，而是批评。实话说，我就是这样知道福山的。在我心中建构起来的福山形象尴尬：就是那种生活中常见的冒失的预言家，总是轻率地断言，然后被接踵而来的事实无情否定，成为大家的笑柄。

但脑子毕竟长在我自己的脑袋里。进一步的阅读让我对那些名师产生了怀疑，他们或者干脆没有读过福山，或者至少没有全面地了解他——如果不是明知而胡说的话。福山的"历史的终结"有其特定语境，在此语境之下，他的观点虽非正确，但也颇有价值。而且，不仅仅是结论，更在于他得出结论而进行的大量卓有成效的实证研究和历史考察。我刚刚读完他论述政治秩序和政治衰败问题的两卷本著作的第一本（《政治秩序的起源：从前人类时代到法国大革命》），也读了他数年前访华期间所作的一系列演讲和访谈。我觉得福山很深刻，他的"历史的终结"是个重要的不可替代的视角，对中国政治发展的理论构建是颇有价值的。

突然想谈谈福山，倒不是试图全面地释读他。这很困难，我学力不足，阅读也不完整。我只是想给朋友们介绍他在阐述观点时讲的一个小故事：一个天体物理学家在演讲宇宙理论时遭到一个老太太哂笑，老人家告诉他，复杂的理论都是胡说，宇宙的道理很简单，就是一个大盘子安放在一只巨大的龟背上。物理学家显然很熟悉这样的质疑，他立即像惯常那样反问："那么龟背下面呢？"老太太并未如他所料定的理屈词穷，她颇为自信地回答："下面有无数只龟。"

"下面无数龟"看似只是个令人莞尔的笑话，但福山把它作为其建构政治学理论的重要隐喻——西方人构建理论常常借助隐喻，比如我们熟知的"掘墓人"。我觉得"下面无数龟"这一建构极具智慧。上初中时我们就明白，任何理论都有前提，理论的真理性基于前提的合理性，不同的前提会构建出不同的理论体系。前提就是扛起理论大厦的那只龟，而由于前提之不同，任何理论只要穷究深察，都不免于"下面无数龟"。我们处于不同的龟背上，就会有不同的观察、不同的结论。由此我们确知，生活中很多面红耳赤的争辩，其实并非各自见地独到，而仅仅是双方不在同一个龟背上而已。譬如我们瞧见美女的眼睛，画家看见是一双明眸，医生看见是玻璃体，生物学家看见是细胞，物理学家看见是分子，而量子物理学家看见甚至是比电子还微观的某某子。倘有人对美女产生爱情，除却画家，其他人的观察均不免扫兴。大家不在一只龟背上，是什么事情也谈不成的。

我们时常谈立场观点方法，显然，龟背就是立场。突然就明白了名师们对福山的误解，其实不是误解，是"下面无数龟"啊。

12. 感恩朦胧

读《朦胧诗选》

书　　名：朦胧诗选
编 著 者：阎月君 等
出版机构：春风文艺出版社
出版时间：1985 年 11 月

前几天，从墙角一摞子旧藏里，邂逅了久违的一本书。没错，就是那本《朦胧诗选》。春风文艺出版社出版，简装 16 开，书名以草体，图案是彩色云团般的抽象画，风格朴实，甚至有些俗气。

捧书在手，许多回忆。

那年我 18 岁，迷恋诗歌已历 3 年。那时，诗歌之爱多少有些尴尬——同学视为异类，老师斥曰左道，家长亦不赞成。但缪斯女神毕竟魅力无限，尽管我当时还不知道她的芳名。心中倾慕的诗人是艾青、郭小川、贺敬之、何其芳们，诗风是那种歌颂宏大叙事式的豪迈，加上一点点普遍性的抒情。能回忆起朗诵《大堰河——我的保姆》奔涌的激情，以及《团泊洼的秋天》中奇异的情感流动。还有一个细节的深刻记忆是关于贺敬之的，他写桂林山水，有这样的诗句：

> 桂林的山啊，桂林的水，
>
> 情一样深啊梦一样美。

我和表哥学锋（也是我的大学同学）都为之叹息。那种惊呆了的感受令人记忆深刻。

我乐此不疲地创作。严格来说，是模仿。追求的风格——如果不至于太委屈"风格"这个词的话——是广场朗诵的豪迈：伫立万众之中，以浑厚而激越的声音，铿锵有力地道出对宏大事物的膜拜之情。想想都颤抖！

到大学念书的头一晚，安顿好宿舍，我和学锋去校园内的智林花园闲逛，碰上了一个学生组织的朗诵会。这是我的大学的初夜，心中是朝圣般的仰望。但那个诗会给了我自信——那些诗，说实话，比顺口溜强不了多少。很快我便崭露头角了，加入学校的晨光诗社，荣膺秘书长，然后，参加学校的一个征文比赛，获得诗歌类一等奖，然后，就是各种场合的朗诵会。风头之余，成了"小郭小川"。

但失望随之而来。毕竟，生活如果不仅仅意味着活着，就会有一些郭小川式的诗歌未曾触及的东西：对命运的思索、个人微妙的内心、对渺小事物的爱、对异性世界的向往，以及生活本身与日俱增的复杂性，等等。我的诗，那些时常可以带来欢呼和掌声的文字，在我心中慢慢贬值，像花一样枯萎。

幸而，我们的命运之幸，是精神成长于20世纪80年代，那是一个用什么样的语言赞颂都不过分的时代。改革开放大旗之下，空气中都弥漫着自由思想新鲜的味道，如同烂漫的野花开遍原野。

很快，我们就知道了北岛，他的诗声若铜钟，却并非滥情的仰望，他说：

> 卑鄙是卑鄙者的通行证
> 高尚是高尚者的墓志铭
> 看吧，在那镀金的天空中
> 飘满了死者弯曲的倒影

死者是谁？倒影何以弯曲？这些问题的答案在深潭之下、迷雾之中，或者，根本就在你内心隐秘之处，各有奇异。

还有舒婷。她的温婉和柔情都是一种似曾相识又全然陌生的样貌。比如，在无数老诗人讴歌过的神女峰旁，她出其不意地说：

> 金光菊和女贞子的洪流
> 正煽动新的背叛
> 与其在悬崖上展览千年
> 不如在爱人肩头痛哭一晚

还有顾城。我们都知道，后来，黑色吞噬了他。那时，他孩子般的眼睛里就透露出迷惘甚至死亡的信息：

> 黑夜给了我黑色的眼睛
> 我却用它寻找光明

这些扑面而来的新的气息（甚至是一场革命——朦胧革命），是藏在一本不算太厚、也不算精致的诗集里的。那时，这本书洛阳纸贵，一册难求。有一天，我的一个同学突然来找我，要把一本崭新的《朦胧诗选》卖给我。我喜出望外，惊问何故。原来，是他要招呼朋友喝酒而又没有酒钱。买卖很快成交，附带的条件是，书原价2.35元，他提出的条件是先借给他5元，超出的部分以后归还。归没归还我已经记不得了，但从此，北岛、顾城、舒婷、杨炼们为我打开了一扇窗子，从此我世俗的世界之外有了另一个诗意的世界，这个世界让我不能免俗却不致沉沦。

从那时起一直到30岁之前，我彻头彻尾地变成了一个"朦胧诗人"，大约写过200首诗，描述自己青春的迷茫、爱情的畅想和对神秘世界的探索。这是我人生最重要的记忆和历程。

如今，我已经很久写不出诗了。幸好。

13. 此中有真意，欲辨已忘言
读《熊逸书院》

书　　名：熊逸书院
作　　者：熊逸
出版机构：北京联合出版公司
出版时间：2020年3月

最近的闲读时间都给了熊逸。这位颇为奇特的读书人和写作者一直高调出书，低调隐居，以至于我读了他差不多10本书，对他的了解仍付阙如。这似乎颇合钱锺书先生那个著名的譬喻，钱先生说作家犹如母鸡，作品犹如鸡蛋，读者倘要了解作家，吃鸡蛋就行了，不需要见母鸡。所以，对于熊逸先生我也颇合钱氏之道，书读了不少，人不甚了了。

书读了，多有心得，先按下不表。令人惊讶的是熊逸广博到无以复加的阅读量。我算是个读书人吧，不深不浅的学术著作，每年也能读几十本。但熊逸先生之读书量，不啻是我之十倍！而且，范围之广也令人咂舌。仅仅是这套四卷本的《熊逸书院》（包括《政治哲学的巅峰对垒》《中国思想经典讲稿》《〈人间词话〉的哲学基础》《如何读懂古典文学》，四册约1300页），体现出来的阅读量至少在数百册上下，包括绝大多数的中国古典文史哲经典著作和国外古典哲学、文学、社会学、心理学、经济学、历史学名著，可谓上下五千年，方圆九万里。一个什么样的人才能拥有如此的时间和精力，把如此卷帙浩繁的名著一网打尽？我一度怀疑熊逸是个团队，或许几十个人分门别类分工合作，才能有此成就。但回忆起前面熊逸介绍《周易》之类的著作，无论如何都难以想象他"不是一个人在战斗"。

就学术而言，熊逸的著作谈不上深刻，他是处于深刻的名著和浅薄如我的读者之间作为文化中介而存在的。假如要做某一领域的深入研究，仅读熊逸当然是不够的。不过，这个卷帙浩繁的阅读量给了我一个重要的支撑，那就是视野。由于这种对知识和信息的"不讲理"式的全面占有，熊逸几乎获得了一个只有在梦想中才能得到的东西——上帝视角。这种空军部队般宏大观察、精准对应和立体呈现的视角贯通了时间和空间两个维度，也打通了东方和西方、学科与学科，使研究学术如同观赏历史故事般明了。这20多天来我一直沉浸其中，乐此不疲，其中的快感真是一言难尽。

刚才到书房翻了翻，熊逸的书，还有三四本没看，那就接着来吧。

14. 穿透荒诞，反抗荒诞
读《西西弗斯的神话》

> 书　　名：西西弗斯的神话
> 作　　者：[法]阿尔贝·加缪（Albert Camus）
> 译　　者：沈志明
> 出版机构：上海译文出版社
> 出版时间：2013年8月

古希腊神话中，西西弗斯得罪了诸神，诸神罚他将巨石推到山顶。然而，每当他用尽全力，将巨石推近山顶时，巨石就会从他的手中滑落，滚到山底。西西弗斯只好走下去，重新将巨石向山顶奋力推去，日复一日，陷入了永无止息的苦役之中。法国作家加缪从这则著名的古希腊神话中，发现了人类现实困境的某种象征意义，写成了阐述他荒谬观的《西西弗斯的神话》。

加缪是我喜欢的作家，他深刻而桀骜不驯的文学气质一直令我心生向往。读过他的《鼠疫》和《局外人》，也翻看过他创作的几个剧本，这本《西西弗斯的神话》读了两次都不成功——语言太晦涩，但第三次总算连滚带爬地读下来了。这样的阅读谈不上整体把握，但细处的感悟不少。

把我们存身的世界描述为荒诞，这是怎样的不同寻常？毕竟，生而为人，我们希望一切归入秩序，而且富有意义。这是人类关于文化的安全感。如果支撑这种信念的基石是荒诞，那我们就如同春秋时周王朝的诸侯被视为"披发左衽"的蛮夷，那是一种被世界抛弃的感觉。

但加缪冷峻甚至冷酷地穿透了这些在他看来不免是"人类的浮华与虚饰"。他写出了世事繁复之下人性的某种特征——被自己创立的意义所异化，所消解，最终陷入荒诞。进而惊讶地发现，一切意义都烟消云散。人生就是荒诞，正如日复一日滚石上山的西西弗斯。

把一切视为荒诞，需要洞察。我们甫一降生，在包裹我们的褓裸之前，我们便堕入意义的世界。从传宗接代到光宗耀祖，乃至"天行健""地势坤"之类，人逐步被自己创造的各类意义所包裹，所挟持，所同化。而加缪一层一层地剥离人生虚幻的外衣，将其荒谬的本质赤裸裸地揭露出来。

然而，荒谬不是绝望，因为看穿幸福的同时也就看穿了痛苦。在多数时候，更加深层次的意义，正在于明知荒诞而执念前行。鲁迅先生写的《最先与最后》中讲道："优胜者固然可敬，但那虽然落后而仍非跑至终点不止的竞技者，和见了这样竞技者而肃然不笑的看客，乃正是中国将来的脊梁。"正是这种虽然洞察人生荒诞真相仍然坚持不懈的举动。先生讲："中国一向就少有失败的英雄，少有韧性的反抗，少有敢单身鏖战的武人，少有敢抚哭叛徒的吊客；见胜兆则纷纷聚集，见败兆则纷纷逃亡。"也是同样的意思吧。

15. 获罪于天，无所祷也

读《左手论语，右手算盘》

书　　名：左手论语，右手算盘
作　　者：[日]涩泽荣一
译　　者：李建忠
出版机构：九州出版社
出版时间：2013年4月

我也颇喜《论语》，常以之自励自勉。前日在另一本书中，偶尔得知有涩泽其人其书，立即购来。今日快递寄到，迫不及待翻开一睹为快。书中有"天不罚人"一篇，寥寥百余字，颇合我意。涩泽引用孔子之言"天何言哉？四时行焉，百物生焉，天何言哉"，引出天命、天谴的感悟，进而有"天不罚人"之悟，虽非高格洞见，亦属不同凡响。我在旁边批注："孔子此语，实是《论语》中气魄最宏大者，表达了圣人无与伦比的胸襟气度。"话平常，意思还有一些，就是平日旁观众生顺天逆天之言行举止，心里不免生出悲悯来。涩泽还引用了夫子的另一句"获罪于天，无所祷也"，对每每逆天而行者，算是警醒。我记得《论语》中"获罪于天"之前，有"与其媚于奥，宁媚于灶"的句子，以现代汉语意译，大约是"县官不如现管"。孔子不同意这句话，认为要讲天道，"三尺之上有神明"。在我看来，天道之赋予商道官道，是除了利益，还得有些情怀。现在强调情怀与担当，背后就是天道。这个道理，百年前的人们就懂，我们今天还不懂，那就真是"无所祷也"。为什么"无可祷也"？我想意思是，大事小事，别逆天而行，否则出了事，求谁也没用。

16. 规则决定未来

读《新经济,新规则:网络经济的十种策略》

书　　名:新经济,新规则:网络经济的十种策略
作　　者:[美]凯文·凯利(Kevin Kelly)
译　　者:刘仲涛
出版机构:电子工业出版社
出版时间:2014 年 7 月

算上这本,我已经读了 3 本凯文·凯利的书了(另两本是《失控》和《科技想要什么》)。合上最后一页,静下来想了会儿事,又做了两件事,一是到淘宝书店买了他的另外两本书;二是到知乎查了查,这哥们儿是谁?

知乎上是这么介绍他的:

凯文·凯利,男,人们经常亲昵地称他为 KK,《连线》(Wired)杂志创始主编。在创办《连线》之前,是《全球概览》杂志(The Whole Earth Catalog,乔布斯最喜欢的杂志)的编辑和出版人。1984 年,KK 发起了第一届黑客大会(Hackers Conference)。他的文章还出现在《纽约时报》《经济学人》《时代》《科学》等重量级媒体和杂志上。凯文·凯利被看作

是"网络文化"(Cyberculture)的发言人和观察者,也有人称之为"游侠"(maverick)。

看得出,这哥们儿有些另类。这种另类表现为能够穿透生活的表象,看到一些我们看不到的东西。其实,这种感觉更多的是来源于《失控》。整本书都让我错愕和惊讶,那种出乎意料又颇为合理的思维到底怎样出现在一个人的大脑之中,我至今都难以置信。那是一种此刻人看未来的感受,你知道那些预言会发生,但毕竟还没有发生。你尽管目瞪口呆,但毕竟可以心存侥幸——也许一觉醒来就什么都过去了,甚至,但愿如此。

但后一本书是不同的。如果不刻意地注意写作的年代(我翻遍全书也没有找到明确信息),《新经济,新规则:网络经济的十种策略》本来也不足为奇。毕竟,书中描述的东西,我们似乎并不陌生。但许多细节提示我,这本书应该是创作于比较早的时间。后来,忍不住查了查,是的,很早,而且,是过于早。如果你读过这本书又知道它是写于1998年,你就会感到一种深深的恐惧,就如同福尔摩斯揭开血手印的谜底时华生的感慨——天哪,你莫非在现场?

但凯文·凯利不在现场,因为现场是未来。他在书中揭示的10条网络世界的规则,不是对20世纪最后阶段网络科技发展现状的总结和提炼,而是对21世纪未来业态、思维和行为方式的精确提示。这一提示的正确性可以用从1998年至今的网络发展现实来全方位验证,如同凡尔纳的《海底两万里》《从地球到月球》乃至《气球上的五星期》可以用随后出现的潜水艇、登月火箭和长途热气球来验证，而我，恰恰是从1998年正式"触网"的。这样，凯文·凯利在本书的预言对我而言，是一种真正意义上的"破案"。不仅准确，而且似乎是他写出了剧本，后来的网络世界就照此办理、照单全收。

借助凯文·凯利来回顾这一历程是一种令人愉悦的过程。中国的网络世界起步晚于美国，尽管后来在某些技术上落后不多，但在整体上，特别是在网络技术的高智能运用方面，我们仍然差距甚大。因而，这本22年前写就的一个论述高速发展领域的著作仍然保持着先进性。阅读中获得的强烈感受，甚至超过《失控》：前者是客观视角，你在看别人；而这本书是"反观诸身"的，和我们自己的网龄、网历亲密相关，难以割舍。

所以，再看凯文·凯利是明智的：不仅为了实用，而且为了快感。

17. 栖居在唐诗的诗意里

读《唐诗三百首》

书　　名：唐诗三百首
编 著 者：陈引驰
出版机构：上海文艺出版社
出版时间：2019年4月

这本书购于某个机场，我是被书典雅的装帧所吸引，突然有了些异样的情怀。其实家中《唐诗三百首》的注本实在不算少，但仍然拿下，搁在床头柜里，时时翻看，颇以为乐。

在书的导言里，作者引闻一多先生言"诗唐"，有三条理由和另外的一段话。话里有话，说唐人的生活是诗的生活。在我看来，前三条是皮毛，后面的意思才是要旨。我们把某一艺术与国家、地域或者朝代相联系，必是这一艺术已经深刻融入彼国家、地域或者朝代之生活中，成为寻常风景。对这样风景之沉浸，就是"诗意地栖居"。

随意翻开书页，处处都是记忆。诗是可以刻入生命、融入骨血的别样存在。在你忙碌的时候，它悄悄躲开，仿佛从来不曾出现过。而当你在某时某处偶遇它，这就成了一段轻快的故地重游，浪漫的云端漫步，或者一切浮荡于脑海的发现与再现。

按照《唐诗三百首》通常的次序，作者对每一首诗做了短短的点评。触点很精准，多从生命本体的感受来体悟诗句的意义，能把人带到人物共情、今古无差的境界。语句或许还可以再古雅些，但这已是苛求了。

我的办法是页页批注，记下自己曾经的那一瞬间。以橙色墨水，写在书页的空白处。以后再翻开，稍加回忆，就知道那时心灵的悸动，曾经洞悉过何等的天地。比如读了李太白的《月下独酌》，我在旁边写：

永结无情游，今日始解之。人之恋物，正是因为物不会背叛，因而忠诚始终。我们恋一切可恋者，也是愿与此物做"无情游"。我爱书、笔和酒，此三物，皆可伴我做"无情游"。

读了杜甫《望岳》，我写道：

第一联是想岱宗，第二联是站在山下望岱宗，第三联是爬到半山腰看，第四联就登上了绝顶。这首诗的妙处，就在于拍电影般，场景不断切换。他说场景，我们看的是心情。

又读杜甫《赠卫八处士》，也很有感触：

这首诗年轻时候读，也属稀松平常。但有些人生阅历后，特别是经历过生离死别、离乱颠沛以后，就渐渐为之动容。一句"访旧半为鬼",写得惊心动魄。所谓"平平淡淡才是真",正是此诗的妙处。没有把年纪,瞧不出来。

读书就是读心,信夫。

18. 商品的价值是主观的

读《伟大的博弈：华尔街金融帝国的崛起（1653—2004）》

书　　名：伟大的博弈：华尔街金融帝国的崛起（1653—2004）
作　　者：[美] 约翰·S. 戈登（John S. Gordon）
译　　者：祁斌
出版机构：中信出版集团
出版时间：2005 年 1 月

这本书始读于 2011 年，至今没有读完。这当然是我见异思迁的读书秉性使然，但今天能继续捡起来读也得感谢这种秉性。毕竟，已经过去了 9 年时间。

康德说过，只有头上的星空和心中的道德律能够在他的心灵中唤起日新月异、不断增长的惊奇和敬畏。如果让我也就此发表看法，还需要加上第三样事物，那就是金融。

金融具有天使和魔鬼的一切特征。从某种意义上，金融在 17 世纪以来（也许还可以追溯到 12 世纪的意大利）的欧美经济乃至随之而来的世界经济中扮演了上帝的角色。它创造的经济成果彻头彻尾地改变了世界的面貌，也令数以亿计的人一贫如洗、锒铛入狱乃至死于非命。

很多人相信经济物品有其客观价值。相信客观价值论的人们甚至乐于计算每一商品的"客观价值"，以作为计量之用。我以前也是这一派经济理论的拥趸。虽不至于像李敖论国史那样认为"有李某一支笔在，五千年青史没有说不清的道理"，但总还是认为只要数据足够，不仅经济过程可分析，经济结果也可完全阐明。20世纪90年代以来，许多诺贝尔经济学奖为数学家斩获，大约也是这个缘由。那个阿基米德不是说了吗——给我一个支点，我能撬动地球。

发现这种理论的荒谬其实并不容易，世界上有许多乌托邦乍一听闻其实是更有道理的。计划经济就是一种如此的乌托邦，但它甫一提出，多少英雄为之竞折腰。波兰经济学家兰格还专门建立了计算模型，试图解决计划经济面临的信息不对称问题，也曾声名鹊起，赞叹一片。其实，比兰格早将近20年，奥地利经济学大师米塞斯就从根本上否定了在中央计划中有实行经济计算和合理配置资源的可能性。但在人类探索真理的道路上，你总有机会"博傻"。

金融现象作为经济现象，其实质也必然是主观的。你可以探寻规矩，但永远无法找到一个放之四海而皆准的标准数学模型。这正是我读这本9年前没有读完的老书所获得的感悟。书中有一段话令人忍俊不禁，但绝对发人深省：

> 那时印第安人生产的毛皮是当时殖民地经济中最赚钱的商品，但他们不愿意皮毛的购买者付给他们金币或者银币。这些金币或者银币，尽管被欧洲人视为至宝，但由于印第安人对它们一无所知，因此认为它们一钱不值。相反，印第安人要求欧洲人用"真正的钱"——贝壳串珠来支付。

一时，贝壳串珠奇货可居，价格高昂。直到19世纪有一种人工生产替代品出现，它才退出历史舞台。这种奇特的经济现象其实在经济学的历史上屡见不鲜。归结起来，经济现象只有极少的情形才符合客观价值论者所描绘的那种计算模型——环境封闭、产品同质、需求稳定、供给竞争门槛高，等等。多数情况下，就如同华尔街数百年的历史所呈现的，市场日益开放，参与门槛低，人们充满形形色色的欲望，市场主宰力量变幻莫测。回到米塞斯，其实现在这样一个开放和复杂的市场中，我们做决断的唯一可能是序数性的比较和抉择，就是在满足欲望诸多可能中，以自己的主观判断来决定一个次序。这些海量的主观抉择共同决定了价格。在今天，也许海量数据是可以计算的，但由于决策主体是千千万万个普通人，每个数据每一秒钟都在发生变化，数据的搜集如何进行？

后来，米塞斯将他这些天才的观点写成了一本旷世奇书——《人的行为》。对我来说，这也是未曾读完但一直膜拜的一本书，也许下次可以聊聊。

19. 透明的悖论

读《透明社会》

> 书　　名：透明社会
> 作　　者：[德]韩炳哲（Byung-Chul Han）
> 译　　者：吴琼
> 出版机构：中信出版集团
> 出版时间：2019年10月

一

读这本书是突如其来的事情。在此之前，我既不知道韩炳哲其人，也没有另外读一本哲学著作的计划。上周统计，已经读过一部分但尚未读完的书足足有三百多本，从只读了头一页到差不多三分之二的都有，其中哲学著作大约也有十几本，包括中华书局那套哲学家介绍丛书中的三本（康德、亚里士多德和柏拉图的哲学著作），罗素、黑格尔的哲学著作和另外三本哲学史以及赵汀阳等国内哲学家的著作都摊在那里。但今晚随便一翻就让我拿定了主意：先看韩炳哲。

因为似乎他的思想很有后现代感，也很有穿透力。

二

肯定性和否定性是两个我不熟悉的概念。它们是对应出现的,大致可以顾名思义。不过,隐隐约约觉得,前者是一种消极的力量,像放多了糖的咖啡;后者是一种积极的力量,像不放糖的咖啡。

三

书中有一个妙寓,是用色情来形容透明社会,一种同质化的毫无生气的社会状态:相对于爱情,色情虽然直奔主题,却消解了意义。人们往往欲使目标更快地实现,结果消灭了目标本身——也许就是蕴含了"揠苗助长"的含义?"色情"这个用法太棒了。

四

一个社会,如果有一种道德以透明为内涵,那就只能在政治领域。也许,连这样想也是危险的。过于透明的政治可能最终消灭了政治,而使其变成技术。在其他领域,我们必须和透明作斗争,正如你不能要求作家"剧透",不能要求饮料生产者公布配方,不能让独居的女孩解释为什么不结婚。

五

人类本身是不可知的。所有的理解基本是误解，所谓被"理解"的那部分，其实也是误解的特殊表征——如同一个停摆的钟，每天也能对两次。这也就宣告了透明社会的失败——它只是看上去透明。

六

"一个人的自主是以他拥有不理解另一个人的自由为前提的。"诚哉斯言！不过，在很多社会，不理解他人的自由，是一种奢侈的自由，只发生在传说中。至少，你必须理解大人物。

七

尼采说："你还必须去拥有、去学习无知意志。你必须明白，没有这种无知，生命本身就会成为不可能。"尼采的意思似乎是，你有些心理活动，不论是思维、意志或是情感，都可能很清晰，但不知其何来。你不用搞清楚，而要学会和这种真实存在但不明就里的心理和解。它是真实的就够了。比如你爱一个人，知道爱就够了，不需要问为什么。因为说出来的话肯定是错的。如果不错，大致就是不爱了。

八

我们说一种真理"放之四海而皆准",其实是把它作为信仰。在知性层面,只有肯定性没有否定性的"真理"不是真理。

九

韩炳哲谈到与"展示价值"相对应的"膜拜价值",实在很妙。这让我想起犹太人的"约柜",这几乎是犹太民族最为重要的圣物,但它一直被戒备森严地安置在圣殿最隐秘的深处,从不被"观照",但从未有人怀疑它存在过或曾经存在。这确保了圣殿被焚烧以后,它依然存在——展示价值烧掉了,膜拜价值没有。这说明,与肤浅的"展示价值"相对,"膜拜价值"更为深刻。

十

韩教授谈数字摄影,让我又一次感受了哲学家的锐利之处。我们看两张照片,一张是过去的单反照片,一张是现在的数码照片,如果照片本身看不出区别,我们就认为没有区别。但是,区别在于,后者永远不能从自身获得的肯定(照片被拍摄)中生出否定(照片老化),它是一件只有肯定性而没有否定性的存在。它把我们感觉中的色泽、质感和景观,简化为比例关系,一些数字集成。数码照片可以和数学本身一样天长地久。但是,一束永远鲜艳的花,还是花吗?

十一

以色情代替爱情来隐喻展示社会代替膜拜社会,实在是绝妙好辞。那些让人最后倒了胃口的神圣之物,最初都是由此引发的。当原先遥不可及的美好变得铺天盖地、唾手可得,意义就无可挽回地消解了,价值不在,理念还原为物,亦还原为杂多。

十二

"展示价值"总是诉诸人的第一反应,不可能表现为深刻。它假定或者利用人的忙碌、愚蠢和盲目,将复杂的美味还原为标准化的快餐。

十三

一种极端的不可知可能让人滑向神圣。如果不以圣灵解释,或者认为圣灵未必可靠,则人必须对其另作安排,使所有的"杯子""灌木""石头"(书中用于代替世间万物的例证)各安其位。这正是我们在古代中国礼教社会看到的。曾子临终前要换席子,就是这个原因。

十四

不是只有专制者才会限制思想。人类自己就带着这种基因。那种期待秩序、不堪忍受不确定性带来的惶恐的诉求，就会"把爱情变成色情"。"典雅爱情"是个有趣的隐喻，背后就是色情。

20. 何以良渚?

读《何以良渚》

书　　名：何以良渚
作　　者：王宁远
出版机构：浙江大学出版社
出版时间：2019年7月

"良渚"是2019年的热搜词。直接的原因当然是2019年7月6日良渚古城遗址被联合国教科文组织列入《世界遗产名录》。在每个国家每年只能报一个备选遗产的情况下,良渚被教科文组织认可不是最困难的,最困难的反而是它如何能够从国内众多备选遗产名录中脱颖而出。

良渚为何特别重要？因为它实证了中华五千年文明史。我们常说的"上下五千年",终于从一个虚词变成了一个实词。

关于文化和文明的定义,在不同理论和不同学科,甚至同一学科的不同研究者那里,都有不同的甚至大相径庭的解释。但从历史学角度来看,多数人都同意"文化"是指那些远古人类生产生活中创造出的类型相近的物质和精神成果,而"文明"则是文化的高级形态。而所谓"高级",依据英国剑桥大学格林·丹尼尔提出并被多数人认同的定义,是指文字、青铜器与大型聚落三者俱备。按照这个脱胎于欧洲考古学背景的定义，我们通常说的五千年中华文明其实颇为尴尬，因为严格考古学意义上最早的中国文字发现于3400年前的河南安阳殷墟，比5000年要晚得多。当然，亦有学者指出，殷墟的甲骨文已是相当成熟的文字形态，这样成熟形态的文字演化历史至少要千年以上。这样，中华文明差可认为源于4500年以前，接近5000年。但考古学是实证科学，不能拿推理来说话，而我们确实拿不出这个大概存在的1000年中文字的变迁历程。所有的人都在期待新的发现——一件已经成为共识的事，也需要证据。

良渚的出现初步地解决了这一问题。这个早在100年前就被发现的重要古文化遗址今天被冠以"文明"的称号，成了中华文明五千年历程极为重要的实证。

当然，做出这样的判断，并不是良渚遗址发现了青铜器，以及可以清晰释读的文字。以丹尼尔的文明三要素言之，良渚只有大型聚落，文字和青铜器都告阙如。但读了这本书你就会清晰地意识到，良渚文化样式的丰富和多样化都显示了文明最为重要和根本的特征，那就是复杂社会和高度的生产力。以此视角而观察，良渚较之任何一个以往大家公认的文明都毫不逊色。这就是说，对照20世纪丰富而庞大的考古实践，丹尼尔的三要素已经不能全部说明问题。比如，良渚大量的玉器发现就说明，在良渚，玉器的作用正和北方地区文明中青铜的作用等量齐观。把青铜器作为文明标志，一方面表征了该地区的生产力发展的高水平，另一方面也反映了青铜器作为复杂社会礼仪规范的载体所具有的特殊价值。显然，玉器在良渚也有完全相同的功用。而那些复杂的符号系统，也完全可以视为原始文字而标定价值。由此，良渚的横空出世为中华文明的诞生拓展出1700年的空间，我们至少可以和苏美尔文明以及埃及文明站到同一时间节点上。这是重大的发现，也是重大的成果。

21. 是什么"离我太远了"？

读《离我太远了》

书　　　名：离我太远了
作　　　者：冯骥才
出版机构：文化艺术出版社
出版时间：2013年11月

最近忙，几乎天天夜以继日，以往坚持读书的习惯便成为奢侈。但心念中仍不愿打破常规，遂有一个应急的办法：过于艰深的社科书先放下，找些图文并茂、可分可合且浅显易懂的书来读——便是这本《离我太远了》。

《离我太远了》是天津作家冯骥才到国外游学而作的游记集。200多页的厚度，只有9万字，因为书中附了大量的图片。这本书虽说是游记，却并不是泛泛而记，而是主题鲜明地针对国外文物保护乃至文化保护的做法、经验而记。同时，也对照性地反思了我国文物乃至文化保护的种种不尽如人意之处，体现了作家强烈的忧患意识。在我看来，书名《离我太远了》便是这种忧患意识的双关表达：欧洲当然"离我太远了"，但作家更感受到的是我们文物乃至文化保护的意识和实践离欧洲乃至日本的差距仍然巨大。

冯骥才是中国作家中颇为另类的一位。我在中学时就喜欢读他的作品，记忆深刻的是《神鞭》；另外有一篇中篇小说，开头写一个勤奋学习的大学生，回家骑车72里，36里英文36里日文云云，极传神，可惜忘记篇名了。不过，真正对这位作家产生由衷的钦佩，是十几年前参观了山西晋中的后沟古村以后。第一次参观这个保留了黄土高原古村落原汁原味特色的活文化遗址，就令我眼前一亮，深深感受了黄土高原上古老村落文化的魅力。通过导游的介绍和资料的阅读我才知道，这个村落，乃至许许多多这样的文化遗址的保护，都得益于冯骥才先生的大声呼吁和身体力行。从冯骥才先生的努力开始，保护古村落乃至古镇等才逐渐成为社会的共识。这种共识，对我们古老遗产的保护发挥的作用，是用什么样的语言形容都不过分的。冯骥才用这种特殊的方式写就的篇章，是更深刻的文学、更华丽的篇章、更长久的流传、更不朽的经典。

　　这本收进冯骥才25篇游记的小书，与他近年来致力于的伟大事业一脉相承。在优美而简约的文笔之后，是他对文物保护的拳拳之心。沉浸在他笔下浓郁的文化风情之中，再对照我们所熟悉的国内文物保护的历程与状况，我内心的感受强烈。我生活的城市具有2500年的建城史，历代史载汗牛充栋。但如果我们试图在现实中寻找史籍中的对应，那恐怕是痴人说梦。这并非个例，而是随处可见的现实。这当然不全是今日之失，但毕竟令人失望，以致愤怒。幸好有冯骥才们的声音，才使得我们总算明白了原先本该明白却一直不太明白的一些常识。

　　也许有一天，冯骥才先生该再写一本书，叫作《离我不远了》。

22. 熟悉的"城南",永恒的"旧事"
读《城南旧事》

书　　名：城南旧事
作　　者：林海音
出版机构：中国青年出版社
出版时间：2003年7月

我小时候读过不少书,但类型偏于思辨。《城南旧事》如雷贯耳,却从未读过。这当然是个遗憾。前日儿子说,老师布置,自选一本书与家长同读,要求家长写读后感。我颇好奇儿子作何选择,结果,起初是福尔摩斯,后又改作《城南旧事》。后者是我喜欢的,就答应了——读而且写。

林海音写的"旧事",是民国时期发生在北平,有十多个人物的五个故事。叙述的视角,是儿时的作者自己。我和儿子说这些故事不免是虚构的,他坚决不同意。其实,以阅读的直感,我也不同意。但小说不免于虚构和重组,是可以思辨而知的。依情节推进的种种"无巧不成书",显然不止于"实话实说"。之所以我们强烈感受其真实,是孩子视角,加上作者描绘细节——包括情景细节和心理细节之功力,到了出神入化的地步。仅从书开头英子眼中驮煤骆驼的描绘,以及小姑娘学骆驼咀嚼的细微动作,都令人激赏。据说这一段已经选入了小学的教科书。依我看，如果入选的理由是细节精彩，那书中随便剪裁，皆可入选。这种细腻动人的语言魔力，娓娓道来的叙事功底，乃至精妙传神的心理刻画，都不亚于巴金、茅盾、钱锺书乃至张爱玲、董桥们，当代作家中，似乎更亦可比之早期贾平凹以及苏童、阿来。随着英子眼中万花筒般的观察，我们身临其境地走进了民国的北平，市井阡陌，街巷纵横，老房子鳞次栉比，着短褐长袍的街坊邻居走来走去。这种全方位、广视角、立体化的"现场感"，是文字的华彩，叙事的金牌。

故事发生在城南，这是一个具有特定寓意的符号。我猜想，城南当然首先是林海音随父母避乱北上、侨居北平的实际居住地，那样细腻丰富的描写，非长期浸淫而不可得。但我也觉得，城南更有其超越个人色彩的象征性。北平曾是元明清三代之帝都，也做过一段时间的中华民国的首都。就中华经济地理而言，北面是皇宫所在地，而东西两侧则是商业集市和显贵居住之地，只有城南多是草民聚集。城南的空间，都是屋宇低矮、街窄巷曲的边缘地带，城南的居民都是生活艰辛、命运颠沛的草民。作者写城南，如早年前影片《大桥下面》，写的是普通人的喜怒哀乐、老百姓的悲欢离合，是正史之外、城市边缘和达官显贵视线不及之处的原生态。我的童年时光和少年时代，也是生活在这样熟悉的烟火人间。这正是我熟悉的生活境况，让我亲切而感动。

最令我唏嘘的，是书中那若隐若现的苦难记忆。作者用隽永绵长的文笔，平静又略具疏离感地讲述了五个苦难的故事。作者从文中传递出来的意图，并非要调动笔墨的独特魔力，如莎士比亚四大悲剧般让我们经受苦难与压抑、死亡与仇恨、剥夺与禁锢、阴谋与背叛带来的强烈震撼，而是将不可避免的痛苦，掩藏在孩子清澈明朗的眼眸中，给所有的苦难底片，全部涂上薄薄的暖色。其实，就本身的情节特征，书中五个故事，都是人间悲剧之重大者。故事中惠安馆疯女人秀贞，被情人遗弃，刚出生的女儿又被父母丢弃，找回女儿的当夜，又双双惨死在火车轮下。故事中的宋妈，一个朴实的乡下人，撇下孩子来到英子家中伺候，却收到儿子溺亡、女儿被卖的噩耗，最终含泪离开。故事中的小桂子，每天受养父养母的责骂殴打，刚刚找到亲生母亲就死于非命。故事中英子的父亲，人到中年便抱病身亡，连女儿的毕业典礼也不能参加。故事中为了兄弟的学业而偷窃的小偷，最终等待他的将是牢狱甚至死亡。即使是兰姨娘和德安叔的爱情，也因为对抗议者疯狂镇压的白色恐怖背景而显得惨淡和凄凉。林海音用一种平和冲淡的笔调讲述，让苦难成为心灵的记忆，成为成长中不可或缺的历程，成为我们感知世界、未来、命运力量的"必经之路"。这种强大的艺术力量，使这些个体的"旧事"，成为永恒的"旧事"。

前不久，我的母亲去世。孩子们再也见不到奶奶了，充满了悲伤和痛苦。我妻子和他们说，奶奶并不是永远地离开我们，而是换了一种方式，继续陪伴着我们。通过《城南旧事》的阅读我明白，安慰孩子的话，并非仅仅是抚慰心灵的"鸡汤"，而是一种我们重新理解世界的方式。这是一个永远不能避免苦难的世界，悲欢离合如同日出日落，生老病死更是家常便饭。超越这些人生的实相，就是书中一再呈现的、"我"和孩子们经常唱的那首歌：

> 长亭外，古道边，芳草碧连天。
> 晚风拂柳笛声残，夕阳山外山。
> 天之涯，地之角，知交半零落。
> 一壶浊酒尽余欢，今宵别梦寒。
> 长亭外，古道边，芳草碧连天。
> 问君此去几时还？来时莫徘徊。
> 天之涯，地之角，知交半零落。
> 人生难得是欢聚，唯有别离多。

所以，孩子们，不管我们遇到什么样的苦难与悲伤，也许我们都该有一个选项，就是面带微笑，像英子那样说："让我们看海去！"

23. 这一个马克思！
读《马克思是怎样炼成的》

书　　名：马克思是怎样炼成的
作　　者：赵国珍
出版机构：红旗出版社
出版时间：2014年1月

甲午仲春，赵国珍送来一本他的新著——《马克思是怎样炼成的》，并约我写篇书评。我虽然不假思索地答应了，但心里颇感压力。

大概是去年夏天吧，有一次，赵国珍透露他正在写一本马克思主义大众化读本之事，我虽表示认同，但心下颇觉此事不易。不意时隔数月，他竟携书来见。书卷俨然，墨香悠悠。虽是情理之中，而在我却大出意表之外了。

说到意表之外，其实是颇多感慨。马克思主义作为"共产党人的圣经"，160年来，西方与东方，理论家与革命家，左派与右派，论之、述之、引之、阐发之者何止于汗牛充栋。即令在国中，自梁任公首荐"麦喀士"之滥觞，至马列在李大钊、陈独秀、李达、李汉俊、毛泽东、周恩来、蔡和森、邓中夏、陈延年、恽代英、瞿秋白等先驱者笔底之传播，时至今日，不仅毛泽东思想泽被九州,改革开放后的中国特色社会主义理论体系也成为马克思主义中国化的最新成果,为国人浸淫,为全球瞩目。古今中外名人夥矣,但如论及在华夏大地之影响力,则虽耶稣释迦者,均难以望马克思之项背。这样一个前无古人的人物,难道真的还有必要再写一本书?

类似的疑惑还包括:倘欲读马克思之传,则国外有弗兰茨·梅林和戴维·麦克莱伦的《马克思传》,乃至李卜克内西的《回忆马克思》,国内有萧灼基教授的《马克思传》,以及无暇详叙而种类繁多者。这些不同时期、不同风格和不同视角的马克思传记,完整描摹了作为革命导师、哲学家、经济学家、社会学家、职业革命家乃至丈夫、父亲和朋友甚至流亡者、反对派的马克思,毫发毕现,全无死角。关于马克思,还有什么信息我们不能从现有的著述中获得?

及至翻开赵国珍的新书,我的疑惑才有了初步的消解。能够清晰地感觉到,对于传播马克思这样一个宏大的主题,作者的用意独具匠心。他选择了青年马克思,也就是1818年到1848年这样一个特定阶段的马克思作为研究对象,且着重于马克思宏大思想体系的嬗变和成熟过程来剖析和立论。所谓《马克思是怎样炼成的》这样一个颇带现代诙谐风格的书名,其内涵其实就是30岁前的马克思的思想历程。

子曰:"三十而立。"夫子之言,明确地表达了30岁的重要性在于"立"。30岁前,欲立而未立;30岁后,方才立德立功立言。在过去的读书生涯中,笔者曾经读过黄宇和的《三十岁前的孙中山》和李锐的《三十岁以前的毛泽东》，这两本均可比肩名著的传记，风格不同，内容迥异，但其共同之处，恰在于关注孙中山和毛泽东是"怎样炼成的"这样一个颇有意义的主题。其主旨，正可以夫子之言点破。子曰："视其所以，观其所由，察其所安。人焉廋哉，人焉廋哉。"（《论语·为政》）我们了解马克思，我们学习马克思主义，也正需要视其少年之学，看其青年之变，察其成年之志，观其终年之行，这样，一个真实的、生动的、完整的和更加深刻的马克思才会浮现出来。

在我的大学时代，阅读马列一度成为热点。在令人怀念的20世纪80年代，通过学习和领悟马克思，我建立了一生的信仰，遵循唯物辩证法的思想方法，坚持实践的观点，以唯物史观去判断是非，明辨真理。回忆起那一段激情燃烧的岁月，心中略微的遗憾，就是我们坚持学习马克思主义，但总是被僵化、教条和生硬的理论形态所影响。在那样的时候，如果我们能够像今天赵国珍所尝试的这样，从马克思的童年和少年出发，从马克思的思想形成、奋斗历程和人生磨砺出发，从马克思的犹太人家庭、基督教背景、青年黑格尔门徒乃至《莱茵报》经历、费尔巴哈追随者出发，我们获得的马克思主义知识与信仰，将必然是丰富、生动和鲜活的。简言之，赵国珍不是写好了"那个马克思"——教科书中成熟形态的马克思，而是写好了"这个马克思"——一个在探索中成长、成熟起来的马克思。这正是赵国珍这本书最大的现实意义。

今天，在马克思主义中国化的道路上，我们经历了40多年的改革开放。40多年来，国家的历史进程被大大推进，国人的生活和思想被大大丰富。马克思所构造的社会主义理想，包括极大丰富的物质产品，人民当家作主的社会公平与正义，"环球同此凉热"的和谐社会美景，正在中国共产党的坚强领导下，逐步地转化为不断实现着的"中国梦"。在这样的历史条件下，马克思主义需要中国化，马克思主义需要现代化，但是，首要的问题，就是马克思主义必须在新的时代，新的历史背景下进一步大众化。时代要求马克思主义走向社会、走向现实、走向青年，让广大青年人在一个更加宽广和亲和的氛围下熟悉马克思、理解马克思主义、逐步掌握和运用马克思主义的理论精髓和思想方法。正如作者所言，这是一个"大课题、大工程"。在这样的一个大课题、大工程中，赵国珍一个人的力量可能是微小的，但赵国珍所开创出这一研究视角的现实意义则是巨大的。

李卜克内西曾经说过："写马克思这样的人必须承担重大的责任。"我觉得，如何写好马克思这样的人，今天的中国人，应该肩负起更多更大的责任。

24. 后来治恐要深思

读《我父亲是恐怖分子：一个关于选择的故事》

- 书　　名：我父亲是恐怖分子：一个关于选择的故事
- 作　　者：[美]扎克·易卜拉欣（Zak Ebrahim）/ 杰夫·盖尔斯（Jeff Giles）
- 译　　者：张秋晴
- 出版机构：中信出版集团
- 出版时间：2015年12月

2021年看过的书，这部篇幅最小。但如果以引发内心的沉重论，情况就倒了过来。我花了不到3个小时就读完了，但由此引起的思考，也许需要十倍时间。

书的作者是一个埃及裔美籍男子和美国穆斯林女子的儿子，在写这本书的2015年，他才33岁。和绝大多数孩子一样，他的童年沐浴在家庭和社会给予的阳光雨露中。直到他7岁的某一个晚上，妈妈接了个奇怪的电话，他们就仓皇逃离家中，又在父亲的朋友家被警察截获。原来，他的父亲秘密参加了伊斯兰极端组织，几个小时前开枪打死了一名犹太教拉比，又被警察射成重伤，震惊美国。从此，他的母亲带上三个孩子，陷入炼狱之中。他们改名易姓，东躲西藏，精神和肉体都饱受摧残。不久，父亲虽然伤愈，但被判有罪入狱。随后，尽管他们因获得和父亲见面和团聚的机会而重新看到希望，但接连发生的事情又让他们再次坠入深渊。父亲在狱中和同伙策划了世贸大楼爆炸案，造成多人死亡。父亲又被追加判为终身监禁，不得假释。

为了生存，母亲改嫁一个粗暴甚至凶残的穆斯林拳击手。主人公随着新的父母，远涉埃及谋求生存。在那里，主人公几乎天天受到继父的殴打和凌辱。母亲无力保护，每日暗自垂泪。后来，他们返回美国，境况也没有根本改变。直到主人公和弟弟找到了一份工作。新的环境，给他带来体味人生、信仰和生命意义的新的视角，母亲一句"受够了仇恨滋味"的言语也让他产生了一种超越式的顿悟。他放弃了伊斯兰信仰，也没有追逐新的宗教，而是在一种来源于真实世界经验的道德体验重塑了自己的内心与理想，从而开始了新的生活。

这是一个来自人神共愤的恐怖分子家庭的微弱声音，也是一个和我们有着同样人性的孩子的奋勇涅槃。它真实地再现了一个几乎被一切人忽略的角落，那里不仅荒凉死寂，人迹罕至，偶尔还会传出令人恐怖和错愕的声音。在我看来，这部书的力量，恰恰在于它深刻地揭示了一个朴素的真理——尽管杂说歧出，但善恶可以自明。

几年前，巴黎的恐怖主义枪声，又一次抽紧了全世界热爱和平的人们的神经。在此关头，如何对待恐怖主义的问题，成为新闻的热议，报纸的头条。自然，不同国家、不同种族、不同地域、不同肤色、不同文化背景、不同发展道路乃至不同宗教信仰的人们，对待这一问题，也是各持己见，异说纷纭。究其实质，这些说法就是两种，一种是以怨报怨，一种是以德报怨。本来，几年来是后者占据上风，但巴黎的枪声一响，前者立刻占据主流。不过，前者也好，后者也罢，持论者，都是穆斯林眼里的"他者"，来自穆斯林内部的声音，即使不是阙如，也仅寥寥。看了这本书，才晓得这或许正是症结。当我们无法就何为"德"、何为"怨"达成共识时，一切努力都不会有效果。

此刻，我突然联想起清代赵翼论诸葛治蜀的名联：

能攻心则反侧自消自古知兵非好战
不审势即宽严皆误后来治蜀要深思

这个道理，用到反恐，也并非无稽之谈。

25. 真正的科学

读《科学的历程》

书　　名：科学的历程
作　　者：吴国盛
出版机构：北京大学出版社
出版时间：2002年10月

很多人不相信科学，或者认为，科学只是答案之一，洞察世事尚有另外的答案，甚至更好的答案。这当然不能说是错的。罗素也说过，人类的精神世界有三块领域，一个极端是神学，一个极端是科学，处于两者之间的即是哲学。但正如我们说二元论必定是唯心论一样，真正的哲学必定与科学殊途同归，或者说，以理性的方法探索那些关于世界和人类自身的疑问，能找到最终答案的是科学，永远没有最终答案的是哲学。看上去，这是把哲学等同于神学了。其实不然，因为神学不诉诸理性，中世纪无数的经院哲学家，都想以纯粹理性证明上帝存在，当时，出现了很多惊艳的论证，比如圣托马斯五路证明，乃至上帝存在的本体论证明，等等，但后世的人，即使一个只学过平面几何的初中生，都能够发现其中的逻辑谬误。所以，上帝的归上帝，牛顿的归牛顿。今天的神学，已经不再在理性的学园里混迹，宁可承认理性与信仰各行其是，泾渭分明。

所以，倘要解决现实中的问题，比如得了病怎么治，买什么样的家用电器，乃至稀饭和牛肉何者更有利于健康，还是诉诸科学更加靠谱。罗素区分哲学和科学，但也承认理性是两者的共性，其实可以归为一伙。在近代之前，哲学就是科学的集成。近代以来，哲学和科学虽然逐步分野，但仍然有共同之处，它们共同以理性对抗神学——称为祛魅。我们的民族，因为缺少一个文艺复兴的传统，直到今天，仍然被《周易》或者汉儒搞出来似是而非的五行八卦所统治，祛魅是不彻底的。就我们的世俗经验而言，科学精神，离我们的现实生活很远。

在我看来，一个人不相信科学，或者对科学采取抽象肯定具体否定的态度，对科学而言，一点儿也不重要。因为科学如果觉得被相信是一个收益，那它在近100年来获得的收益，已经使得多一个人相信它的边际收益很低了，几近于无。但对于每一个生活在尘世中的人之个体，信不信科学，对他自身的意义重大。去年，我熟知的一个人，得了糖尿病，坚决要以某种独特的疗法自我治疗，不吃降糖药，结果死掉了。如果我们注意观察，生活中，以类似这样的方式折腾自己甚至慢性自杀的人，为数不少——包括那些迷信拔火罐或者扎针放血来治病的人。看历史稍微留心些就能知道，秦皇汉武加上唐宗，可能都是自个把自个毒死的。最近疫情期间，歧说纷出，莫衷一是，但依我看，多数人的困惑，皆在于没有认真读几本讲基本道理的科学书，尽管其中不少人在自己所从事的行业里，已经忝列专家之中，但对一些事关基本生活的科学常识，仍告阙如。

一个人对世界历史和人类命运之类的大事如数家珍，却对事关自己健康乃至生命的科学常识错漏百出，实在不能说是聪明。但这个问题，虽然无比重大，但想给那些没有科学常识的人说清楚，却并不容易。因为人的观念，并非一个简单的函数，而是一套复杂的逻辑体系：正确的东西，内部自然是融贯的，但错误的东西，内部也是融贯的。你同一个观念辩论，实际上等于向他所有的观念挑战——即使一个人意识到自己可能是错的，也不会轻易承认，因为让一个人承认自己的观念体系是错的，那比杀了他还难受。

何况，还有一种情况，可以举例说明：某个乡村的村民，一直认为他们的县长每天是吃莜面的，而邻近的另一个村的村民则认为县长每天是吃黄糕的。他们关于县长每天吃什么，虽然估计是错的。但从逻辑上讲，他们的观念确实来源于一个十分合理的三段论，大前提：县长生活水平应该不差，每天应该吃得很好。小前提：莜面（或者黄糕）是很好的食物。结论：县长每天吃莜面（或者黄糕）。这是个笑话。但那些相信《周易》算命或者五行八卦的人，其可笑程度，不亚于此，可是大家都不笑。每念及此，不免一声长叹。

唯其如此，吴国盛先生这本老书，就远远没有过时。我们会建议一个举棋不定的女孩子通过了解小伙子的历史来决定嫁不嫁给他，对一个企业的信用程度进行尽职调查时，查的也多半是这个企业的历史，诸如此类的例子不胜枚举，都反映历史对人类思想的重要性。那么，如果科学是重要的，学习科学的历史就是重要的。而学习科学的历史，在我的阅读范围内，最好的就是吴国盛这本《科学的历程》了。

26. 夜空的云仍似当年

读《夜空的云已不似当年》

书　　　名：夜空的云已不似当年
作　　　者：孙以煜
出版机构：江苏凤凰文艺出版社
出版时间：2022 年 1 月

  今日网上搜书，最大的收获是这一本。书名叫作《夜空的云已不似当年》，是一本散文随笔集，写作者游历苏联搜集版画的记忆与感悟，并不是那种热门的作品。

  我对书的兴趣，其实是源自作者孙以煜。我还在省体育局工作时，他是一度的同事和一直的朋友，而且与同事的身份相比，"同声相惜，同气相求"的朋友关系要重得多。以煜长我十岁，原先在省体育报刊社工作，任过副社长。他是极有才华的，诗文皆一流，且有美术鉴赏的功底，写过不少作品，涉及多个领域。后来，多写美术家作品的评论，发表在报刊上，颇能发其微旨大义。这些书画家自然要将作品送他欣赏，所以他也藏了不少佳作。我还曾得他的惠赠，那时办公室墙上挂着的"好好学习"四字书法，就是他送我的，连裱糊和画框都是他弄的，字拙，但极有味道，正是我喜欢的风格。可惜搬家的时候意外丢失了，很懊恼了些日子。

以煜是一个多少有些腼腆的人。他给我的印象,一直是那种一袭风衣,独自走过街头的样子,仿佛是在19世纪末期,巴黎蒙马特高地咖啡馆街上才能见到的那种特立独行的文人。他为人正直而单纯,看上去,似乎不大能适应世俗的社会。平时话语不多,但倘遇到对劲的话题,或者对劲的人,他也是滔滔不绝的。如此,他似乎也是那种"外表斯文,内心张狂"的狂狷之士,倘喝了些酒,更是如此。有一段时间,我们会面频频,似乎是为了共事的工作,但到底是什么事,现在完全不记得了。后来,没有了工作的勾连,也还是常常见面喝酒的,谈文人和诗,谈武侠,也谈些别的。他有许多文人的朋友,我记得几次在小餐馆里喝酒他还请了诗人璐璐一起,也令我很兴奋。

后来他去了北京,辗转去俄罗斯做茶叶贸易,我们见面就少了。忆及上次见他,也是四五年前了。我回局里当了局长,解决了他们报刊社老职工的养老保险问题,几个老伙计都很高兴,正好以煜回来,就约我吃了顿饭。他送了我一本书,是他搜集的俄罗斯版画集子,其装帧的艺术品位,是我多年来所见过的最好的两本之一(另一本是唐晋手写版的《鲛人》,我后来才知道,这两本书的美术设计是同一个人)。从那以后,就再没有见到过他。这几年因为二青会和后来的工作,我几乎忙到没时间睡觉,过了一段完全没有休息时间的日子。他有一次回来,曾通了个电话,但也没时间坐坐。

在孔夫子旧书网上看到这本书,立刻下了单,当天下午书就到了。这几天疫情肆虐,出不了门,正好闭门读书。第一时间就开始读，实在是一大快事。书的内容，仍然是他孜孜以求十几年的俄罗斯版画。这是个重要的文化载体，既有美学的价值，更有历史的价值。发现这样的主题，正是孙以煜独特的经历和气质使然。孙以煜是个好作家，这是我心里一直高度认可的观念。世界上有很多优秀的人，颇似《天龙八部》里的扫地僧，如果不是某些机缘，你根本不知道他的存在，遑论他有多厉害。孙以煜虽然不像扫地僧那样武功盖世，但才华和作品没有被这个世界熟知，是这个世界常犯的错误。很多类似的人，是活在"驿外断桥边，寂寞开无主"。他后来从商，也是做颇有文化品位的茶业，与他的气质仍是一路。在山西，从事业到生活，他其实颇多坎坷。后来出去，我慢慢能感觉到，他活成自己习惯的生活，而且有如此的收获，真是令我为他高兴。

今夜，我好好读他这本书。期待着下次他回来，或者我能去北京的时候，把酒之时，作为话题，谈谈当年夜空的云和今天的到底有何不同？

27. 大舅的幸福生活

读《长城新韵》序

书　　名：长城新韵
作　　者：张亨年

前不久，网上流传一段短视频，叫作《回乡三天，二舅治好了我的精神内耗》，写作者——一个叫"衣戈猜想"的年轻人的"二舅"命运多舛但矢志奋斗的故事。片长只有三分半，引发热议如潮。"二舅"的离奇身世，感动了不少出身农村又在城里苟且的凤凰男，感觉内心最柔软的地方被触碰，五味杂陈。在我看来，这段视频的爆火另有耐人寻味之处，就是主人公是"舅舅"。

"他大舅他二舅都是他舅。"在中国人的集体记忆中，舅舅是个特殊符号。我的老家，甚至整个北方，都有"娘舅为大"的传统。外国人分不清舅舅和叔叔，但在中国，舅舅比之叔叔、姨姨乃至亲邻种种，更能触及一种血缘、地缘交杂一起的微妙情愫。在未曾成文却无比清晰的传统中，舅舅总是和古老传说、孩提记忆或者家族认同紧密地联系在一起，代表着你蓦然回首时无法忽略的生命原型。

我有四个舅舅。成年以后知道，本来有更多，但其他的都夭折了。但舅舅多至四个，在下一代看来，已经是一种奢侈的幸福——独生子女政策之下，大多数家庭都是一个孩子。等这一代人长大了，舅舅、姨姨、叔叔、姑姑之类称呼都无从谈起，幸亏政策后来改了，否则"舅舅"就成了历史名词。

我的四个舅舅中，最有才学的当属大舅。大舅张姓，讳亨年。大舅的人生，摘其要者，是一个极出色的语文老师。小时候，由于天资聪颖，本来可以有多个面向，可惜家贫，又是老大，只好以远超标线的成绩，上了成本最低的师范。因缘际会，就成了老师。在师范里，又成功地找到了一生的伴侣——也是老师的舅妈，家就成了教师之家。然后，在灵丘做老师，在阳高县的乡村做老师，最后在县最高学府一中做老师。不但做老师，而且做了最优秀的老师，乃至教研室主任，乃至全国特级教师。赫尔岑说："一旦开始便能永远将事做下去的人是幸福的。"这好像就是说大舅。

大舅是我儿时最怕的人。我上初中以后，成了大舅的学生，学生怕老师，自然如老鼠怕猫。但我的怕，却是上学前就有。那时母亲去上班，不是总可以带我，凡是不能带的时候，我就会闹个不休，或就地打滚，或号啕大哭。此时，只有大舅出来呵斥一声，我才会乖乖地就范。到了小学五年级，恢复高考"忽如一夜春风来"，我们的人生理想迅速地变为考大学。大舅每天下班，便给学锋和我讲授初中的功课，从语文的范文到数学的习题，整整半年，我们等于提前上了一把初中。真到了初中，功课对于我们，已属探囊取物。现在的家长都怕孩子"输在起跑线上"，想来，我这样的顽劣少年最后也能顺利考上大学，正是大舅让我"赢在了起跑线上"。

我从小就知道，大舅曾经是个诗人，师范生涯里便诗声卓然，远近闻名。标志性事件，是1957年有诗作在《山西日报》发表。其时，报纸区区四版，杂志不过寥寥，素无背景的年轻人，能发表一首诗作，难度不啻于今日出版文学专著。彼时大舅的创作，当然非此一章。以此英华，陟彼高岗，假以时日，成为艾青、郭小川、贺敬之亦未可知。但可惜，"文章憎命达，魑魅喜人过"，风华正茂的大舅也未能幸免。诗神远遁，再回来，弹指过了40年。

这40年，一言难尽。2009年，大舅和舅妈金婚，回乡的路上，我诌了三首七律以贺，其中第二首写道：

岁有寒温月有痕，苍茫半世话金婚。
一朝青涩钟情恋，十载峥嵘荡魄魂。
国运家情人世暖，师传亲养故园恩。
相携走过人生路，满目青山夕照门。

诗不免肤浅。但其中对往事的追忆，特别是描述大舅半生的际遇，却是真挚的。

记得二舅退休前，我在太原和他喝几杯酒，担心他失落，便说了几句"人生六十方开始"的鸡汤。大约的道理，舅舅们这一代，半生为人，上老下小，一直是替别人活的。真正等到了退休，才有自己的精神空间，可以自由挥洒。当然，这个理，也用得到大舅身上。如今，他们已经退休20几年了。回忆起这差不多人生的四分之一，颇令我们惊讶的是，大舅活出了一种独特的晚年。这种独特，几近奇迹。

说奇迹，是大舅的晚年生活，丰富得令人咂舌。关于这一点，我在给大舅大舅妈金婚时的第三首诗中也做了描述：

> 晚景闲居自沈详，南山相对菊篱旁。
> 纤尘不染书房静，新雨时氤翰墨香。
> 桃李满园知友众，儿孙成群孝行常。
> 且将诗赋成书卷，夕照何曾逊旭阳。

诗中写到纤尘不染的书房、氤氲墨香的书卷，自是大舅一生从文的标配。安居沈详的晚景、儿孙成群的伦常，也自然是许多老人的共有，但"桃李满园知友众"却是大舅异于多数老人的独特。很难想象，一个年逾八旬的老人仍然能够像大舅这样，与众多朋友常来常往，激情畅谈，把酒言欢，气概与状态均不输年轻人。这些朋友，职业则工农学商，风格则三教九流，性别年齿则男女老少，情趣则雅俗共赏，但都与大舅密切往来，相与深厚，构成阳高文化生活中一道自成特色的风景线。苏东坡曾自况："吾上可陪玉皇大帝，下可以陪卑田院乞儿。"原以为东坡之后，再无东坡。视大舅的生活，方知古人诚不欺也。

不仅如此，大舅的独特，更在于他"且将诗赋成书卷"的笔耕历程。大舅虽然早年以诗而名，但畏惧文祸其一，生计忧患其二，教学繁忙其三，以致整个工作生涯，竟极少创作，遑论成册。今天我辈能读到的大作，皆是大舅退休后累年悉心之作。亚里士多德曾说，人类研究哲学有三个条件，一是自由，二是闲暇，三是好奇。其实，退休后重会缪斯的大舅又何尝不是？走出"十年浩劫"，日渐宽松的政治环境给了诗人自由，退休在家、身心轻松的日子给了诗人闲暇，而童稚而起、终身阅读的修为又令诗人充满好奇地打量世界，表达感想，讴歌和吟唱。在这个有着五千年文明、三千年诗风的国度，大舅的存在，不耀眼，却令人无法忽视；不响亮，却经年连绵不绝，不泛情，却足以慰藉远近；不完美，却独有存在价值。

手边这一本《长城新韵》，是大舅晚年以来创作并结集的第五本诗文集，粗略地数，收录了近年来创作的185首诗作。一个八秩老翁，在三四年的时间内，笔耕不辍，成此一卷，洋洋200首，单是看数量，亦足让人心生钦佩。何况，开卷读来，其行文流畅，其题材广泛，其诗思丰富，其主题鲜明，都令人拍案激赏，回味不已。明代东林书院有一副名联，曰："风声雨声读书声，声声入耳；国事家事天下事，事事关心。"这原是东林党人顾宪成用来表达关心国计民生的情怀，今天回味起来，用以形容大舅的诗，倒是十分贴切。看立意，大舅是"传道授业解惑"之师尊，感风云，格万物，致良知，传真谛，本是安身立命的本分，世间之风声雨声，都成了大舅"诗言志"的主题。看题材，尽管涉猎极广，但揽其大略，也正好是国事、家事、天下事三类。以家事言，家族中每有大事，大舅必有诗以志之、感之、咏之。仅就我家而言，母亲的周年之祭，父亲不幸辞世，乃至我和弟妹辄遇变迁，大舅皆有诗作相赠，触景生情，感怀念远，悼亡祝生，成就了我们诗的精神寄托。以国事言，关心"国之大者"，本是这个家族的传统，十八大以来，国事纷纭，日新月异，大舅尤以拳拳于心，孜孜于笔，日积月累，无事不记，10年之间，竟铸就了一部乡里的春秋，野老的诗史。肉食者或可借此知民意、识民心、访民情。"礼失求诸野"，此之谓也。以天下言，民族伟大复兴遭遇"百年未有之大变局"，斗转星移，波谲云诡，大舅以敏锐笔法，"不出户，知天下"，明辨是非，遥观玑衡，篇章虽非浩繁，立意终归高迈。三事之间，诗章虽自有别，然此襟怀气度，正是屈子"上下求索"、杜工部"致君尧舜"、范文正"先忧后乐"之遗风。这些特征，于大舅的五部诗文中均历历可睹，在这部《长城新韵》中尤为卓著。

行文至此，突然有个意向从脑海中闪出，叫作"大舅的幸福生活"。海德格尔描摹人的理想生活，叫作"诗意地栖居"。我们追慕古人的"诗意栖居"，仿佛只有挂冠的陶令"方宅十余亩，草屋七八间，榆柳荫后檐，桃李罗堂前"参差仿佛，但陶令辞官之后，"倾壶绝余沥，窥灶不见烟"，吃了上顿没下顿，哪得大舅这种"晨迎日出岫，暮送鸟归林。投食观鱼跃，浇水赏花红。凭机览古籍，开窗眄流云"（引自大舅的诗《蛰居》）的安闲与从容。套用时下的流行语，这种幸福生活，是始于富足，陷于才艺，忠于深情。这是大舅的幸福生活，也是改革开放40年来一代人的幸福生活。

刚刚从网上看到，让人大跌眼镜的是，网民"衣戈猜想"的微视频《回乡三天，二舅治好了我的精神内耗》的主要内容都是编造的，已经被腾讯做下架处理。与此不同，我的"大舅的幸福生活"却是完全真实的。生活当然不全是诗，但不论多么伟大的诗篇，都必然地来源于生活。我们相信这样的幸福生活，也当尊重这样的幸福生活，并且理当为这样的幸福生活添砖加瓦，竭尽绵薄之力。

是为序。

28. 不能研究经济学的探长不是好作家

读"哈佛经济学家推理"系列

书　　　名：	"哈佛经济学家推理"系列
	《致命的均衡》《夺命曲线》《边际谋杀》《看不见的手》
作　　　者：	[美]马歇尔·杰文斯（Marshall Jevons）
译　　　者：	葛窈君 / 江丽美 / 曾沁音
出版机构：	北京时代华文书局
出版时间：	2019 年

最近接连看了四本书，是一个同类图书的系列，叫作"哈佛经济学家推理"系列。实话说，这是我看过的最为烧脑的侦探小说之一，也是我看过的最为有趣的经济学著作。

看到这里，一定有人会惊讶地叫出声来——没有搞错吧？这到底是四本什么样的书？

没有搞错。它们既是经济学著作，大量阐述微观经济学的基本原理，对于一个经济学的入门者而言，并不浅显到一读就懂；它们又是侦探小说，有完整的故事情节，坏人从一开始就出现，残忍地杀人并逃脱警方的调查，到最后，才在读者恍然大悟的惊叹声中落入法网。

令人惊讶的是，这两者是如何统一到一起的？

这正是本书作者马歇尔·杰文斯的可贵之处。当然，和许多畅销书作家一样,马歇尔·杰文斯也并非真名,而是两位美国经济学教授共同使用的笔名。两位作者,一位是弗吉尼亚大学的经济学教授肯尼斯·艾尔辛格,另一位是三一大学的经济学教授威廉·布瑞特。他们两人都受过现代经济学的严格训练,同时也具有不凡的文学天赋,特别是对推理小说乃至悬疑故事充满好奇心。这两个似乎风马牛不相及的兴趣和能力成就了他们的创造性成果,也就是这套四卷本、命名为"哈佛经济学家推理"系列的小说集。

四部曲分别叫作:《致命的均衡》《夺命曲线》《边际谋杀》《看不见的手》。

书名也相当经济学吧?

说实话,这是我多年以来看过的最令人惊讶的书。当然,从本质上它们应当被归入文学著作,但绝不意味着想要学习经济学的读者不能有所收获。恰恰相反,对大多数刚刚接触经济学的学生而言,一个具有穿透性的故事对他的经济学观念的形成,是远远比一打理论还重要的东西。在这些故事中,经济学家坚守自己的学理逻辑,在纷繁复杂的犯罪现场信息中拨开迷雾,找到真凶,这是悬疑故事的真相,也是经济学理论的真相。让人在不知不觉中接受深刻的道理,不仅需要循循善诱,也需要一个好故事。

我猜所有的人都能一气呵成地读完这些著作。我自己就是这样的。我最大的收获既不是经济学理论,也不是悬疑揭晓的快感,而是惊讶于人们可以这样写书,而且写得这么好。

29. 走进《周易》的江湖

读《周易江湖》

书　　名：	周易江湖
作　　者：	熊逸
出版机构：	陕西师范大学出版社
出版时间：	2006年12月

这不是我第一次读熊逸，甚至不是第一次推荐他的书。就在这个公众号里，前不久我还介绍了他四卷本的《熊逸书院》。但《周易江湖》还是有些非常特殊的东西，值得认真读一读，也值得读完了认真地说一说。

当然，说一说的理由，主要还不是因为熊逸。尽管这个网络作家、民间写手颇有些自带流量的离奇之处，但要说的话，在前面也介绍得差不多了。所以，如果还是有话要说，那就是因为《周易》了。

《周易》是中国的原典。即使我们知道，《尚书》《诗经》里的有些篇章，从成文的时间看，有可能早于《周易》，但如果有人说《周易》是中国最早的学术著作，恐怕不会有太多的反对者。而且，儒家不仅把《周易》列入六经，还坚定地认为《周易》是群经之首。要知道，在儒家的经典中，《尚书》可是记载上古贤王的言论的，《周易》要置于其上，那就是圣贤甚至是神仙之言了。孔老夫子说:"加我数年,五十以学《易》,可以无大过矣。"这给了《周易》一个极高的地位。而相传他"韦编三绝",就是读《周易》的状态。

《周易》确实也很古老。按照古人的说法,上古卜筮之书,夏有连山,商有归藏,周有周易。从这个意义上讲,《周易》不仅是周朝圣贤(一般而言是指周文王)的首创,很可能还继承了夏商的"优良传统"。虽然我们无法从现有的文本中看出传承的细节,但孩子不能一生下来就会奔跑,《周易》成熟的文本也能启发我们,必定有一个漫长的传承与演化过程,夏商周一脉相承,合情合理。

当然,即使是所谓成熟的形态,《周易》也不是通俗易懂的。和韩愈痛斥《尚书》"周诰殷盘,佶屈聱牙",同样,《周易》也是出了名的扑朔迷离、晦涩难懂。从春秋时期开始,史书上关于人们研读《周易》的记载可谓屡见不鲜。但是,直到今天,我们都痛苦地发现,尽管无数人皓首穷经、孜孜以求,对《周易》的解读仍充满了歧义。诚如熊逸在这本书里所言,连我们公认最著名的三大出版社中华书局、三联书店和商务印书馆,其《周易》译注也充满了歧义,令人莫衷一是。不仅如此,人们不仅是对《周易》的文字,也包括对《周易》到底是一本什么样的书、作者是谁,乃至《周易》和《易传》各自如何起源,也都歧见纷纷。

熊逸这本书的可贵之处,是如同安徒生童话中的孩子一样,冒冒失失地说出了一个似乎有些冒犯的大实话——《周易》本来就是一本"卜筮之书",也就是说,最初的《周易》,就是一本算卦的书。只是后来,人们在不断算卦的过程中,才逐步地总结出或者感悟出一些另外的东西,你叫它哲学也罢,玄学也好,其实都非古人之本意,他们的本意就是算卦。

所以,熊逸在揭示出这个简单而重要的道理之后,居然沿着这个思路一路写了下去,其内容就是"如何用《周易》算一卦"。对于比比皆是的《周易》神秘论者,这未免令人扫兴甚至愤怒,但对于大多数人而言,反而被激起了欲望——原来真可以用《周易》算卦!

更神奇的是,熊逸不仅讲了如何算卦,还以《左传》中的故事为蓝本,具体地讲了一系列古人用《周易》算卦的故事,讲了这些算卦的过程多么神圣、多么郑重,又多么不靠谱。具体地讲,熊逸是从古人是怎么读《周易》、怎么用《周易》的问题入手,给我们描绘了一个真实的《周易》传播史。他考察最贴近《周易》诞生时代的历史文献,详细讲解《左传》里的丰富卦例,再和曲折离奇的历史事件结合起来——叙述是有趣的,讲解是易懂的,史料是扎实的,分析和启发是可以让你当成智力游戏一样来玩的。这种写法,非常熊逸。

我敢说,由于这样的特点,这部书比绝大多数研究《周易》、解读《周易》和翻译《周易》的著作更加靠谱。如果你是想了解《周易》而难觅门道的人,或者是一个已经被深刻而复杂的《周易》研究著作搞得莫衷一是的人,那就从这本书开始吧。即使不能获得更多,你至少可以用《周易》给自己算一卦,并且煞有介事地解读一番。

依我看,这是我们能从《周易》中学到的最好的东西,没有之一。

30. 理工科学者的人文情怀

读《大学者》

书　　名：大学者
作　　者：黄且圆
出版机构：科学出版社
出版时间：2013 年 3 月

这几天读了一本冷门作品——是数学家黄且圆的名家小传集《大学者》，介绍了几位颇具人文修养的理工科大学者，包括胡先骕、孟昭英、陈省身、黄万里、彭桓武、王元和丘成桐等七位。这几位杰出学者，我多半有过些了解，特别是陈、王和丘三位数学家，因为中学时喜欢数学，更多一些关注。而黄万里也是颇令我关注的人物，不料他正是作者黄且圆的父亲——其实黄且圆也是不错的学者。学者写学者，滋味自然不同。

要介绍这本书，本来有许多可说之处。不过，打动我写下这些文字的，却是丘成桐先生的一阕词。我早就知道，丘成桐是世界著名的大数学家，曾经获得过国际数学最高奖——"菲尔兹奖"，恐怕也是中国数学家的最高成就了。但他的词居然也达到如此水平，令人意外且敬佩至极。

先引如下：

遥瞻故城阙。惊寒暮、云暗天低，风急声切。萧索冰封无尽处，朽树枯枝都洁。算未抵、世间豪杰。高台饮宴关说黑，醉都门、还待翰林缺。竟仕进，邀名切。

学士无门空悲咽。望故园、间关万里，忧思难绝。逝水华年心未冷，千秋功业谁说。数流光、壮怀激烈。大国浮沉情何恨，怅年少，德言轻如雪。倩谁唤，中兴业。

原书中没有标出词牌，我看了一下，当是"贺新郎"。这个词牌，虽然看上去颇有世俗情调，但实际上常用来表达悲郁慷慨的情怀，与丘先生表达的内容，颇为贴切。前段与友人辩，他说时代不同了，词和格律都无前途，最多可以写写古风，但建议这位朋友看看丘先生的这阕词，不仅格律和韵脚无碍，意境也是极好的。在我看来，单是这首词的存在，那种认为词和格律都无前途的论调，可以休矣。

另付一阕《贺新郎》，是本人的拙作，比及丘先生，小巫也。然敝帚自珍，也请朋友们看看。

贺新郎　读《苏东坡新传》有感

宦海沉浮旅。掩朱门、蹒跚向晚，乱霞烟渚。新柳依依归途远，今夜清霜洒路。无绪唤、红巾倩舞。万里烟云萧瑟雨，梦风华，赋得相思语。才出口，恁般苦。

如今识尽闲愁否？罢熏心、枯荣几回，一丘孤树。帘卷兰舟江湖逝，禽夜不知何处。忆往昔、峥嵘谁著？鼓角呜咽侵白露，叹芳零，片纸难偿付。浊酒足，莫愁予。

31. 木桶原理之联想

读《木桶定律》

书　名：木桶定律
编　著　者：西武
出版机构：机械工业出版社
出版时间：2004年1月

现代管理学有个木桶原理，众人耳熟能详——在我翻看的这本小书中，叫作"木桶定律"，仅是翻译理解之不同耳。要我看，"木桶原理"更准确些。

将木桶原理引入诸多实践领域，颇能开启智识。一时而来，补短板成为坊间共识。前日，偶读某位女士的朋友圈，见她转发一篇文章，讲择婿识男亦以木桶原理为借鉴，颇有新意。由是而思之，有些另外的发挥，写在下面。

木桶原理之效应，追求多装水。周边倘有短板，水便由此流走，因而降低容量。但不妨凝视一只木桶，你会发现决定其容量者，不止于周边的木板，也在于桶底之大小。高中时学过些立体几何，知道桶的容量，等于底板之面积，乘以桶高。面积之计算，是半径之乘方，乘以圆周率。显然，就容量而言，倘要制桶，同样多的木板，制成粗而矮，较之高而窄者，前者容量更大。由是，欲使桶多装水，只看周边的木板，不看底板，就不免挂一而漏万。

大家猜得到，说木桶，其实是想说点别的。比如前述的女士，希望有个好男人嫁。以木桶譬喻，是想找个容量大的。顺着她的思路，我觉得，就男人这只木桶而言，如果周边的木板是外貌、财富、能力、性格、才华、品行等，则底板就是襟怀。古人谈及大丈夫，常有"宰相肚里能撑船"的譬喻，看似平常，其实大有深意存焉。外貌、财富、能力、性格、品行、才华等木板，围成一只男人之桶，即便皆是长板，直达云霄，倘无襟怀阔大之底板作为支撑，照样是装不了水的。君不见，有些人才貌兼备，却器量狭小，精明以成己，促狭而待人，虽时有小得，却不免于竹篮打水。有些人素质优越，水准不低，却囿于我执，不能容人，宽以待己，严以律人，虽自以为是，终不免众叛亲离。襟怀之重，不可不察也。

打造男人的襟怀，以佛学理论言之，"理入"不如"行入"。"理入"也者，言教也。"行入"也者，身教也。所谓"身教"，不是所谓以身作则，而是使受教育者，对于宇宙广大、人生漫长、世事繁杂、情感纷纭，有亲身之体验，切肤之感受。这种感受，必须在刀枪林里独自打拼而得，讲道理是没有用的。佛学最终的大师，很少来自童男出家的沙弥，多是回头是岸的浪子。其原因，正在于其貌似荒唐的阅历，拓宽了精神智识的空间，构筑了内心世界丰富的内涵。一个人闯世界拼江湖，看上去是外在空间的开垦，其实是内心世界的拓展。襟怀由此而生。

所以，聪明的女生，倘准备嫁给一只木桶，绝不能只看侧边的木板，不看下面的底板。

32. 读老子的另一个可能
读《老子演义》

书　　名：老子演义
作　　者：止庵
出版机构：中华书局
出版时间：2007年4月

忙碌终日，夜来有暇，读毛边本《老子演义》。前些天与好友谈毛边本，不知，遂上网买了几本送与，尚未达。先在这里说说，毛边本者，系边页未及裁开甚至各页大小不一的书，过去是书的常态，读者须自备小刀，随时裁开。后来技术进步，毛边本就不多见了。但人多恋旧，亦有书商，专以毛边本为务，翻印古本，以飨旧客。我过去从未读过毛边本，算不上旧客。但见了此类书，未知缘由，便发自内心喜爱。这种偏好，算恋旧？算喜新？不得而知。

这本《老子演义》，作者止庵，是我极喜爱的作家。前些天读他的《惜别》，体验深厚，难以尽述。又见了这本，就动了一睹为快的念头。看罢前十章，感觉内容未见其最佳，但因图文极好，便欲罢不能。两日来，已将三分之一内容读完了。

《老子》是中国的元典。所谓元典，就是其精神内核，已经预设在你心中。你一看就觉得对,不是因为它确实对或者不对,而是因为它就是你,它先验地决定了你的思维方式。这类书不多,依我看,连十本也不到。凡此类书,不仅要多读,最好还是多看几个版本,从不同角度互相参印。从这个意义上,止庵之《老子演义》,就颇有可观之处。他并不寻章摘句,而是揽其大义,笼统阐发,甚至攻其一点不及其余。依我看,这正是解读老子的聪明之处。而且,篇幅不长,不太费劲,也是读者之福。

　　此刻斗室悄然,正是读书的好时光。且读吧,浮生难得半日闲,况且不到半日,又须忙碌。

33. 何处是远方？
读《消失的脚印：BBC 御用摄影师 20 年野生动物拍摄笔记》

书　　名：消失的脚印：BBC 御用摄影师 20 年野生动物拍摄笔记
作　　者：[英] 约翰·艾奇逊（John Aitchison）
译　　者：王尔笙
出版机构：北京联合出版公司
出版时间：2016 年 8 月

坊间有一句流行语，大意是，理想的生活不仅有生存的挣扎，还要有诗和远方。我一直很好奇，为什么要把生存和远方对立起来呢？

从哲学意义上，对每一个生命个体而言，世界都是两部分，我和非我，或者说，主观世界和客观世界。人的本能是社会性的，遂有一种倾向，将我不断扩大，形成"我们"，如我单位、我家、我方、我国等，世界就变成了新的两部分："我者"和"他者"。就主体感受而言，我者是近邻，他者就是远方。在渔猎乃至农牧时代，人类生产力发展低下，我的自由较为有限，对自身所赖以生存的"我者"，充满了好感，而对"非我族类"的"他者"，充满了警觉。《尚书·益稷》云："弼成五服，至于五千。"孔传解释五服，为"侯、甸、绥、要、荒服"，就能看出这种亲疏关系由近而远的地理观。

其实,儒家的"仁"就是"有差等的爱",其差等,也反映了古代地理观基础上形成的哲学世界观。那时的远方,是蛮夷戎狄,是披发左衽,是圣人教化所不及的野人所居。鲁国文艺青年孔丘报国无门,曾愤而对弟子说:"道不行,乘桴浮于海,从我者其由与?"那个叫由的弟子(子路)很得意,刚表现出来点喜色,就被夫子骂:"由也好勇过我,无所取材。"看得出,孔子尽管很愤青,但不是真想去远方。古代文明非仅中华,如巴比伦、埃及、印度、波斯乃至印加和玛雅,这种以自我为中心、近者亲远者疏的特征,是普遍的。

随着地理大发现和工业革命,人类视野逐渐开阔,对远方的认知、对我者和他者的对立,渐次转变,终至逆转。人不再把生存的半径,看作理想栖息地,而转为批判现实,否定此在,远方不再是荒漠和艰辛,而成为机会和希望。这种倾向,成为现代性的基本构成,也称为现代人的行为常态。就中国而言,改革开放初期的孔雀东南飞,中期的农民工进城大潮,一直到现在自觉的城镇化,甚至已经隐隐显现的"逆城镇化",都是这种现代性的现实皈依。所以,一个城市白领发出的"世界那么大,我要去看看",引发普遍共鸣,其社会心理背景正在于此。

这种远方观,令我联想起近日读北京联合出版公司新近出版的《消失的脚印:BBC御用摄影师20年野生动物拍摄笔记》。这本书以生动的细节、极富质感的笔触,辅以栩栩如生的图画,描绘了作者受BBC所聘,到全球各地的14个自然保护区拍摄北极熊、野狼、游隼、印度虎、雪雁、帝企鹅等珍稀动物及其生存环境的经历和感受。掩卷恍然，我们共同的远方，本来是有的，叫作大自然。

这本书令我最为惊讶的是，书中介绍，为了保护一种濒临灭绝的大型鸟类游隼，动物保护主义者们和政府密切合作，给游隼选择了匪夷所思的新家园——超大型城市纽约的摩天大楼上！20世纪中期以前，世界上的游隼几乎接近灭绝，根源在于适宜游隼生存的环境遭到普遍性破坏，已无恢复之可能。在此情况下，科学家们另辟蹊径，将仅有的为数不多的游隼寄养在纽约的摩天大楼之上，人力辅助其繁殖后代，适应环境，居然使这一珍稀物种成功地实现了"生存革命"，和人类一样，成了城市化的新新鸟类。在这个例子中，游隼进驻城市，不免是一种"苟且"，但当它们展开宽阔的翅膀——足有四米宽啊——游弋于纽约高楼大厦的森林中，它们又何尝不是到达了自己的远方？

细细想来，所谓眼下的苟且与诗和远方的二元对立，其实仿佛是20世纪中期游隼们的命运。曾听老僧劝一个自杀的女孩子，以我们佛教的观念，人和世界众生一样，皆在六道轮回中，即便要自杀，也只是换一种存在方式，不解决当下的问题，又哪里死得了呢？我想这个道理，也适应于念念于兹的"诗与远方"论者，不解决当下的问题，诚如古人所言，"此人之肉，彼人之毒"，我是你的远方，你是我的远方，哪里才有真正放之四海而皆准的广谱"远方"呢？我一直持有这样的观念：安然住于世，随波不逐流，一时安闲，也算忙而不乱。生活有苟且，也有诗和远方。抑或那些苟且也罢，诗与远方也好，本来就是一回事。所谓三祖言

"至道无难，唯嫌拣择"，正是这个意思吧？所以，水流到极狭处，忽有洞天现，你不剖开了苟且，哪来的诗？哪来的远方？

做一只游隼吧，它的身影，曾飘飞于旷无人迹的原野，如今，是在高楼林立的都市。

34. 女权主义：阅读的贫困和实践的贫困

读《女权主义简史》

> 书　　名：女权主义简史
> 作　　者：[英]玛格丽特·沃特斯（Margaret Walters）
> 译　　者：朱刚 / 麻晓蓉
> 出版机构：外语教学与研究出版社
> 出版时间：2008年1月

读这本书的时候，在网上查了查，有一篇书评是这样介绍的：

> 谁是最早的女权主义者？女权主义思潮到底真正改变了多少女性的生活？这种思潮在当今不同的文化背景下有何差异？在这本简史中，玛格丽特·沃特斯着眼于女权主义的发展历程，追根溯源，探究妇女选举权、20世纪60年代的妇女解放运动以及女权主义思想在今天是否依然有其价值等重大问题。她从欧洲讲到美国，再讲到第三世界，通过分析全球妇女的现状，向我们展示了女权主义研究的最新成果。

尽管女性在生活中占有绝对重要的地位——毛主席称之为

"半边天"，但即使如我一个资深的人文学科读者，关于女权主义的理论也仅限于读哲学史时涉及的内容。这种"阅读的贫困"或许可以用中国女性地位已经足够好来搪塞，但作为一个头脑还算清楚的思考者，我当然以为这是不对的。中国的女性地位已经有很大的进步，但并没有到了足以沾沾自喜的地步。我们读女权主义理论少，正是中国女权尚未达到理想程度的表征。糟糕的是，连中国的女性自身也没觉得女权主义重要。

所有的创世神话中，无论东西方，人类的祖先都是女性。有人说，这是母系社会的集体记忆。这不大妥当。人类确有母系社会的经历，但进入父系社会以后，特别是文字出现后，因为尊崇男权的需要，很多集体记忆被改写了。女性为祖先的神话，似乎不利于男权之巩固，何以流传至今？

我猜想，后来父权社会之拥趸们，除此之外也找不到更好的办法。试想，倘在神话中初祖为男性，则必有人追问其父为谁，倘此人有父，则不为初祖，至多是初祖之子。倘此人无父，则其来路就成了问题。要解决这个难题，办法是初祖为女，女孕来自神灵。这正是原始神话中初祖皆为女性之由。我们看到，女娲伏羲之母华胥，系"践雷神足印，感而受孕"，按照顾颉刚先生"层层累积的古史"，炎黄皆循此世系而来。商的祖先契，周的祖先稷，都是母亲有奇遇而孕：前者母简狄，是"吞玄鸟之卵"；后者母姜嫄，亦是"践巨人足"。直到赫赫汉高祖，据《史记》，真正的父亲都不是刘太公，而是一条大蛇。显然，以女性为祖，避免了说不清父亲的尴尬，又能神话自己的出身，统治者们自然积极响应。

这种传说，虽则未有实证，但也传递一个积极的价值观，即尊重女性，于古有据。时至今日，尽管妇女地位多有提高，但就人类进步的根本要求和妇女地位的现实处境而言，男女平等，仍然任重道远。胡适先生曾言："你看一个国家的文明，只需考察三件事：第一看他们怎样待小孩子；第二看他们怎样待女人；第三看他们怎样利用闲暇的时间。"我发现，很多女性，其实不喜欢"妇女"这个称谓，如果说女人，就会喜欢很多。妇女和女人，都有一个"女"字，不同的是另一个字，前者的繁体字是"女"字旁加一个扫帚之帚，后者的后边直接跟了一个"人"字。这两者之间的区别，择其要略，前者是役使，后者是尊重。这或是诸多女士喜"女人"而厌"妇女"之心因？

联想起来，我们常讴歌母亲，但细思极恐的是，回忆那些讴歌的颂词，也多是以母亲为"妇女"，少有以母亲为"女人"的。长此以往，我们的母亲，渐成游离于"女人"之外的"伟大动物"，她的真情实感，仅限于感子女所感，她的爱恨情仇也只在利家庭之利。这其实是一个异化了的母亲和异化了的女人，被崇高感湮灭，失去自我。

上大学时读过舒婷的诗，写神女峰，曾莫名被打动，但感受不深。今天年过半百，似乎读懂了些：

> 在向你挥舞的各色花帕中
> 是谁的手突然收回
> 紧紧捂住了自己的眼睛

当人们四散离去，谁

还站在船尾

衣裙漫飞，如翻涌不息的云

江涛

高一声

低一声

美丽的梦留下美丽的忧伤

人间天上，代代相传

但是，心

真能变成石头吗

为了眺望天上来鸿

而错过无数人间月明

沿着江峰

金光菊和女贞子的洪流

正煽动着新的背叛

与其在悬崖上展览千年

不如在爱人肩头痛哭一晚

如果这首20世纪80年代的诗还能打动我们，那就女权主义而言，我们进步了吗？

35. 艺术中的灰姑娘

读《艺术中的灰姑娘：西方书籍装帧》

书　　名：艺术中的灰姑娘：西方书籍装帧
作　　者：[英]罗勃·谢泼德（Rob Shepherd）
译　　者：李凌云
出版机构：海豚出版社
出版时间：2017年8月

刚刚读过的这本书令我思绪万千。倒不是它讨论了多么重要的主题，或者对读者能够带来多么深刻的影响。正相反，它既不大众，也不重要。看上去，除了它精致的装帧能令人赏心悦目外，我简直想象不出它能有什么别的用处。

这本书名叫《艺术中的灰姑娘：西方书籍装帧》，它是另一本几乎具有同样特点的书的姊妹篇。那本书叫《随泰坦尼克沉没的书之瑰宝》，看题目，显然比它的这个"妹妹"更有市场号召力。但在我这里，她们都一样效力有限。我在十几年前就买了后者，但无论是姊或者妹，都没有引起我阅读的注意。现在，连《随泰坦尼克沉没的书之瑰宝》放在哪个书架上我都记不得了，没看是肯定的。倒是因为去年，我突然希望写写西方毛边本的历史，到处翻看外国作家写的关于书的书，才偶尔发现了这一本《艺术中的灰姑娘：西方书籍装帧》。我惊讶地发现，虽然我不是王子，但把这本书比作灰姑娘实在是太深刻了。一样的美丽,一样的受冷落,我相信它也一样地会嫁给王子——是金子总会闪光的。

这本书让我们第一次知道了有那样一段印刷行业的历史:书是作为奢侈品,被一些人当作像钻石、名画或者大教堂一样,精心地制作,煽情地宣传,然后,像一个真正的美丽公主一样,在众人羡慕的目光中嫁入豪门。尽管她深居简出,音讯阙如,但江湖上却一直有她的传说。每一次露面都无比惊艳。

这部书的姊妹篇《随泰坦尼克沉没的书之瑰宝》是为纪念桑格斯基-萨克利夫公司(一个专门制作奢侈品图书的欧洲公司)成立百年而作,主要以桑格斯基-萨克利夫公司存档为基础,讲述《伟大的奥玛》(*The Great Omar*)的故事。《伟大的奥玛》其实就是在西方十分流行的波斯诗集《鲁拜集》,作者是12世纪波斯诗人奥玛·海亚姆。简单地说,它颇像一本诗化了的《论语》,充满了生命感慨和道德说教,是在西方世界十分流行的著作。刊印《鲁拜集》是一个重要的西方传统,这本书的内容当然值得反复阅读,而更重要的是,印刷精美的手工制品《鲁拜集》更成了一种时尚,书的装帧设计以及由此而来的美学价值、礼品价值乃至收藏价值远远超越了书的内容本身。好比你买下一个价值上亿的元青花瓷瓶,绝对不是用它来插花的——尽管它从一开始就是个花瓶。

装帧这样图书的机构绝不像今天的出版社加印刷厂,而是一个由专门手艺人组成的专业公司。他们不关心书的内容正确与否、有无教育意义,而是关心如何能制作出让最有钱的富豪趋之若鹜的精品、极品甚至绝品图书。显然，这样的图书不会大批量制作，而是数量极其有限，而且，处于金字塔顶的每一本书，上面镶满钻石和别的宝石。它最终将被某个著名富豪买下，成为他私人藏品中的新宝贝。而《伟大的奥玛》正是这类图书中的翘首。这本书由桑格斯基-萨克利夫公司装帧，富丽堂皇，光彩夺目，不幸于1912年随泰坦尼克号邮轮一同沉没于大西洋。显然，如同伟大的将军即使阵亡也同样伟大一样，这本静静地躺在大西洋海底深处的图书和服毒自杀的克娄巴特拉一样成为人们争相传颂的话题，甚至比活着的时候更加有名。

因而，10年之后，桑格斯基-萨克利夫公司十分精明地推出了第二本《伟大的奥玛》，由萨克利夫的外甥斯坦利·布雷（Stanley Bray）装帧——或许该叫《同样伟大的奥玛》甚至《更加伟大的奥玛》。同样戏剧性的是，第二本《伟大的奥玛》也"死于非命"，它毁于"二战"期间纳粹空军对伦敦的空袭，也成了传说中的宝贝。

《随泰坦尼克沉没的书之瑰宝》其实是桑格斯基-萨克利夫公司成立百年的庆典之书，印了750本，介绍公司的百年历程。但显然，介绍《伟大的奥玛》的部分虽然只是其内容的一部分，但却是最为重要的一部分。因为制作《伟大的奥玛》当然不容易，而它沉没在大西洋海底更是可遇而不可求。而我介绍的这本书《艺术中的灰姑娘：西方书籍装帧》则是桑格斯基-萨克利夫公司自我宣传的又一本纪念之书。书的内容并无变化，但装帧更加考究，还增加了大量图片，对公司早期的一些事件着墨尤多。当然，其中最为重要的内容就是第二本《伟大的奥玛》如何被制作出来，又如何毁于战火的悲剧命运。

我们也从中知道，毁于悲剧命运的不止于两本《伟大的奥玛》，也包括桑格斯基-萨克利夫公司。这个名噪一时的欧洲精品图书公司在20世纪上半叶经历了自身运势的起落浮沉，最终也在20世纪后半叶归于沉寂。当然，杀死他们的并非海难或者战火，而是逐步变迁的图书市场。到我们生活的年代，图书已经成为人人得而享受的大众消费品，因而，像《伟大的奥玛》这样的手工制作早已失去了市场。不管桑格斯基-萨克利夫公司曾取得过多么引人注目的成功，它也无情地被时代抛下了滚滚前行的机车，成为历史陈迹。它们见证了图书装帧行业的变化。最终，新型的印刷和出版业代替了传统的手工图书制造业。在现代语境下，随着人们观念的改变，"手工"一词逐渐等而下之，并使工匠在20世纪的文化中不再受到尊重。

到了今天，历史中这种沧桑变迁的一幕正在重新上演：在电子读物和新型信息获取手段的冲击下，已经成为传统的图书出版业也面临着极大的困境。今天，人们抱怨孩子们看手机而不看纸质书的一幕，和100年前那些图书市场上的贵族买家抱怨人们只看重图书的内容而不看重图书本身的考究和精美，何其相似乃尔！

也许，这正是我们该读一读这本《艺术中的灰姑娘：西方书籍装帧》以及它的姊妹篇《随泰坦尼克沉没的书之瑰宝》的意义所在。当我们踏上时代滚滚前行的列车，当然应该看看这辆列车上有什么，但似乎也应该关心一下这辆车上曾经有过什么。至少，我们还应该坚定不移地相信，图书不论有怎样的内容价值，也该同样地具有美学价值。我们捧书而读的时候，也该知道，在这个名为图书的家族中，有一位成员，它曾经高不可攀，现在静静躺在大西洋底部，代表着图书曾经的高度，无可企及。

36. 最熟悉的陌生人

读《匈奴史稿》

书　　　名：匈奴史稿
作　　　者：陈序经
出版机构：中国人民大学出版社
出版时间：2007 年 8 月

中国人不知道匈奴的不多。读汉朝的历史，最华彩的乐章便是"犯我强汉者，虽远必诛"此类的话语，还有一些人知道"白登之围"，刚刚建立汉政权的高祖刘邦，集结了他那时候所能集结的最大兵力，试图一举消除匈奴之患。当然，事实证明他想得简单了。就在我的家乡大同白登，刘邦和他的士兵们被围了七天七夜，最后，靠着陈平不太光彩的伎俩，堂堂大汉皇帝才仓皇逃回汉地。所以后来惠帝、文帝和景帝对匈奴都采取了怀柔之策，以和亲为主，不去触怒他们。直到武帝，汉朝国力鼎盛，才改弦更张，对匈奴采取了攻势。几十年下来，胜仗打了不少，匈奴之患颇见收敛，但国家也搞得疲惫不堪，国力锐减，晚年的武帝甚至下了罪己诏，责备自己穷兵黩武，戕害百姓。后来，怀柔了一段时间，匈奴重新做大。一直到东汉，汉朝重拾武帝之策，匈奴被伤了元气，北匈奴远遁西方，南匈奴归了汉朝。匈奴之患看上去被消灭了，但吊诡的是，华夏文明又遭遇了"五胡乱华"。五胡之中，虽则后起的鲜卑势力更大，但匈奴也是五胡之一，而且，汉地的第一个少数民族政权，正是匈奴建立的。

这些事实对于熟悉历史的读者而言，自然是耳熟能详，而且，如果愿意，总有人可以说得更详尽。因为中国号称史学大国，有汗牛充栋的史学著作，关于匈奴依然史不绝书，篇章甚多。多看几本历史书，匈奴的事迹自然可以滔滔不绝。

但单看中国的古书去研究匈奴，也有个毛病。汉人过去记述周边所谓"戎狄蛮夷"等少数民族的历史，往往不是秉笔直书这些民族自身的历史，而是只陈述这些民族与华夏民族的关系史。相对于其他史学不怎么发达的文明（比如印度），汉民族对周边民族的历史记述的篇幅不少，但都是从观察"他者"的角度来认识的。他者是我眼中的他者，与我有关系的，自然要详细记载，与我无关者，则只是偶尔猎奇式地记述一二。通过这些古史的记载，我们对历史上出现在中原四周的少数民族的所知所闻皆有结构性缺陷，我们知道他们和汉民族打了几次仗，死了多少人，但不知道他们是谁，甚至有没有文字等基本信息都告阙如。

在人类已经进入20世纪中期的时候，我们关于匈奴历史的知识也大致如此。很简单的一个例证是：匈奴到底是我们对他们的称呼，还是他们的自称，其实始终是不清楚的。有一次，我曾戏称匈奴是"来势汹汹的奴隶"，鲜卑是"鲜活而卑下之人"，遭到一位老兄的嘲弄。他可能不知道，尽管不严谨，但我的戏称其实是颇接近事实的。匈奴、鲜卑这样的名称，来自一种相对接近些的音译，但一定是加了汉人自己的处理。对于这些"非我族类"的家伙，当然要给他们一个贱名，似乎这就是鲁迅所言"精神胜利法"的最初表现。这也从侧面反映了我们对包括匈奴在内的北方游牧民族基本信息的惊人无知。当然，在包括司马迁在内的史学家看来，这是不重要的。

但是，如果你身处20世纪中叶，又颇愿意用现代史学的框架来了解甚至研究匈奴，你就会发现绝大多数的著述都不脱古史的窠臼，因而信息量极为有限。而就在这个时候，陈序经先生的《匈奴史稿》就显得难能可贵。与以往类似题材的书的最大不同是，他从匈奴的角度写匈奴。他虽然采用了大量中国古史中的基本素材，但同时也对西方乃至中亚地区的同类古史做了认真的研究，并将两者有机地联系在一起，形成了一个"匈奴本位"的匈奴史，内容更为翔实，结论也更为系统。这些极为珍贵的实证研究丰富了我们对匈奴这一特定民族的认知，使我们能够像了解中原的历史一样，对匈奴这样一个建立了庞大国家和王朝实体的民族的政治状况、治理体系、文化特征、历史沿革、生产方式、迁移路径、婚姻与家庭、神话与宗教乃至社会生活的诸多方面有了十分系统的认知，从而建立起来真正的匈奴史，而不是过去那样的汉匈交往史（或者互动史）。这些成果，甚至丰富和改变了我们对自身历史的认知，深化了我们的中国史研究。尽管陈序经先生十分自谦地将自己的著作称为"史稿"，但他的开创性意义是巨大的，不仅表现在内容上，也表现在史学研究的方法论上。

遗憾的是，由于种种原因，他最终也未能再把《匈奴史稿》

变成《匈奴史》的道路上前进一步，历史研究的钟摆就停留在了现在这样一部史料丰富、分析透彻、逻辑严谨但结构略显零乱的节点上。如果再给陈先生几年时间，或许我们看到的是一部更完整的著作。当然，我们不能苛求过往，而应该想现在这样已经够好了。

我看这本书花了十几年时间。倒不是书的篇幅和复杂程度需要如此漫长的时间投入，而是在第一次看的时候，只看了三分之一就看不下去了，因为信息量太大，一时难以消化。后来，我读了很多关于北方游牧民族的历史著作，包括中国书，也包括外国书，特别是认真读了武汉大学赵林教授（我以后会专门推荐他的书）关于欧亚大陆历史演变框架的著作，对北方游牧民族的历史似乎清晰了一些。在这样的情况下，借助去年疫情期间闭门不出的便利，总算把这本难啃的骨头啃下来了——尽管如此，关于东汉时期匈奴的历史读得还是不够详尽，这只能在以后加以弥补了。

如果你确实对匈奴的历史有兴趣，而且希望获得一个相对完整的认知框架，陈序经的这本书是首选。没有比它更合适的书了。

37. 你以为你以为的就是你以为的吗？

读《社会研究方法》

书　　名：社会研究方法
作　　者：[美] 艾尔·巴比（Earl Babbie）
译　　者：李银河
出版机构：四川人民出版社
出版时间：1987年1月

这本书是社会学家李银河编译的著作。在美国读博士的时候，李银河把她学习的教材做了个编译。后来列入了当时四川人民出版社出版的"走向未来丛书"的出版计划之中，这套书据说出了100本。这是一套直到今天我们也不能小觑的丛书，当时，我们都以能多有几本为荣。到我大学毕业的时候，我大概有不到20本，都是解放路新华书店的特价书。其中就有李银河编著的这本《社会研究方法》。

到21世纪以后，我在书店里找到了这本书的全译本，作者叫作艾尔·巴比。对照全译本，能看得出，李银河编译的这本书相对简单，篇幅只有原著的三分之一。但她编辑得非常认真，语言风格比原著的全译本好多了，有一种王小波的魅力。看得出，李银河也向王小波学了不少东西。

实事求是地说，尽管当年看到的是简本，但这本书我认认真真读过的只有前20页，后面的就随便看了看。但是这前20页里，传达了一个重要研究理念，即我们做研究或我们去面对一个事物需要理性的时候，应该秉持一种什么样的思维逻辑？在这本书的开头，它首先问你什么是真实。有的事我们一听就是真的，有的事一听就是假的，那究竟什么是真，什么是假呢？当时，我们没有思考过这样的问题。比如说地球是圆的，这是真的吗？大家都觉得这是真的，但是你怎么知道？你就只能说这是老师说的，书上说的，或者别人说的。反正不是你走了一圈后发现的，当然真走一圈你也发现不了。

当然你可能说地球是圆的不好证明，但火很烫这个事实难道不是很好证明的吗？因为我们靠经验就可以获知。这样一个事实不需要一个复杂的来源，我被烫过还不够吗？但是这本书里说，你的感觉很多时候是不正确的。比如，你把你的双手，一个放在热水里，一个放在凉水里，同时拿出来，然后把双手放在一盆温水里，你的一只手说这盆温水是凉水，另一只手说这盆温水是热水。你看，连你的感觉都在骗你，还有真实吗？所以，这本书就此做出推论：这个世界上大多数所谓的事实，只不过是你赞同而已，而不是你真的验证了。

那么究竟真实是什么？书里就提出了标准，这个标准其实也是一个哲学的概念：第一，事实必须是实证的，就是你能验证，其他人也能验证；第二，就是必须符合逻辑，也就是能自圆其说。这两个条件加起来，才是一个科学意义上的真实。这一段话给我的启发很大，其实不管思考哪个问题，包括做体育工作，我们就要了解什么是真的、什么是假的。看上去夺取冠军是一个刻苦的过程，其实也是个高度科学化的过程，而这个科学首先就是求真。

  这本书后来找不到了，我又在网上买了一本，花了20元，还是有一个人读过的。这本书的原价是2.5元，尽管溢价8倍，我还是觉得很亲切，很开心。后来，我读过一本西方的哲学入门书，书名很有趣，叫作《你以为你以为的就是你以为的吗？》，大致也说明了人类求真的困难和意义。我把这个书名作为这篇文章的标题，我觉得没有比这个更能说明问题的了。

38. 最优美的中国文字

读《春秋左传注》

书　　　名：春秋左传注
作　　　者：左丘明 著 / 杨伯峻 注
出版机构：中华书局
出版时间：2016 年 11 月

《左传》是我个人的兴趣，这本书对我影响非常大。如果从早年算起，这部书我断断续续看过三遍。

《左传》是一本编年史，它的内容，绝大多数读者应该不太陌生。据说，孔子结束周游列国回到鲁国之后，就开始了他的文字编撰工作。按照古人的说法，他这段时间编辑了《诗三百》，就是从周王朝流传下来的大约 3000 首诗歌中，选出 300 多首，作为儒门学子学习社交语言的工具，当然也能提高他们的情感感受能力。他还撰写了《易传》，就是《周易》中被称为"十翼"的那一部分。另外，他的一个非常重要的工作，就是在原有鲁国编年史《春秋》的基础上，对这本史著做了特定意义的加工，增加了文字的褒贬功能，也就是"笔则笔，削则削"，从而使这部本来只是记述事实的史册，有了"春秋大义"，也就是道德教育的功效，所谓令"乱臣贼子惧"是也。

当然，关于孔子是否编辑过这三部书，史学家说法不一。但显然，孔子同时代或者稍后，也已经有人注意到孔子编辑的这个版本的史书（当然也可能不是孔子编的，但书是客观存在），但一般人很难看出里边的"微言大义"。这样，就有一个叫作左丘明的人，替这部书写了一个注释本——叫作传。这样，《春秋》就有了《春秋左氏传》，简称《左传》。而在我们今天看来，好看的恰恰是传的部分。所以，甚至可以说，左丘明是中国历史上最伟大的散文作家，以后的韩愈、柳宗元、苏轼，其实都是向他学习的。

因为是编年史，就意味着如果把《左传》当历史来读，看这本书很不容易。一个历史人物，一生中可能干了十件大事，但你读的时候，这十件事得跳着读，可能在十个地方。后来还有人把这本书按照国别给它捋一捋，捋出来就好理解些，相对比较简单。

为什么我们要读《左传》这本书？其实有两个原因。最重要的是第一个，《左传》的文辞非常好。从实用角度出发，现在很多年轻人文字是很差的，写不出这种优美的东西。这一点其实台湾要比我们还好得多。你去跟台湾人聊天，看人家写出来的东西，往往蕴藏着特别古雅的东西。我了解，他们语文教育中古文的比例高，我们的古文是三分之一多一点，台湾可能要达到百分之六十，所以这就是一个区别。我们可能过去是因为要普及，所以侧重白话文，不要求多学古文。多学古文，工农兵就不懂。这是毛主席的要求。毛主席古书读得非常好，但是他有那种心系百姓的情怀，想办法让老百姓尽可能识字，所以古文就要少学一点。

毛主席不赞成年轻人写旧体诗，也是这个原因。

当然，现在不同了，我们完全可以多读一些古汉语，而且，要加强古汉语的阅读，首选就是《左传》。《左传》里边的文字极其优美，我个人认为，要真正想写好文章，就读两个东西，一个就是《左传》，也不用全读，把《古文观止》里边选的《左传》的文章读一遍，再把韩愈的文章全部读一遍，你就不可能写太差的文章。当然你要读通，读进去。其他像王勃那些特别优美、汪洋恣肆的东西，那是才气，不好学。就学把事件清清楚楚、明明白白地用简约的文字写出来。《左传》简直是楷模，鲁迅说《史记》是"无韵之《离骚》"，意思是文辞非常好，但是我感觉司马迁也是学《左传》的。《左传》是中国第一部文字水平极高的作品。

当然，从另一个意义上说，我们今天所奉行的一些传统观念、传统思想，是起源于《左传》描述的这个时代，就是春秋。春秋是我们中国人思想的轴心时代，你把这个时代搞明白了，后头的事就好懂了。这是我自己读书的又一个体会。

最近我在读《春秋大义》，是一个叫熊逸的民间学者写的，他不是大学教授，但写了好多本书。有的人喜欢《周易》，如果你很喜欢《周易》，《周易》又很难懂，你就读熊逸的书，讲得明明白白，而且充满了幽默。这就是读《左传》的意义。

39. 那消失了的，才是真正的存在

读《逝物录》

- 书　　名：逝物录
- 作　　者：[德] 尤迪特·沙朗斯基（Judith Schalansky）
- 译　　者：陈早
- 出版机构：中信出版集团
- 出版时间：2020 年 4 月

书是我偶尔在网上淘到的，封面黑漆漆的，书名、作者、译者和出版社名字体都很小，简约得让人叹息。从外形看，这是一本不大容易引起注意的书。但恰如坊间所言的"第二眼美女"，你只要注意了她，就再也无法忽略她的存在。

《逝物录》这样的书名很能打动人，你虽然不知道具体的"逝物"到底是什么，但几乎第一感觉就能猜到她要说什么。消逝是一个哲学的范畴，赫拉克利特说"人不能两次踏进同一条河流"的时候，他就触及了消逝这一范畴的语涵，而东方人更感性一些，孔老夫子面对同样的景象，非常诗意地感慨说："逝者如斯夫，不舍昼夜。"这是能让人热泪盈眶的句子，其中的主题正是"消逝"。

《逝物录》正是谈"消逝"的。它的作者是德国女作家尤迪特·沙朗斯基。我以前从未听说过她的名字，遑论看她的书。但只要看了她的这本书，你立刻就会感受到这个作家的分量，无论

是从文学的水准，还是哲学的内涵，尤迪特·沙朗斯基都是第一流的。据说，尤迪特·沙朗斯基是德国最受关注的"80后"作家，甚至有一颗小行星以她的名字命名。她还是一位书籍装帧设计家，这本《逝物录》的设计师也是她本人。看了德文版的封面你就能知道，中文版连封面都是"翻译"而来的，完全照搬了德文版的风格。这使我们对尤迪特·沙朗斯基的艺术水准也有了清晰的认知。这样的精品，绝对配得上一颗行星。毕竟，行星多的是，好作家可没那么多。

从网上的介绍得知，她的成名作是一本叫作《岛屿书》的作品，我查到，这本书也已经有了中文版，立刻就在网上搜到了并且下了单。这肯定就是我要读的下一本书。

还是先说《逝物录》吧。我觉得，能够想到写写"逝物"，甚至还没有动笔，尤迪特·沙朗斯基已经超越了大多数作家。毕竟，人们总是盯着"有"大做文章，而谁会去傻乎乎地盯住"无"呢？也许，只有中国古老的道家哲学才会有如此超乎寻常的视域，但通常发生的是，人们总是感叹道家之美，却极少有人真正地在实践层面因袭道家。而在尤迪特·沙朗斯基看来，能真正启发我们的，并非存在本身，或者不存在本身，而是存在和不存在的边界。有人把古希腊的形而上学家巴门尼德的哲学观点概括为"存在存在，不存在不存在"，这看上去像绕口令，但并非无意义。区分何为存在，何为不存在，一直是人类哲学赖以成立的基石。在尤迪特·沙朗斯基那里，存在和不存在的界限未必那么清晰，因为在两者之间，有一样事物，一直在混淆两者，洇染边界，那就是记忆。记忆毕竟不是存在之物本身，如果存在之物还存在，那显然不需要记忆。但记忆又会清清楚楚地提示我们，有些逝物并非不存在，因为我们仍然能执拗地想起一切，想念一切，甚至还会再造一切。譬如死亡，有人就说过，对于一个逝者，真正的死亡并非停止呼吸，而是被这个世界上所有的人遗忘——最终不是遗忘，而是所有有记忆的人也都逝去了。我最近在写父亲和母亲的传记，这似乎也是在与他们的死亡对抗。如果他们活在书里，你就不能说他们已经逝去。也许，尤迪特·沙朗斯基写《逝物录》，也可以如此理解。

在《逝物录》中，尤迪特·沙朗斯基用冷峻、抒情而颇有些晦涩的文字，追述了今天已经不存在的12件事物，包括图阿纳基（太平洋中一个已经沉没的岛）、里海虎、居里克的独角兽、萨切蒂别墅、蓝衣男孩、萨福的爱之诗、冯·贝尔宫、摩尼七经、格赖夫斯瓦尔德港、林中的百科全书、共和国宫、基瑙的月面学。这里边有生物、建筑、电影、地理、天文等多个向度，描述了弗里德里希被烧毁画作中的风景、太平洋中沉没的岛屿、灭绝的里海虎、萨福失传的诗歌、没落的摩尼教、不复存在的德意志民主共和国、茂瑙失踪的处女等令人感慨的对象。如果仅仅把这些"逝物"当成一种如考古般技术追寻的对象，对绝大多数中国读者而言，这些"逝物"并不是熟悉的领域。但如果我们从中感慨记忆和经验的留存和丧失，一切就不同了。因为某个具体之物的丧失并非人所共情，但丧失本身却是人类的普遍经验，无一例外，也无人可以置身事外。

尤迪特·沙朗斯基说:"缺席之物蕴含着巨大的力量。"在我的领悟里,这句话令我突然想到了柏拉图关于存在的论述。在柏拉图看来,一切现实中存在的事物,其实都是虚幻、假有和不完美的,真正的存在,是众物之上完美的理式或者说理念。而对照《逝物录》,我们就能明白,当理式和现实中的不完美之物都存在的时候,我们往往被混淆了视听,反而搞不清楚可骑之马、心中之马和画上之马何者为真,何者为假。只有当可骑之马成为逝物,也没人能描绘出一匹马的样貌的时候,我们对于心中之马的记忆才最为接近柏拉图的"理式"。如此看来,尤迪特·沙朗斯基与其说是在感慨逝去,不如说是在探究永恒。其实,我们明白,一切文明都是这样进行的。那消失了的,才是真正的存在。

40. 我的哲学启蒙

读《路德维希·费尔巴哈和德国古典哲学的终结》

> 书　　名：路德维希·费尔巴哈和德国古典哲学的终结
> 作　　者：[德]弗里德里希·恩格斯（Friedrich Engels）
> 译　　者：中共中央马克思、恩格斯、列宁、斯大林著作编译局
> 出版机构：人民出版社
> 出版时间：1997年8月

这是一本我在大学里就读过的马克思主义经典著作，甚至我们可以说，如果要"短平快"地熟悉马克思主义哲学的核心要义，而且只能读一本书的话，那恐怕就是这本书——《路德维希·费尔巴哈和德国古典哲学的终结》。书名很长，但并不拗口。有趣的是，虽说我们用它来研读马克思主义，这本书却是恩格斯的作品。

关于这本书的基本内容，我们研习马列主义的一本辅导读物是这么介绍的：

> 《路德维希·费尔巴哈和德国古典哲学的终结》的作者通过对19世纪德国哲学的巡礼，对黑格尔的哲学体系以及费尔巴哈的哲学进行纯理性的解析，同时结合当时世界局势变动的大背景，提出作者的新的、不同于德国传统哲学的观

点。书中有很多关于马克思主义唯物观、辩证法的理论渊源和基本观点的阐述，是深刻了解马克思主义哲学、无产阶级哲学的必读书目。

这自然是推荐这本书的"标准答案"。但对我而言，研习这本书还是有些特殊的记忆。这些更为鲜活的记忆，可能对读者更有些帮助。

我们上大学的时候，学校里弥散着一种渴求知识、广泛阅读的气息。尽管西方各种现代哲学流派争相引入，但莘莘学子似乎也并未冷落马克思主义。我们甚至成立了一个马克思主义的阅读小组，向老师请教，该读什么样的马列著作，老师推荐了不少，我现在能记起的就有《资本论（第一卷）》《家庭、私有制和国家的起源》《反杜林论》《哥达纲领批判》《国家与革命》以及这本《路德维希·费尔巴哈和德国古典哲学的终结》等七八本。在我记忆中，我自己是读得比较多的一个，但也仅仅是读完了《家庭、私有制和国家的起源》《路德维希·费尔巴哈和德国古典哲学的终结》两本，以及《资本论（第一卷）》的一部分，另外似乎还读了马克思的一些文章，比如《关于费尔巴哈的提纲》等。对于掌握马克思主义的精髓而言，这些阅读显然是不够的。但对于一个理工科的学生，也已不错了。

我工作以后陆续地做过一些学术研究，在某些场合，也被称为是一个学者。在我看来，如果我敢于或者说能够在非本专业里展开研究并且有所成就，应当感谢的是自己多少有一些哲学素养。

而我的哲学训练，最初就是来源于这两本书，即《家庭、私有制和国家的起源》和《路德维希·费尔巴哈和德国古典哲学的终结》。我认为，要学习辩证唯物主义，最重要的入门就是后一本。它只有不到100页的篇幅，介绍路德维希·费尔巴哈的哲学思想和他的历史地位，但又毫不留情地对他哲学机械的和头重脚轻的一面进行了批判，由此引出了黑格尔的哲学以及对其同样毫不留情的批判，这样，通过对两个方面的否定，真正的不折不扣的马克思主义哲学就呼之欲出了。经过恩格斯的扬弃，就产生了我们至今奉为圭臬的马克思主义唯物辩证法或者叫作辩证唯物主义。恩格斯也许在哲学思想的原创方面不如马克思，但他以德国式的严谨逻辑阐述马克思主义哲学的观点时是比马克思还马克思的。

对于当年只有高中时粗浅阅读基础的我而言，这本书其实非常难读。当然，在大学里，我们都很有一种通过阅读满足某种炫耀心理的冲动。我们几个同学组织起马克思主义阅读小组，心里自然是觉得读了这本书还是一件很有面子的事情，因为不是所有人都能读下去。确实，德国人的大脑，恐怕是世界上最复杂的大脑。有时候，他们一个长句就能写三页纸，不停地转折，你刚刚找到谓语，就丢了主语，等你把宾语找到，主语、谓语就全找不到了。就是那样你整个跟着它走，读起来很辛苦。当然，马克思和恩格斯的书还不是最复杂的，最复杂的是康德和黑格尔的著作，从头到尾都难以卒读。到现在我都觉得德国人的大脑和其他国家的人的大脑不太一样，可能有一些日耳曼人的特殊性，因为看哲学著作，英国人就比德国人要简单一点。当然，大同小异，欧洲的哲学著作基本都是那种思维方式的。

对我而言,在大学时代阅读了《路德维希·费尔巴哈和德国古典哲学的终结》和其他一些马列著作,不仅仅是马列主义思想的摄取,也是一个普遍意义上的哲学训练。直到今天我也认为,一个人要想提高人文素质,也包括解决现实问题的能力,一定要读一读哲学。读到什么时候为止?哲学是可以无限深刻的,一直往下读没有尽头,这是我们中国一个了不起的哲学家陈修斋先生说的,哲学就是无定论。当然,也可以浅一点读,浅到什么程度呢?直到你明白什么是哲学。哲学有一种非常重要的概念叫作反思。所谓的反思,很多人不太明白这个概念,不是翻来覆去思考,而是对任何一个命题的前提的思考。这个思考的方式,生活中非常有用。比如说,平时不怎么下厨的老婆,今天突然给你做了一顿饭让你吃,但很不好吃。有的人觉得很不高兴,怎么这么难吃?但是,你可以想,她为你做饭是好的,仅仅是饭不好吃。给你做饭是个前头的东西,是早于饭菜的本身,她表明的是一个善意,她怎么不给别人做呢?人们总是在争论某事的是非,其实首先应该思考的是何为"某事"。这就是一个前提性的思考。哲学就是前提性的思考,努力地追前提。我们有些人说话的时候,特别喜欢名言名句,其实这是一个特别危险的倾向,因为每当你把一个思想变成一个名言名句的时候,它就失去了前提,它就成了所谓"放之四海而皆准"的绝对真理。但实际上没有绝对真理,真理一定是有前提的。这就是哲学给我们的启发:一个道理失去了前提是没有意义的,必须思考一切问题的前提。不同于其他的学科,这是哲学的理路。这也正是我从阅读《路德维希·费尔巴哈和德国古典哲学的终结》这本书里获得的一个经验。这个经验是可以启迪人的一生的。

　　附带说一句，今年过春节的时候，我带着孩子去书店里逛逛，意外地发现了一套马克思主义著作的单行本，书的幅面大，字也大，非常适合我这个即将步入老年的人阅读。本来想买，发现书店里比较贵，就先买了《路德维希·费尔巴哈和德国古典哲学的终结》等三本，其他的回来在网上买。大年初二的晚上，我就又重读了这本书，感觉遇到了失散多年的朋友。遗憾的是，网上买这套书的时候，人家是不单卖的，结果《路德维希·费尔巴哈和德国古典哲学的终结》等三本就只好买重了。谁感兴趣，我可以送给他。

41. 经济学启蒙的最佳读物

读《经济学（第四版）》

书　　名：经济学（第四版）
作　　者：[美]约瑟夫·斯蒂格利茨（Joseph Stiglitz）
译　　者：黄险峰 / 张帆
出版机构：中国人民大学出版社
出版时间：2013年1月

这套书翻译成中文，大约是20世纪90年代的事情。我是在省体育馆旁边的尔雅书店遇到的，书价是98元（上下册都是49元），在当时，书价到了100元左右，那就是天价。我那时候大概一个月只能挣400多元，买这么贵的书，极其踌躇。我大概去了两三次，后来还是忍不住买下了。买这套书的时候，我还对经济学一无所知，这套书就是我自己经济学的启蒙读物。也可以说，我是从这套书开始喜欢上经济学的。后来，我又专门去读了经济学的研究生，也是以此为因缘。

这门算不上古老的学问给了我的思想和生活不少帮助，这要感谢斯蒂格利茨。他的书不仅正确和深刻，而且优美和流畅。人会被谬误所勾引，有时候不完全是自己不学好，而是真理在许多人笔下常常面目可憎，而谬误却十分亲切可人。这不能完全怪读者，即使你现在身处真理的巅峰，也该把真理描绘得有趣些。

斯蒂格利茨在写这套书的时候，还没有获得诺贝尔经济学奖，但在美国，已经是鼎鼎大名的经济学家，甚至担任过克林顿政府的首席经济学顾问。在美国，经济学教授不管腕儿多大，都有为本科生授课的义务——甚至不仅仅本专业的本科生。他们授课的讲义，有的会编成一本书，交由出版社出版后，作为本科生的教材。本书正是这样的产物。然后，他们还会在两个方面持续发力：一是给这本书编撰配套书，包括学习辅导和习题集等等，这些书我们都在陆续的中文出版物中见到了；二是隔一段时间，就会随着新的经济现象和研究的变迁，对这本书进行修订。这套书里并没有指出是原著的第几版，但似乎可以通过以后的出版物推断出是第一版。因为这套书的中文版在2000年和2005年又出版过两次，2005年那一套就清晰地标明是第三版了，这就说明1997年的这一套是第一版。当然，国内不止出版了斯蒂格利茨的《经济学》。就我所知，类似的教材还有曼昆的《经济学》和萨缪尔森的《经济学》，当然出版时间要晚一些。到了2000年之后，工资涨了不少，我个人的买书能力也有了提高。曼昆和萨缪尔森的书虽然也都不便宜，但买的时候却不像买斯蒂格利茨的那样踌躇了。这三套书我都很认真地看完了，斯蒂格利茨和萨缪尔森的都分别看了两遍，而且做了大概有几十万字的读书笔记——这些读书笔记分别被我加工成几篇关于体育产业的论文，发表到学术杂志或者充当我上经济管理研究生时的毕业论文。

从以上的经历，斯蒂格利茨的这套书是我学习经济学的启蒙教材，那是毫无疑问的。从这套书入手，我得以稍窥经济学大厦之堂奥，开启一段颇具探索意义的智识之旅。以后，我也读过不少经济学大师的原著，从亚当·斯密、凯恩斯、萨缪尔森、科斯到中国的厉以宁、吴敬琏、茅于轼、张维迎乃至林毅夫。这样一个长期而庞杂的阅读之旅是令人愉快的。毕竟，人虽然不可能走上真理的巅峰，总还是能离山近一点，看得更清楚些。对于我来说，不管后来能够做怎样的研究，最初都要感谢斯蒂格利茨的这套书。如果不是在20多年前的那个下午遇到了这套书，我的思想人生或许会有更大的缺憾。

这套书作为教科书，自然不是以理论构架或者独到见解为追求。恰恰相反，尽管经济学家们面对一些经济学的基本问题也会各持己见，但这本书却并非在阐述一家之言，而是尽可能地兼收并蓄，寻求各方观念的最大公约数。这样的努力正是这本教科书已经有的姿态。但并非所有的教科书都能做得很好，当中庸的姿态被无限放大之后，书就会由于过于"正确"而面目可憎。最近有个号称"青年导师"的翻车，被曾经崇拜他的年轻人骂上热搜，原因不是他不正确，而是太正确——过于正确的东西往往像一种宣传为"千杯不醉"的酒，喝了以后发现就是水。幸运的是，斯蒂格利茨乃至萨缪尔森、曼昆都做到了把众人之言和一家之言结合起来，尽管书中的大多数理论陈述都是各家的"最大公约数"，却并没有失去作者自己的锋芒——它还是酒。

我推崇这套书的另一个原因是它行文的有趣。在我们学习的经历中，教材不仅四平八稳，面目可憎，往往文风也让人心生反感。而斯蒂格利茨的这套书从第一页开始就令人愉快。在做关于读书的讲座中，我不止一次地给听众朗读这段话：

> 对一个20来岁的年轻人来说，汽车象征着地位、行动自由和对新奇事物的探索。但是对于修车工，汽车似乎是一位治愈的病人。对于一个因堵车而被困在路上的上班族，汽车就像一个囚禁犯人的监狱。对于一个装配线上的工人，汽车只不过是被组合起来的一堆零件和一份工作。对于一个银行抢劫犯或者赛车手，汽车就是一匹现代化的机械马。在这些不同人的生活中——他们的例子不胜枚举——汽车这个金属、橡胶和塑料的组成物起着重要的作用。当然这种作用的性质可以有天壤之别：从修车弄得满身油污的极端现实，到月夜开敞篷车行驶于高速公路上的浪漫经历。

这是非常优美的一段话。他所涉及的事物，都是我们的生活经验马上就能触及的东西。用这样一段话把你领到经济学这样一个很多人都很陌生的领域，我觉得非常之妙。它首先打动了我，从而使我产生了阅读的兴趣。这是这套书第一章开头的内容，第一章的标题叫作"汽车与经济学"，也相当接地气。

斯蒂格利茨后来获得了诺贝尔经济学奖，这套书的出版是在他获奖之前，但我们看他获奖中提到的著作和这套教科书的内容，就能发现这是同一个经济学家，逻辑自洽，文字也同样有趣。所以我特别感谢这套书。如果他一开始写就很艰涩，或者当时给我一本普通的经济学教材，我可能三天就没兴趣了，所以也就不可能有后来这样的收益。

42. 这一个苏东坡

读《苏东坡新传》

书　　名：苏东坡新传
作　　者：李一冰
出版机构：四川人民出版社
出版时间：2020 年 7 月

欣赏乃至崇拜苏东坡成了时下的一种潮流。当年校园里的文青投身社会，逆旅艰涩，无以遣怀，全都皈依了苏东坡。我本来不想凑这个热闹，但苏东坡的魅力实在太大，也就顾不了那么多。

自觉地阅读苏东坡和了解苏东坡是我 40 岁以后的事情。我的古代文人之爱，40 岁以前，苏东坡是之一；40 岁以后，苏东坡差不多成了唯一。前年开始学写中规中矩的宋词，起因也是苏东坡。《东坡全集》虽未曾读完，但来回翻看，花了很多时间。苏东坡的传记林林总总，也看了六七个版本了。以往，我觉得最好的东坡传就是林语堂的《苏东坡传》，但到前年，知道了李一冰其人以及他的《苏东坡新传》，立刻感受到了另一种魅力。这次要推荐苏东坡的传记，首选李而不是林，其实也是一个态度。

当然，这并非有丝毫贬低林语堂的意思。恰恰相反，直到现在，我仍然认为，在众多的苏东坡传记中，"林传"依然位居巅峰，不可动摇。你看看他对苏东坡的描述：

> 苏东坡是一个秉性难改的乐天派，是悲天悯人的道德家，是散文作家，是新派的画家，是伟大的书法家，是酿酒的实验者，是工程师，是假道学的反对派，是瑜伽术的修炼者，是佛教徒，是士大夫，是皇帝的秘书，是饮酒成性者，是心肠慈悲的法官，是政治上的坚持己见者，是月下的漫步者，是诗人，是生性诙谐爱开玩笑的人。但是这还不足以道出苏东坡的全部……苏东坡比中国其他的诗人更具有多面性天才的丰富感、变化感和幽默感，智能优异，心灵却像天真的小孩——这种混合等于耶稣所谓蛇的智慧加上鸽子的温文。

关于苏东坡，没有比这更出色而传神的介绍了。其中汪洋恣肆、不拘一格的文风，也是自然天成，而非妙手偶得。这当然是不可超越的。

但之所以要介绍李一冰的《苏东坡新传》，是因为比及"林传"，其还是有几个鲜明的特点，适应于今日之读者。

一是"李传"更丰富。单看篇幅，就长达70万字，比"林传"多出一倍多。虽然中国人秉持道家哲学，习惯于以简化繁，长未必是好，但倘是以现代观念追求学问，多还是胜于少的，毕竟，学习和研究的深入，首要的标志就是信息量更大。与大多数作家涉猎多个题材的创作取向不同，作者李一冰几乎可以说一生只写了一本书。在用长达8年的时间完成这部皇皇巨著之前，李一冰用了大量时间熟读苏轼诗作，同时整理了《东坡事类》，编订了《苏轼年谱》，用来准备写这部书的时间甚至比真正的创作时间还要长得多。由于这样的创作历程，李一冰的《苏东坡新传》从苏东坡老家四川的历史说起，一路从春秋战国讲到宋代，由此引入苏东坡家族史。岁月变迁，配合作者略带古风的文笔，为全书奠定了一种史诗般的气氛。更为难得的是，在书中，李一冰先生顺着苏东坡一生的时间脉络，把他一生中不同时期的诗词、书信、文章同步引用到传文之中，不仅增添了叙述历史的真实感，也拉近了与历史人物的距离。对读者而言，回到历史场景和时间断面上去理解和把握苏东坡的文字，内容上会更加深刻，脉络上会更加清晰，对苏东坡的了解也更加立体。由于尊重读者阅读和鉴赏的能力，引用之时，李一冰先生没有做更多的解读和注释，这或许会给我们的阅读带来一些困难，但也许这正是李一冰先生的匠心所在：读苏东坡，不是快餐，不能速成，而必须潜下心来，慢慢地读，认真地想，假以时日，方能一日一进，久而有成。

二是"李传"更真实。与林语堂《苏东坡传》深刻寄托作家自身的人格理想和人文抱负，因而与美化、神化和"有我之境"化苏东坡不同，"李传"更像是苏东坡个人版的生活与命运历程，作家秉笔直书，唯事是著，虽然多有褒贬，但基本不失历史之原貌，从而更为真实客观地展示了苏轼的一生，带来了大量回到现场的阅读体验。苏东坡的人生经历颇具传奇色彩，作者塑造出了一个立体的苏东坡，阅读时能切身感受到父母、兄弟、爱人、老师、朋友、政敌甚至整个时代在苏东坡身上留下的印记。

三是"李传"更实用。当然，对于写苏东坡之传这样一个宏大主题，实用性的追求不能作为首要，但对读者而言，学以致知，当是必然之选。作为唐宋八大家之一，苏东坡的传世名篇不绝于耳，阅读李传的过程中，我们总是不禁想起那些名句："但愿人长久，千里共婵娟""大江东去，浪淘尽，千古风流人物""不识庐山真面目，只缘身在此山中""寄蜉蝣于天地，渺沧海之一粟""千里孤坟，无处话凄凉""一蓑烟雨任平生"。仅仅凭借不必高深的诗词阅读积淀便能深刻理解苏东坡的大量诗词名篇，这使这部书多了很多实用性的功能。另外，阅读本书，即使学不来苏东坡的天赋才华，可以从苏东坡父母的教育方式上有所领悟；达不到苏东坡的宦仕职位，可以从其起起落落间的心境变化得到启迪。这也是一种特殊的神交吧。

四是"李传"更传奇。苏东坡大起大落的人生际遇想来读者都不陌生，但我们都想不到的是，李一冰也曾遭遇这样高岸深谷的人生磨难。在书的附录中，关于这一事件是这样记载的：

> 1947年，李一冰叔父的同学魏道明担任第一任台湾省政府主席，李一冰随叔父赴台。
>
> 1951年，"国营台湾造船公司"购买一批废铁，发生泄露底标的"露标"事件，从中牟利的官员周某遭到弹劾，就找了两个替罪羊，其中一个就是低级科员李一冰。当时他毫不知情，只是听从指令负责经手材料和盖章。事后李家试图从中斡旋，无奈周某背景深厚，是陈诚的心腹，1954年李一

冰被判了 8 年徒刑。诡异的是，李一冰虽然失去工作，却没收到拘禁通知，也没被强制收监，只好在家鬻文为生，帮人代写公文、陈情书、贷款申请等，太太也出去做工补贴家用，艰难抚养四个孩子，生活非常清贫，"他变得诚惶诚恐，谨小慎微，对世界有种恐惧之心"。1967 年，李一冰的一个旧友突然授意儿子写信找他借钱，李一冰本身都捉襟见肘，只能回信婉拒，结果旧友竟怀恨将"判刑"一事向警察局告发。警察借机勒索，家里拿不出钱，传票很快到达，李一冰入狱服刑，四年后才得以假释，是时已 59 岁。

在看守所第一次和家人会面时，李一冰就叫李雍去给他买苏东坡诗集，李雍把《古香斋施注苏诗》送入狱中。四年里，李一冰把其中的 2000 多首诗背得滚瓜烂熟。当时他给家里写信都是用包东西的纸来写，字很小，纸又薄，看起来很困难。但他还是想办法凑了些纸，给苏东坡做了个年谱，并从 2000 多首诗中选出几百首与之对应。这些艰难的前期准备工作，为后来写《苏东坡新传》奠定了重要基础。

能够看出，作者李一冰与苏东坡人生遭遇上的"神交"为这部传记增添了浓烈的感情色彩。苏东坡大起大落的人生经历使狱中的李一冰找到了共鸣，为李一冰提供了精神力量，李一冰借苏东坡的鼓舞度过了艰难的狱中生活，并最终完成了《苏东坡新传》，如此一来，这部传记便不仅仅是一部专业性研究的结论，更是融入了作者自身生命力的成果。通过阅读这部传记，不仅领略到苏东坡的风采，也了解到前辈李一冰先生的命运，这恐怕也是另一种传奇吧。

在我看来，李一冰先生的《苏东坡新传》不仅值得一读，而且，对于那些已经把苏东坡作为人生情怀皈依的现代"苏粉"，这部书更适合作为一本学习苏东坡、了解苏东坡、走近苏东坡的教材，值得深入阅读、精心阅读，甚至反复阅读。没有比这样的阅读更愉快的了。

43. 永远的王小波

读《沉默的大多数》

书　　名：沉默的大多数
作　　者：王小波
出版机构：中国青年出版社
出版时间：1997年10月

　　我知道王小波先生的时候，他已经作古了。似乎是在尔雅书店，随便翻书，突然被一本叫作《沉默的大多数》的杂文集所吸引。成年以后，我不记得还有什么样的书对我能有这样的魔力。一直看下去，忘记了时间。后来强烈地想了解这个人，于是知道他已经死了，死于中年男人最常见的心脏病突发；知道了《青铜时代》《黄金时代》《白银时代》乃至《黑铁时代》；知道了他的老婆叫李银河，曾经在我现在所在的这个城市读过大学，而且，我上大学时读过的一本叫作《社会研究方法》的书就是她编译的；知道了我们现在了解到的他的一切。

　　对我来说，王小波是刚刚开始就结束了。

　　他的文字让人眼前一亮：率直得像个外国人，但含蓄得又像个中国人；深沉得像个老年人，又活泼得像个年轻人；细腻得像个女人，又坦诚得像个男人；朴素得像个原始人，又庞杂得像个现代人。他似乎没有自己的所谓思想体系，但每一段文字能让你感觉到这只能是王小波甚至必须是王小波。以我的阅读量，喜爱的杂文作家可能数出十几位，但我可以清晰地感觉到王小波的不同。读过他的作品之后，我甚至可以判定，倘若他知道了身后所发生的一切之后，他会怎么想，怎么说。从那个时候开始，王小波开始侵略性地进入我的灵魂，强烈地影响我的思维、我的判断乃至我的道德底线。

　　每个人该选择什么样的生活是他自己的事情，但我喜欢王小波先生的生活。他的经历很丰富：插过队，当过工人，留过学，当过大学讲师。这些经历当然地打上了浓烈的时代烙印。但是，这里谈到经历，其特殊的内涵是思想的经历。如果人生仿佛旅游，那很多地方是大家都去过的，从这个意义上讲，大家都有共同的经历；但事实上，每个人在同样的景点中看到的东西是不一样的。王小波先生经历的独特性在于他始终保持了思想的自由，或者说，他一直试图用自己的方式描述自己的眼睛看到的一切，冷峻地观察，沉默地思考，睿智地表达。当大多数人在照本宣科和人云亦云的时候，当很多人违心地说话、违心地做事甚至找出各种各样的理由为这种违心寻找道德依据的时候，当很多人放弃了固守的灵魂家园、为自己的杂念和私欲寻找出路的时候，王小波先生不仅保持了学者的清醒和做人的良知，而且，他还在勇敢乃至孤独地实践这种清醒和良知。这种实践既包括"不再沉默"的重要人生选择，也包括他对一切生活细节的观察和反应。当然，还包括他骑士般的爱情。在王小波先生面前，有些人，甚至包括许多我中学时代乃至青春时代深深地喜爱和崇拜过的偶像级人物可能是卑微和有罪的。这种罪无须判决，只需要灵魂的拷问。

欣赏和品味王小波式的智慧一直是我最重要的快乐。他引用并且阐述罗素的"参差多态乃是人生本来面目"，让我懂得固守自己的道德底线和尊重别人的生活方式原来并不矛盾，那是一种让人心仪的境界。当面对不同的声音，甚至面对令人怒不可遏的愚蠢时，我突然明白了什么叫作佛无比优雅的"拈花一笑"。他能从"一片终于吐出来的耳朵"里发现人性的光辉，而多数情况下，我们可能更多地被现象感染，欣喜或者恼怒。在我由传统教育得来的经验中，自由主义一直是个"坏意思"，但从王小波先生娓娓道来的言辞和潜移默化的思想里，自由主义原来可以闪烁着如此美丽的光芒。

我还在书店里发现了王小波先生和李银河女士合著的情书集《爱你就像爱生命》。这本书在最近两个月来一直放在我的床头。如果说过去所读过的王小波先生的著作让我"知其然"，这本薄薄的小书让我对王小波之所以成为这样的王小波"知其所以然"了，包括那个稚嫩的水怪传说。每个人都有爱情，每个人的爱情都是值得尊重的，但只有少数的爱情能够让我感动和感慨。在王小波先生和李银河女士的爱情中，是平凡的灿烂，是超然的投入，是理想的现实，是让时间和空间都让步的东西。

我本来不知道昨天正是王小波先生远走的周年忌日，一个病中的朋友打电话告诉了我，并且希望我写些什么。其实，我这样的普通人在心里想一想也就可以了，但先生给了我把内心写出来的激情。尽管这个世界充满了喧嚣，这样的声音可能是微弱的，但是，纪念先生的声音还是大一点好，因为仅仅为了富足，王小波是可有可无的；但如果在富足之余还需要智慧和尊严，王小波是不可或缺的。9年了，此时此刻，我比以往任何时候都感觉到，因为孕育了王小波，中国是值得骄傲的；因为生存过王小波，我们的民族是值得骄傲的。

44. 所有的诗都在现场

读《诗经现场》

书　　名：诗经现场
作　　者：流沙河
出版机构：新星出版社
出版时间：2013 年 5 月

我上大学的时候，就知道四川有个诗人叫流沙河。流沙河之名，一听就是笔名，在我当年想来，估计出自《西游记》，唐僧就是在这地方收服了沙和尚，给他洗了脑，明白了取经的意义，然后西天取经，挑了一路担子。说起来，沙和尚本来是个民营企业老板，在流沙河开了公司，玩得风生水起，最后被唐长老的国企收编了，只混了个后勤处处长。这段经历对沙和尚是福是祸，还真不好说。

诗人流沙河的经历也颇有类似之处。他虽然皈依，但并未成佛，而不小心被打成了"右派"，似乎还坐过牢。改革开放甫一开始，他就重新出山，写了不少颇具古典风格的新诗，诗风既不像郭小川、贺敬之、艾青总是讴歌宏大主题，也不像北岛、舒婷、杨炼、顾城们走朦胧的一路。他本是蜀中才子，在 20 世纪 80 年代百花齐放的时代，诗歌自成一家，独有趣味，给我们留下了深刻的印象。

转眼 30 多年过去，我自己为稻粱谋，离诗远了不少，不仅流沙河，连北岛们也淡出了视野。等人到知天命，再捡起文学来读，才发现流沙河也转了型，似乎不写诗，而是专攻古典文字和诗篇，出了一摞子书，也都自成风格。刚刚读完的这一本《诗经现场》就是一摞子里的一本。

《诗经》是中国的原典，古往今来写《诗经》、注《诗经》、论《诗经》乃至仿《诗经》的著作，可谓汗牛充栋。我本来没有专门研习《诗经》的打算，从小时候读书起，对《诗经》的态度一直是遭遇式的，遇到别的书本里涉及《诗经》中的篇目，自然也要搞搞清楚，日积月累，也还是熟悉了一部分。《诗三百》，大概有几十首是熟悉的，程度不一。

前不久有朋友成立了一个读书会，众人共议研读的第一本书，居然是《诗经》。细察缘由，我猜想正是如我一样心理上的症结，如此美好的《诗经》，中国诗的原典，自己居然没有系统地学习过，越到年纪大些，越觉得缺憾。遂以结社，先学《诗经》。朋友让我去随便讲讲，我也犯难，因为自己其实没有研读《诗经》的功底。盛情难却，只好先以《诗经里的周王朝》来应付，结合历史谈《诗经》，也算独辟蹊径。朋友们听了称赞过瘾，其实我是投了机。

唯其如此，要补上《诗经》这一课的愿望，就更强烈了些。那以后，正赶上疫情防控，颇多余暇，遂各处请教，开了书单，一部部读《诗经》的注疏文字，大半年的时间，也颇有些收获。

流沙河的这本书，便是这段时间读的。

和其他的注本显著不同的是，流沙河这部书，是写《诗经》篇章创作的环境与故事的。他想象——多半也结合了考证——诗人创作诗歌之时的情景，他的遭遇和他的感受，这就使诗歌回到了"现场"。这种欣赏诗歌的方式，在今天，称为"沉浸式体验"。

对于这样的《诗经》解读方式，流沙河自己是这样解读的：

退回到两千五百年前去，那些古代诗人就太笨了，他们不能想写就写。总要身边发生了什么事，方能写出诗来。《诗经》三百零五篇全是这样写成的。每一篇诗，背后总有一个个事件正在发生。既然有事件在发生，那就必定有一个或是多个现场。钻进一篇诗的字里行间，我们总能找到现场，看个清楚明白。诗虽深奥难解，读者只要来到现场，知悉发生了什么事，就读懂一半了。

在我看来，流沙河认为今人写诗不需要现场，多半有些武断。我也曾是学诗之人，心里明白，今人要想写出好诗，心中必然也是情景、感受和记忆，而绝不是一堆理念或者口号。理念和口号的诗当然也是有的，但我一直不觉得那是诗。如同李鬼不是李逵，分行也不行。但流沙河倡导读《诗经》回到现场，仍然是重要的经验和方法。用这个办法读《诗经》，妙处犹如到音乐厅听音乐会（而不是听录音），到博物馆欣赏名画（而不是看画册），到足球场去看球（而不是收看电视转播），感受是完全不同的。

比如，他解读《诗经·殷其雷》，不是逐字逐句翻译，而是以诗人之笔触，写了一个具体的情景：

夏夜，一击暴雷炸醒闺中少妇，惊叫出声。往常夜间，她被响动惊醒，总是恐慌缩入丈夫怀抱，乞求保护。枕上丈夫，似醒非醒，照例软语抚慰，安定她的惊魂，领她回归黑甜之乡。今夜枕畔却扑了空，这才想起丈夫出差外地，尚未归来。留她独守空房，恐慌无助。

窗外又是啪啦啦一串暴雷，越打越近。闪电照亮屋面，景象怪异。少妇赶快躲入合欢被内，紧闭眼睛，吓得发抖，心中祈祷："夫君夫君，快快回来。"

这种对现场情景的精心而清晰的描述，确实令我们走近甚至是走进了《诗经》。这是真正的诗的体验，而不是口号和理念。在这样的解读中流沙河不仅使我们更加深刻地理解了《诗经》的内容，而且，在一些解读歧义纷纷的诗章中，由于回到现场的特殊追求，流沙河甚至能从习以为常之外，另出新解，令人耳目一新。

比如《诗经·蒹葭》，早就是一首脍炙人口的名作，令人耳熟能详，家喻户晓。对于诗中主人公的追求对象，有的认为是追求爱情，有的认为是访慕贤人，都各能自圆其说。但流沙河却给出了不同的现场。

他写道：

冯夷，秦地的古贤人。《庄子·大宗师》列论古代得道者，云："冯夷得之，以游大川。"以仲秋八月庚子日渡黄河溺水死，百姓哀之。正如吴越人之哀伍子胥，楚人之哀屈原，从而同尊焉两水仙，秦人亦尊冯夷为水仙，每年仲秋八月临黄河悼念他。据《山海经》说，冯夷又名冰夷，乘雨龙出没于黄河的惊涛里。

仲秋八月正值"秋水时至，百川灌河"涨洪水的季节。此时黄河壮阔，两岸之间"不辨牛马"，浊浪滔天。岸上游人拥挤，社戏秧歌，武舞杂技，喧闹娱神。河边水湄，浩浩汤汤，晨盖清霜，晚凝白露。河堤高树上忽然有人叫："来了！来了！"众人朝他指的方向望去，便有人说："还驾着两条龙。"更多的人附和，各有所见。随后就有勇士划着牛皮筏子，敲锣打鼓，顺水去追冯夷。那头追了数里，拖着牛皮筏子返回。这头高树上又叫嚷："还在河心岛上！"众人望去，毕竟太远，波涛又高，看不真切。但是总有眼力佳的，说看见了。于是牛皮筏子逆水而上，直取湖心小岛。岸上游人沿河追去，欲近瞻仰，妇孺们不去追，仍旧坐在岸上念诵"水仙保佑"，同时吃葵花子，互说家事。

诗人身在现场，志存高远，滤净民俗活动事件，生成此诗，后世学者多以"追慕贤人""访求隐士"猜测此诗，总难说透，原因就在不明了真实的现场。

对于以往的解读者而言，这种解读几近颠覆。但只要我们认真阅读，就能发现流沙河并非无的放矢，而是有着扎实而认真的考证。尽管我仍然不能同意这样的解读，但也认为，这种逼近现场的解读，是有意义的。

书篇幅不长，解读《诗经》九九八十一首，占《诗经》总篇幅四分之一，脍炙人口之篇章悉数列入。如果朋友有研习《诗经》的愿望，又苦于其生涩而古奥，不妨先读流沙河的这本书，因为所有的诗，必然地都在现场——战争的现场、祭祀的现场、劳作的现场、逆旅的现场、爱情的现场，等等。读诗，本来就该从现场开始。

45. 大隐刀尔登

读《中国好人：刀尔登读史》

书　　名：中国好人：刀尔登读史
作　　者：刀尔登
出版机构：山西人民出版社
出版时间：2009年2月

好作家其实是稀缺的。如果一个好作家低调处世，从不做惊人之举，你能读到他的作品就是一种福气。我对刀尔登的了解就是如此。约10年前，偶尔知道了有一个作家叫作三七，写了很多令人匪夷所思的好文章。后来又发现有一个叫刀尔登的作家和他风格类似，看刀尔登的文章，恨不得拍烂桌案。但更令人惊讶的是，刀尔登和三七是同一个人，这就更让人要惊掉下巴了。

查网上，介绍他的文字简略而明晰：

从前叫三七，现在叫刀尔登，本名邱小刚。其人酒风浩荡，风骨脱俗，有如谪仙人。有人说他海内中文论坛才气第一，有人说他是1977年后北大中文系出品的最优秀的三个学生之一，有人说他是当代大隐，有人说他是古代竹林七贤之刘伶。他的文字，宗鲁迅惟妙惟肖，而兼有李零之"文"、王小波之"武"，文曰史识与古典功底，武曰科学与理性精神。

看到他爱酒，不免心有戚戚，希望将来有机会和他对饮，听他海阔天空。但至今没有这样的机会，也许将来会有。

刀尔登的作品很多，其实《中国好人》仅是其中之一而已。他的书，只要网上搜罗到的，我全看了一遍（有的还不止一遍），阅读之快感，无以名状。先介绍《中国好人》，无他，仅是因为这是他的第一部作品。三七或者刀尔登的横空出世，《中国好人》似乎是隆中对。但他的气势，不是三分天下，而是一统江湖。当然这不是说看了刀尔登，别人就可以不看了，而是说，在我看来，不管你看了多少，如果没看刀尔登，那还不是个称职的读者。

我们先看收在《中国好人》中的一篇文章，叫作《我为什么不喜欢狗》，是我特别喜爱的，兹全文引述如下：

> 有人把我派作鲁迅一党，我说非也，鲁迅是不喜欢猫的，而我不但喜欢猫，还因为狗与猫作对，把狗恨恨不已。我的不喜欢狗，很多朋友都知道，一同去乡下玩时，常有人叫道，那里有只狗呀！便是想挑拨我去和狗打架。城里的狗都不是好欺负的，因为每条狗都领着一个人，高低惹不起，只好偶尔去饭馆吃顿狗肉，聊抒快意。狗的样子我也不喜欢，小时候在山里见过一只狼，以为是狗，不知道害怕，现在想来，很是对不起，因为狼的脖子和尾巴分明是粗硬的，而进化为

狗之后，都细软起来，以便摇头摆尾，哪里还有一点狼的样子。尤不喜的是乖而顺之的狗脾气。

当然，这种脾气，也是人教给的，而且教学相长，人再重新从狗身上学过来，动不动就"上怀犬马恩"，眼眶也湿。不知道早先狗是怎么被改造过来的。现在店里卖的狗粮，至少是小康水平，但想当初，五十者才衣帛食肉，轮到狗头上，恐怕只剩下猪狗不食其余的东西，较之狼在山林里的伙食，远有不如。不过，毕竟是一份安稳饭，头顶上"嗟"的一声，面前就有吃的，在改造好的狗看来，已经是福气。明人陶宗仪的《辍耕录》里面讲，驿站里拉车的狗，口粮有"狗分例"，要是被人克减了，它们会反啮其主。这样的狗脾气倒讨人喜欢，不过日常里所听到见到的，全是克己奉主的故事，甚至有自愿饿死，以成狗节的。所以陶宗仪多半是在瞎编，别的不说，居然要"辍耕"，可见其不是什么良民。

现代人满耳是汽车喇叭声，所以作起诗来，不再说什么"无使尨也吠"，而是慨叹听不到鸡犬之声了。但我对狗叫有两种意见，第一是一犬吠形，百犬吠声，自己明明长着一双狗眼，却不用，偏偏听别狗的。我有几次夜间进到乡村，一点坏事没来得及做，忽然之间，就有上百只狗在黑暗里大叫不已。其实它们也只是瞎叫叫，互为声援而已，并不知道在叫什么。蜀犬吠日，粤犬吠雪，总还有点由头，像这样不明不白地以天下为狗任，实在是只有"狗脚朕"们才喜欢的脾气。我并不是反对狗叫，狗不叫，性乃迁；但西谚云："无论大狗小狗，都应该有自己的吠声。"

第二种意见是狗只讲恩属，不论是非，所谓桀犬吠尧是也。最坏的人，也可以有最好的狗，因为这"最好"者，标准只在于"吠非其主"。人有人道，狗有狗德，人被别人的狗咬死了，人们并不觉得那狗有什么不是。这虽然是犬监主义，未始也不是更多的人的立场。据说最好的狗，对主人最柔媚，永远夹着尾巴做狗，对不是主子的人毫无情面，不管高矮胖瘦，黑白妍媸，一概作势欲啮。假如这世上只有一个人，那还好办，但并不是这样，而且养狗的人也很多，走在这些人之间，犬牙交错，我们实在不知道是该怕人，还是怕狗。

喜欢狗的形貌，不妨算是人情之常，我不敢非议；喜欢狗德，在我看来，就有点不同寻常。在中国，"狗"是骂人的话，可见爱狗的人，对狗也是看不起的，至于赫胥黎声称愿意做达尔文的斗犬，齐白石有一方印上刻着"青藤门下走狗"，不过是比方而已。而我们爱猫的人就不是这样，以"猫"字加于人，并不觉得可恼，但也并不宣称要做猫。爱狗的人经常对我宣讲狗的种种用途，狗宝狗皮，引车救人之类，我同意，不过谁要是说这些事只有狗才能办，那我是说什么也不信。

临难狗免的事是没有的，倒霉的总先是狗；犬吠云中我也没听到过，呜咽一声死掉，倒是见过几次。所以若说"恨"狗，是不确的，其实只是憎厌而已。至于吃狗肉，因为它们毕竟是狗，不是人，人肉我是不吃的。而狗咬人，早已不是新闻了。

这篇文章的妙处，尽在不言中。我以为，能与它等量齐观的只有20多年前王小波的那篇《一只特立独行的猪》。很多人认为刀尔登比王小波更好，我倒觉得未必，他们都是高峰。我眼拙，实在分不清高下。所以，推荐刀尔登的文字，其实不用多做评介，只要引他的文字就好。下面就是：

道德下降的第一迹象，就是不关心事实，毕竟，辨别真相，是累人的事。容易的办法还是把自己从这一负担中解脱，让别人来告诉我谁是"坏人"，我只负责吃掉他。

事不宜以是非论者，十居七八；人不可以善恶论者，十居八九。

落后就要挨打，先进就要挨骂。

能看得出，这是不可多得的文字。能读到，是我们的幸运。而难能可贵的是，最早出版刀尔登著作的出版社，居然是山西人民出版社。这也让我对家乡多了许多自豪感。

46. 知己不易，知彼尤难

读《西方那一块土：钱乘旦讲西方文化通论》

书　　名：西方那一块土：钱乘旦讲西方文化通论
作　　者：钱乘旦
出版机构：北京大学出版社
出版时间：2015 年 7 月

前不久去书店转转，发现一本好书——《西方那一块土：钱乘旦讲西方文化通论》，是北大历史学教授钱乘旦讲授《西方文化通论》的讲义。乍看之下，装帧精美，内页中有不少插图，其中多有彩图。北京大学出版社的出品，也是质量的保证。这正好是我喜欢的类型，毫不犹豫地买下。昨晚和今天，一俟空闲便手不释卷，一多半已经看完。

我算是少半个文化研究者，读书品类杂，兴趣广，但不求甚解。于学习而言，难免一知半解。所以常有一些情况：某一门类，读了许多专著，自以为有所收益，殊不知，某个简单的话题面前，就有瞠目结舌之一刻，正是只见树木不见森林了。后来吸取教训，涉一门类，必在广泛涉猎之余，寻找一本统摄整合之专著，做精细阅读，力图胸有全豹。如此经年，于自己而言，竟然大受裨益。

最近一两年，我的阅读兴趣，大半在西洋文化。林林总总，读了五六十本书了，对自两河、埃及到启蒙运动的西洋史，自然不能算陌生。如上所述，到了这个时候，便颇需要统摄整合。钱乘旦教授这本书，正符合我的心愿。

之所以把这本书推荐给朋友们，大约有两点，且是递进关系。第一点，生活在现代转型时期，意欲对世事流变，有个基本判断，不读中国书不行，光读中国书也不行。了解点西洋文化，有很多好处。有时和朋友们交流，谈及西洋，有挺有贬，但我遗憾地看到，挺也罢，贬也好，大家都知之有限，不免隔靴搔痒。第二点，倘要了解些西洋文化，以这本书入门，我看挺好。钱教授旁征博引不说，选材精当不讲，单是口语化而不失斯文的阐述，就颇令人喜欢。

47. 并不过时的力作

读《理念的力量：什么决定中国的未来》

书　　　名：	理念的力量：什么决定中国的未来
作　　　者：	张维迎
出版机构：	西北大学出版社
出版时间：	2014 年 10 月

很早就读过张维迎教授《理念的力量：什么决定中国的未来》一书，还在书中做了大量笔记，就写在旁边的空白处。前几年，被一个朋友发现，要拿走做纪念，我说买一本新书送他，他说重点是我的笔记，万般无奈，只好买一本新书，把原来的笔记照猫画虎地抄过去送他。后来，原来读过的那本也告失守，另一个朋友执意要拿走，只好由他拿走，只是提前把原先做过的笔记拍到手机里，再买一本新书，按照照片把笔记抄上去。这样，这本书等于读了三遍，感觉收获与只读一遍大不一样。

下面还是谈谈书的内容。其实，这本书的内容，大致也体现在他以前的《市场的逻辑》一书中。对我而言，读《理念的力量：什么决定中国的未来》，也是在复习《市场的逻辑》。

从 1978 年开始，中国一直处在剧烈的变化之中。对大多数人而言，这种变化带来财富、机遇和尊严，带来崭新的体验和对未来的憧憬，但也有人因此遭遇失败、困惑，甚至灭顶之灾。因此，人们在吃鸡蛋的同时，也关心"下蛋的鸡"，猜测是什么力量让中国产生如此深刻和彻底的变化。张维迎试图解释这些现象，并提供一些前瞻性的思考。

毫无疑问，张维迎是一个秉持自由主义的经济学家。此类经济学家的特征，在于其坚守市场经济原教旨主义立场，以此为前提思考企业、市场乃至政府的作用。就本书的内容，与其说张维迎的解释是开创性的，不如说他在回归传统，甚至回归常识。但纵观人类的历史，尤其是经济学的历史，其实常识一直是稀缺品。我认为，与时下形形色色的经济学理论相比较，这一派经济理论具有更多的甚至根本的真理性。中央的工作报告中，蕴含最多的经济政策信息，也是这一派的观念。阅读张维迎，对了解经济的真相，特别是今天中国经济的真相和走向，有极大的帮助。

这本书的好处除了深刻，还有通畅。实现如此矛盾的两个特征，是写作者的梦魇，但诚如是，就是读者的福音。这部书只有区区10万字，24篇文章，适合所有关心中国现实、稍有学养的人阅读。虽说这本书的出版已经过去很多年了，但视其内容，察于现实，竟然一点都不过时。

48. 关于现代艺术的若干随感

读《现代艺术 150 年：一个未完成的故事》

书　　名：现代艺术 150 年：一个未完成的故事
作　　者：[英]威尔·贡培兹（Will Gompertz）
译　　者：王烁 / 王同乐
出版机构：广西师范大学出版社
出版时间：2017 年 3 月

《现代艺术 150 年：一个未完成的故事》是 2017 年 3 月广西师范大学出版社出版的图书，作者是英国人威尔·贡培兹，译者是王烁、王同乐。该书是关于世界艺术史的通俗读物，共分 20 章，介绍印象派、原始主义、超现实主义等各个艺术流派及其代表画家和代表作品。

下面是我读这本书的时候产生的若干联想。

一

旅途小憩，北京站的旅客休息室，一本书，一杯茶，倒也自在。只是茶杯有些古怪，仔细看，是二锅头酒杯。这倒让我想起古人有"寒夜客来茶当酒"的诗句。查了查，是宋人杜耒的七绝，全诗是：

寒夜客来茶当酒，竹炉汤沸火初红。

寻常一样窗前月，才有梅花便不同。

这里梅花竹炉都没有，但有静心。正巧，随身带了威尔·贡培兹所著的《现代艺术150年：一个未完成的故事》，突然想到，酒杯装茶，或者也正是现代艺术吧？

二

书里说文艺复兴才产生了"艺术"这个概念，乍一看疑惑，旋即稍解。艺术品和艺术创作自然源头久远，但艺术之概念，或曰艺术所以为艺术之哲学思辨与体系化，却要晚近许多。这正是白马非马了——具体艺术之"白马"不同于抽象思辨之"马"。如此，就又想起"白马非马"。公孙龙说："马者，所以命形也；白者，所以命色也。命色者非命形也，故曰白马非马。"意思是说，"白"是指马的颜色，"马"是指马的形体。"白"是用来称呼马的颜色的，不能称呼马的形体，因此，"白"与"马"两个概念合在一起所包含的意思就不是"马"了（不是抽象的"马"的概念）。小时候听课，第一次接触"白马非马"，不免斥之为愚蠢。记得老师也是这种观念。后来读书多些，就知道这一命题并不简单。思考渐深，越发觉得"白马非马"对中国理性思维之建设居功厥伟，较之儒家之实用理性，远高了去，现在想起自己不解本意，妄加批判，就颇觉汗颜。况此等情形，不止于"白马非马"，就更加惶惑。不过，想起庄子说过"吾生也有涯，而知也无涯。以有涯随无涯，殆已"，心下安慰不少。我们活百年不足，却遇到万古学问，哪能一一搞清。

三

现代艺术难懂，因此观者甚少。有人建议艺术家要让人看懂，另有人认为看懂了便降了档次。这两者，我以为都未得要领。在我看来，大多数严肃的现代艺术家，只是按照自己习惯的方式创作，既非刻意求深，亦难自如从俗。即使他的艺术语言令多数人却步，他们也无计可施。马克·吐温说，有大狗，有小狗，小狗不能因为大狗存在就沉默，所有的狗都应该叫。套用这个句式，可以说：有狗，有鸟，狗不能因为鸟叫声好懂就学鸟叫，狗只能发出狗叫，倘有人不懂，这不是狗的错误。其实，现代艺术家很少觉得自己的作品难懂，同时，他们也很少认为自己的作品必须有很多人看懂。较之达·芬奇时代，这是一个人文艺术供给爆炸的时代，博物馆里振臂一呼就响应者云集的时代早就过去了，公众的注意力早已七零八落。给小众创作，正是新的大众艺术精神。

四

我们注意到什么，不仅取决于我们能注意到什么，也取决于我们想注意到什么。由此看，我们注意到什么，也就意味着我们忽略了什么，因为对象被注意的同时，也被改变了。

五

美国艺术家约瑟夫·科苏斯创作了一件艺术品：墙边一把椅子，墙上一张椅子的照片和字典里椅子的解释。艺术品的题目叫作《一把椅子和三把椅子》。对象就是如此，以至于没法说清楚这件艺术品的归类。从柏拉图开始，人类先哲就注意到任何物品都有三个形态，比如一匹马就可以理解为：这匹马；马的人工描摹物（如绘画）以及抽象意义上的马的概念（可以诉诸语言的）。不同的哲学家都同意有三匹马，但何者更有价值却意见不一。比如，柏拉图就认为最有价值的是概念中的马，因为只有这匹马是完美的；现实中的马也不免有缺陷，因而次之；而画出来的马既非完美，又不真实，根本就不该存在。亚里士多德则持相反的见解。这大约就是唯心主义和唯物主义的最初分野。一部哲学史，一直在吵这件事情，至今未果。不过，如果因此觉得哲学家们都是吃饱了撑的，那你就太浅薄了。哲学家们看似无用的思考，常常以观念的突破名世，极大地推进社会发展和时代变迁，我们都受其裹挟，不能自主。这幅看似普通的画虽然诞生在20世纪，依然凝聚了人类深沉的哲学思考。叫我看椅子虽小，兹事体大。我们常说屁股决定脑袋，而多数的屁股是椅子支撑的。

六

很多人说现代艺术丑陋。突然想起，前几天读过一篇文章要判处丑书死刑，不禁有些好奇。看了知道，丑书是书法之怪异写法，于传统之笔法间架之外，另起笔意，乍一看很丑。看了随帖附录的几幅"丑书"作品，我竟很喜欢。艺术之贵者，除了基本功，更在于求新与变。丑书拙处起意，不落窠臼，正有新意与变法，遂疑心文章是反话，又看一遍，看不出是。如此，则此文不免小家子气些。即便丑书没有艺术价值，久而久之，众人不喜，亦必自然退出历史舞台。何必做官府状，要判死刑而且要"立即执行"？中国之文化，总是与"宽容"二字无缘。即便装出大家风范，到了紧要处，对异于己者，亦不免露出狰狞，手起刀落。其实老子说："天下皆知美之为美，斯恶已。"真的美不美，不急，慢慢就知道了。

七

塞尚的两幅画，画面大块留布白，时人说他没画完。但20世纪30年代，刘海粟、林风眠说塞尚得中国古典水墨意趣，颇引为知己。塞尚不一定见过中国水墨，只是风格接近，或是英雄所见略同。但因此,关于画完没画完,这倒让我多了些联想,说在下面。

《世说新语》有则著名逸事:

> 王子猷居山阴。夜大雪,眠觉,开室命酌酒,四望皎然;因起彷徨,咏左思《招隐》诗,忽忆戴安道。时戴在剡,即便夜乘小船就之,经宿方至,造门不前而返。人问其故,王曰:"吾本乘兴而行,兴尽而返,何必见戴!"

如以访友为目的,王子猷临门不进,当然是"没画完";若是排遣意趣,兴致已尽,当是"画完了"。齐白石谈画艺,说妙在"似与不似之间"。套用这个句式,好的作品,当在"完与未完之间"。其实何止于画?文章诗歌,靡不如是。生活当中,饭要七分饱,酒要七分酣,话要七分满,都是这个理。佛陀说法,半晌不言,只是拈花一笑。旁人不解,只有迦叶会心微笑。由此起头,成就禅宗一大门派,多少风流!倘彼时佛祖开口,后来的风光,就没了由头。哲学上讲量与质的关系,核心是个度。画完没画完的度,全在一念之间。

话到此处,又想起个故事:有人买画,见牧童拉牛回家,人使劲,牛犯倔不回,缰绳绷紧,却不画出。此人喜欢,回家取钱。画店老板归来,闻讯大惊,缰绳不画出,如何卖得?连忙取笔填上。买家返回,大叫可惜。有了缰绳,意趣全无。老板好心,生意吹了,还不免人笑,可见所谓画完,虽是因人而异,也有高下不同。

八

2500年前,鲁国季氏家臣阳虎宴飨士人,贵族之后的曲阜愤青孔丘兴冲冲地前往赴宴。孔丘在鲁国成长,一直为鲁国的前途命运担忧,发表过很多抨击时弊的言论。此番赴宴,有机会见到三桓中的若干大人物,本可以当面陈词,一吐为快。可惜,孔丘吃了闭门羹。跋扈的阳虎冷冷地告诉他,你不能算是贵族出身,没资格参加这样的宴会。

说话的权利不取决于言论水平的高低,而是取决于说话者的身份,是古代社会的特点。人类从古代进化到近代,乃至现在,使命多多,其实核心是话语权的平等。穆勒《论自由》对人类自由权利之阐述,不可谓不深刻,其论述的基础,是言论之自由。后来有法国大革命,最初的起因,就是反对以身份规定言论权的三级会议。现在过去很多年了,言论自由已经写入各国宪法。以说话者是否具备资格来判定言论之对否,怕是历史陈迹了吧?

居然不是。突然看到丁绍光先生评论陈丹青先生的一段话,引如下:

> 陈丹青现在江郎才尽画不出来了,如果他在纽约,根本没有他说废话的地方。批评体制却被他用作遮掩自己"性无能"的借口。陈丹青是个聪明人,他也怪无耻的。

陈丹青是否如丁先生所言"江郎才尽",自有公论,不容我辈外行置喙。但即便"江郎才尽",批评体制便无资格?依我看,活到21世纪了,不论言论本身的对错,而是以某些自定的标准来判定别人有没有资格说话,这就是无耻。丁绍光先生说陈丹青做了些"无耻的批判",在我看来,丁先生这种批判,本身很无耻。

49. 声音如雷、学问如海、史学之宗

读《国史纲要》

> 书　　名：国史纲要
> 作　　者：雷海宗
> 出版机构：武汉出版社
> 出版时间：2012年4月

这本《国史纲要》是雷海宗先生的著作。很多人谈国史，知道吕思勉、钱穆乃至翦伯赞、郭沫若等，但提到雷海宗则很陌生。其实，雷先生是第一流的史学大家，与上述诸位相比，毫不逊色。甚至从学贯东西的角度，可能还略擅胜场。汪曾祺先生就说他是"声音如雷、学问如海、史学之宗"。可惜雷先生遭遇折磨，罹患恶疾，不治而去，只活了60岁。

我第一次知道雷先生，是在西安的一家书店，见到一本《世界上古史讲义》的著作，是中华书局出的"大学用书"系列中的一本，装帧朴素，并不显眼。随手翻了翻，立刻被吸引。当时的感受，就是同类著作中十分扎实的一本。买回来精读，改变了我很多西洋史的观念，尤其对印度历史的看法甚至是颠覆性的。这本书篇幅非常长，大约650多页，不仅有讲义本身，还有各类条理分明的附录。一册在手，讲授或者学习世界上古史，各类资料

就全了。从中能深刻地感受到雷先生涉猎之广泛和治学之严谨。即使今天让历史学专业的硕士研究生用这本书做教材或者参考书，也一点都不落后。我花了好长时间才把这本书啃下来，很辛苦，但收获也是可观的。

这本《国史纲要》，是雷先生讲国史的讲义提纲。我以为，若欲通读国史，但又时间不多，这本书是首选。一则史观精当，高屋建瓴；二则文字简练，篇幅很短；三是文辞优美，语言古朴。我用了两个晚上，大约六七个小时就读完了，实在是很愉快的阅读体验。

50. 谁的世界，谁的历史？

读《镜子：照出你看不见的世界史》

书　　名：镜子：照出你看不见的世界史
作　　者：[乌拉圭]爱德华多·加莱亚诺（Eduardo Galeano）
译　　者：张伟劼
出版机构：广西师范大学出版社
出版时间：2012年1月

中国人知道乌拉圭人爱德华多·加莱亚诺的不多。我们说外国作家，其实每每就是欧美作家，最多再加上泰戈尔、几个日本人罢了。但此君并非无名之辈，我此前曾看过他写足球的一本书，睿智而辛辣的语言风格，配上我们很熟悉的内容，让阅读成为一种享受。这自然就是读他的第二本书的原因。

不过，还有个更直接的原因是打开这本书看第一页，恰恰看到加莱亚诺小时候的一则逸事。老师在课堂上讲西班牙人某某是第一个同时看到大西洋和太平洋的人，加莱亚诺发问："老师，此前的印第安人都是盲人吗？"老师怒吼："出去！"

时下常有些网上的序列式笑话，其中小明调侃老师的若干段子颇得青睐。加莱亚诺这一问颇有小明调侃老师那个段子的味道，我们或可莞尔。但如果你熟悉南美洲的历史，就知道这个段子并不止于好笑。我们熟悉的世界史是一部欧洲观念主导的傲慢的世界史，它是欧洲人的厅堂里看出去的风景，不是南美人的，也不是亚洲人或者非洲人的。我们都知道哥伦布发现了新大陆，但我们都忽视了，在哥伦布到达之前，印第安人已经在那里生活了至少一万年！而且，他们不叫印第安人，甚至不知道何为印第安人。他们每个人都看得见，但他们生活了万年之久的土地要靠一个来迟太久的欧洲人"发现"，这就是现实。

安徒生的童话故事，让我们知道，一个孩子的眼睛比一打成年人更能看清真相。这使我们深刻地认识到，只有先就"是什么"达成一致，才能谈是非、价值和意义。关于中国历史，无论是上古、中古、近代，还是现代史，坊间总是充满了各种争论，关于我们过去曾经经历乃至我们的先人曾经经历的一切，都有无数的争论，板砖横飞，攻讦不休。但细细查看，大家都带着强烈激情，却把事实留在了家中。于是争论就颇似盲人摸象。这让我想起老家村里的一个笑话。张小二爱吃油糕，李小三爱吃莜面。两个人在村头争论县长天天吃啥，张小二觉得是油糕，李小三则认为是莜面。最有学问的村长哂笑，县长还吃饭？他只吃肉！

这也许就是加莱亚诺的意义。他不满足于声嘶力竭地争辩，而是慢慢地从头道来。虽说克罗齐说一切历史都是当代史，但赫拉克里特在更早的时候就说了，人不能两次踏进同一条河流。加莱亚诺试图从自家的窗户向外看，看到的，当然不是欧洲的河流。

51. 难得绝妙好辞

读《绝妙好辞：汉语江湖中的寂寞高手》

书　　名：绝妙好辞：汉语江湖中的寂寞高手
主　　编：汉语江湖
出版机构：九州出版社
出版时间：2009年5月

夜深人静，入眠前，读几页好书，一种独享的自在。是这本《绝妙好辞：汉语江湖中的寂寞高手》。已是重读了，扉页上，尚留着第一次手写的随感：

在古城西安繁华闹市里的一家特价书店，买这本书的时候我曾经犹豫了一下。现在，什么样的书都太多，有些颇带着现代感的读物就像是啤酒的泡沫：没有泡沫，啤酒不是好啤酒，但喝啤酒的时候，我还是愿意泡沫沉淀下去，诱人的是那种安静下来的黄澄澄的颜色。但那时候要是放弃了这本书，我一定会后悔的。有时候，好书和爱情一样，错过了就没有办法再来。仅有三七一个就够了，他能带给我们的阅读快感，甚至超过鲁迅和王小波。

是为记。

2012年9月21日夜于上海

看到这段写在书的扉页上的话，不免又引出感慨。世上美妙，不争乃得。如三七说：世界上好东西多得很，看看也就是了，何必要据为己有。

这本书的全名叫作《绝妙好辞：汉语江湖中的寂寞高手》，收入了三七、缪哲、王怜花、林东威、麦芒、不争论、吴澧、史杰鹏、慕容雪村、35公里等人的文字。看这些名字便知道，他们都是些汉语江湖的另类高手，没有最好只有更好的那一类；躲在江湖的某个角落，喝酒、打柴、泡吧或者骑车子溜达那一类，突然出手，便如少林寺后厨的扫地僧。书的序言里说，这本书是"其文皆不合规矩，辑之以飨同好"。

按照书里的说法，《绝妙好辞》是"真实而自由的生命与文字的遇合，一种广阔的精神境界突然把我们带到了人类的地平线上。全世界热爱汉语的人们联合起来，建立一个美妙的汉语江湖。汉语江湖中的寂寞高手，如今汉语的江湖很寂寞，不过，再寂寞的江湖也会有高手"。

除了叹息，又能如何呢？

52. 科学是文明最耀眼的光

读《文明之光》

书　　名：文明之光
作　　者：吴军
出版机构：人民邮电出版社
出版时间：2017年5月

正在读的这本书叫作《文明之光》，是一个搞风险投资的清华大学毕业生吴军写的人类科学史，分上下两册。上册涵盖古代，下册主要写近现代。作者立场很鲜明，他认为科学之于人类，远胜于所谓秦皇汉武之类的功业。我觉得这个观点有所偏颇，但很有价值。毕竟，我们享受的一切福祉，多数来自科学，极少来自官僚，这是不争的事实。

作者选取了人类文明史上的16个典型时段或者事件，分别予以阐述。由于学养丰厚，作者不仅叙述全面，议论周详，而且每能从细微处阐发独到理解，状前人之未论。尽管我只读了上册，但显而能见这是一本好书，读了当受益匪浅。

现代社会物欲横流，诱惑良多，人倘定力不足，难免陷入困惑。佛教讲"贪嗔痴慢"四障，其实都是在诱惑面前没有定力所致。佛法破解之，讲的是般若。般若之不同于智慧者，在于它指向根本性问题,而不是一般性问题。依我看,人在无定之中求安定,莫若学习历史。在历史的大视角中,一切都能得到解释,一切都可以想通。但我们熟知的历史,多半是政治史:朝堂论政,宫闱密谋,疆场征伐,帝王将相。时间长了,就让人起了错觉,以为个人的福祉,均是拜帝王所赐。这时读读科技史,可能就是解毒剂。读《文明之光》以及类似的著作,大致会有一种效果,能使人熟知所谓文明也者,到底从何处来,谁人所为。这样,使我们缅怀先贤,磕头也不致错了庙门。何况,由科学发展而推动历史,远较政治史精彩和宏大。人不为世俗所迷离,思想上的宏大是关键。

所以,隆重地向大家推荐这本书。

53. 哲学之佛与宗教之佛

读《我的佛教观》

> 书　　名：我的佛教观
> 作　　者：[日]池田大作
> 译　　者：潘桂明
> 出版机构：四川人民出版社
> 出版时间：1990年4月

买到这本书是在北京三联韬奋书店。前几年我在北京学习，听说这家书店是通宵营业的，不禁大生好感，遂连夜前往，三更方归。其中重要的收获，就是池田先生的这本著作。

池田是一名日本学者，长期担任日本创价学会（一个宗妙法莲华经的日本佛教协会）会长，也是一位中日友好的积极推动者，可谓中国人民的老朋友。晚年后，池田先生以独自著作或者与他人对谈的方式，创作了一系列佛教题材乃至中国文化题材的著作。我曾读过他与中国学者常书鸿关于敦煌艺术与历史的对话录，深受启迪。这次又遇池田先生的佛教著作，且还是国内难以见到的牛津大学版本（很难遇到在国内正规书店公开出售），令我喜出望外。明知价格昂贵，还是毫不犹豫地拿下。

池田先生此书，是一套三本中的第二本。第一本叫作《我的释宗观》，第三本叫作《佛教东来》。三本合一，正好是一部完整的佛教史。第一部讲佛陀的生平,第二部讲佛灭后佛教的传承和流变,也就是部派佛教时期和大乘的产生,第三部则讲佛教传入中国的历程与演化。可惜的是,三联书店没有第一本。后来我到网上书店查,也没有,实在遗憾。

后两部我都看完了,篇幅不长,文字古雅,译者潘桂明和校者何兆武都是哲学大家,名作名译,自是难得的好书。但并不好读,因为池田先生的学养,过于我者太多,因而处处是知识,步步有地雷,只能抱了辞典,且读且查询。但通读下来,头脑逐步清晰,对佛学文化的理解,实胜于往日夥矣。其中最大的体会,是把佛教的产生、流变、传播、式微和再生,置于广阔的历史背景之中,追寻其产生之渊源,细究其演变之动因,查明其再生之契机。其中,不仅令人感慨文化之韧性,亦有哲学之洞见。

有人可能奇怪何以我们有必要在佛学上下如此功夫,性急的人或者还会责我以迷信;而在另外一些情形下,也有些朋友会讨教何以拜佛即可以求得平安富贵之类。但事实上,无论是责之以迷信,抑或是期之以神通,都非佛学之实相,也不是我的目的。我之所以读池田之类,从根本上讲,是希望深刻而不是肤浅地了解中国的文化,因为一个显而易见的事实是,从东汉时代就传入中土的佛教,比任何一种外来文明都更多地渗透到了中国文化的骨血之中,成为中华文明的一部分。可以说,如果不懂佛学,任何一个人都无法准确而深入地理解中国文化。甚至可以说,佛学和诸子百家一样,也是中国的元文化。从一定意义上说,所谓禅宗,就是道家与佛家的互渗;所谓宋明理学,正是儒学与佛学的相融。

如果这些观点是成立的,了解佛学以熟悉中国文化就成为一种必要,池田先生的书就成为必选。

54. 妙笔生花史景迁

读《改变中国》

> 书　　名：改变中国
> 作　　者：[美] 史景迁（Jonathan D. Spence）
> 译　　者：曹德骏 等
> 出版机构：生活·读书·新知三联书店
> 出版时间：1990 年 11 月

熬到两点钟，读完了史景迁《改变中国》这本书。算来，这是读过的第五本史景迁的书了。能看出我对这位美国历史作家的偏爱，不过，只要你读过他的任意一本书，就会觉得我的偏爱并不偏颇。

在过去很长的时间里，我对史景迁一点都不熟悉，一度以为他是一个在国外的华人。后来才知道，史景迁虽然致力于汉学，却是个纯粹的外国人。他本名叫作乔纳森·斯宾塞，1936 年生于英国苏尔里。他之所以起"史景迁"这样的汉语名字，蕴含了很深的意义，就是"景"仰太"史"公司马"迁"之意。史景迁曾受教于温彻斯特大学和剑桥大学，1965 年获美国耶鲁大学博士学位，现为耶鲁大学教授、历史系和东亚研究中心主任。史景迁的妻子金安平，1950 年生于中国台湾，12 岁随家人移居美国，现为耶鲁大学历史系教授。可以说，夫妇俩都是世界知名的汉学大家。

史景迁以研究汉学见长。他以独特的视角观察悠久的中国历史，并以不同于一般的"讲故事"的方式向读者介绍他的观察与研究结果。他的作品敏锐、深邃、独特而又"好看"，使他在成为蜚声国际的汉学家的同时，也成为写学术畅销书的高手。他著有多部有关中国历史的著作，包括《改变中国》《追寻现代中国》《曹寅与康熙》《"天国之子"和他的世俗王朝：洪秀全与太平天国》《中国皇帝：康熙自画像》《王氏之死》《利玛窦传：利玛窦的记忆秘宫》《胡若望的疑问》《中国纵横：一个汉学家的学术探索之旅》《大汗之国：西方眼中的中国》《皇帝与秀才》等，可谓著述等身。

我喜欢史景迁的著作，首先是因为他的历史著作有独到的叙事方式。他很少从宏大视野切入主题，而是选取一些似乎有些琐屑的细节，不紧不慢地娓娓道来。不经意间，你就跟着他进入了历史情景。我们知道，陈述历史事实易，传达历史情景难。而我们对历史的隔膜，多半是情景的疏离所致。你穿了西装，开着轿车，拿着公文包去政府办公大楼上班，和杜工部或张阁老穿了官衣，坐了轿子，到内阁理事，事理本是类似，但其间情景之别，何止云泥。史景迁的妙处，在于细节的渗透，不经意间，令读者实现穿越。这种风格，黄仁宇亦有之，大陆历史学家中，张鸣亦类似。但黄仁宇更庞大，张鸣更正统，均不同于史景迁，不露痕迹地带你去历史现场。

喜欢史景迁，还有一个理由，就是其文笔之妙，令人赞叹。此书之序，题曰《妙笔生花史景迁》，正是我心中的感受。孩提时代读汉文学史中的名篇，每每有高山仰止之感。其中令人赞叹处，语言之凝练古雅，自是其中挚爱。可惜经了明清的八股，白话文改革之偏激，尤其是"文革"，国人的语言，面目可憎、味如嚼蜡者，实是令人一言难尽。现代作家中，颇有些写作清新可喜者，但究其渊源，多是西洋的浸染，语言能传达古典之意蕴者，十无一焉，以此理而求之，反而不如台湾省人和美国的华人。此时读史景迁，当有恍如隔世之感。读书犹如吃饭，纵是满汉全席，菜肴也须一口一口品尝。而谓之一口一口者，恰是语言之美。所以，诸君读史景迁，既要关注他的故事，更要体味他的语言。所谓妙不可言者，就是毛主席说变革梨子之意，正须自己尝尝才知道。

这本《改变中国》，写了中国自明末到1960年约340年国史中，渐次进入中国的16个洋顾问的遭遇。他们中间，有传教士，如汤若望、南怀仁、伯驾；有军事家或者冒险家，如华尔、戈登、陈纳德、史迪威、魏德迈；有教育家，如胡美、丁韪良、傅兰雅；有职业革命家，如鲍罗廷；有金融家，如李泰国、赫德；有水利专家，如托德，乃至我们十分熟悉的医生白求恩。这些人之共性，在于其均是在特定背景下，舍弃舒适环境，来到似乎遥不可及的中国，力图有所作为；而来华后，也能施展各自绝技，造福于中国政府或者百姓，功莫大焉。然而，这些人力图融入中国，以期改变，但最终无一不是为中国所改变，其心中最欲实现之根本目标，进展甚微。

作者精心选取这16个人物，其实是想从中国遭遇数千年未遇之大变局的情态下，从中西文化交流碰撞的视角，检视中国近代史的是是非非。人物的命运，每每折射国家的命运、时代的命运。而国家之变，又对人物命运产生深刻影响，或喜或悲，或沉或浮，其挣扎奋斗而身不由己之经历，每令人唏嘘不已。今天，我们的国家重走开放之路，回顾这段历史，检视今天之得失，也多少可以令人明智些。可惜，近代史的情状，许多模糊之处，对历史检讨，也多有不尽如人意之处，中国与西方、东方文明和西方文明，究竟应该处于一种什么样的关系，至今，暧昧不明之处，仍令人感叹。回答这些"基础性工程"问题，当如史景迁，还原一部真实的历史，尤其是细节的历史。当然，完成这一使命，仅有一个史景迁是不够的。

55. 大国的底层

读《大国志》

> 书　　名：大国志
> 作　　者：严明
> 出版机构：广西师范大学出版社
> 出版时间：2015 年 11 月

最近一直读偏艺术类的书。我本凤凰男，据说此类男，优点是有理想——因为没现实，缺点是没审美——因为没闲情。但人至天命，恶补艺术肯定来不及，所以也就随便瞧瞧。缪斯的殿堂，推开一条缝，偷窥一眼，还真有快感。所以，书已经瞧了好几本，还想继续。但新看罢的这本，虽是艺术之作，却让我的感觉与缪斯擦肩而过。

书是国内一个知名体制外摄影家严明写的。一般来说，值钱的是"知名"，但在我看来，值钱的是"体制外"。我见过不少财政养着的摄影家，照片拍得不错，但似乎缺点什么。因为我不懂摄影，其实也多说不了什么。

前不久看过一本日本摄影家（姓名忘了）的书，写他从艺数十年的体会，不仅涉及摄影，而且涉及造型、茶艺、陶艺，才知道摄影家心中的世界，丰富而独到。这次看严明的书，内心的感受更甚。大约是因为，前一本关乎艺术本身，追求美更纯粹，而严明则跳了出来，关乎我们生活，包括挣扎与尊严、体验与追求、堕落与成长。这是小人物的世界、沉默的世界、卑微的世界，虽说也车水马龙，也万家灯火，也熙熙攘攘，也此起彼伏，却没有宏大叙事，没有鲜明主题，也没有激昂的言说和锁定的频率。应该说，这样的书，写这样的内容，颇让人安静，在我看来，是得其所哉。

前几天，一个很熟知的人走了。他是用一根绳子，在自家的卫生间里，结束了自己与这个世界为数不多的关系。我去送他最后一程，心里不免伤感。也许更应该伤感的是，更多的人还在，伤痕累累，却无处倾诉。

记得小时候看电影，我常常和小伙伴们穿到荧幕背后，寻找窥视的快感。严明把他的著作叫作《大国志》。我觉得，他也是在大国的背后看的。他看到一趟车开往大国，但有些人没上车，有些人下去了，还有些人，家住在没有铁路的地方，压根不知道有车。车自然是呼啸前行的，车上的人，车下的人，如此不同。

我们平常的日子，有肉有酒，还有宴会、健身房和商务手机中刷不完的美好。但看了《大国志》，就有一种略有些矫情的沉重。唉，生活美好，或者不该说这些。但人终归是该有些情怀的，想想家乡，想想过去，想想弱势者，心情便只能如此。

56. 恶性比丘，以梵檀治之

读《金刚经》

> 书　　名：金刚经
> 作　　者：（后秦）鸠摩罗什 译／丁福保 笺注
> 出版机构：上海古籍出版社
> 出版时间：2020年4月

夜读《金刚经》，注释中有僧之荣引《智度论》三卷中一段公案，值得深思。佛陀入灭前，阿难曾问四事，其中第四事是：恶性车匿，如何共住？佛陀答曰："恶性比丘，以梵檀治之。"

这段对话，于我极有启发。上文中，恶性车匿者，是指佛陀出家时候带出来的车夫，名车匿，出家后，大约自视佛陀近侍，不把别人放在眼里，常常粗口无忌，恶语伤人，被僧众唤作恶性车匿。现在眼看佛陀要圆寂，大家都发愁今后如何与他相处。毕竟一心向佛者，不能以暴制暴，亦不可粗口回击。佛陀的回答很有趣，说以梵檀治之。梵檀是梵语，翻译成汉语，就是敬而远之。

我生活中也曾有这么一位疯狗般的车匿，日日骂声不绝。看来佛陀也没好办法，敬而远之吧。古语云："万言万当，不如一默；百战百胜，不如一忍。"佛陀这样的领导都没法子，我辈忍了便是。

由此看来，每个人都不免于烦恼，佛家曰"有漏"。有漏之为词也，十分形象。大致而言，人欲汲水，当以密闭之器，如以竹篓为之，不免于无水可饮，因为竹篓有漏洞，水留不住。譬如人之不适，有病有症，病是因，症是果。良医祛病，庸医去症。发烧便退烧，炎症不除，迟早还烧，就是此理。再如有人卖好酒，奇怪别人不来酤，降价也没用。细细了解，知道家有恶狗，令人惧怕，将狗拴到后院，酒即售罄。领导也一样，人才之不归，是身边或有恶语向人之客，或有巧言令色之人，不免令狷介之士却步。显然，篓子不变，水就汲不到。可见处处有漏，人不免于烦恼，有漏无处不在之故也。车匿之恶性，无非是漏的一种。人因之发愁，其实也是漏。

但佛家智慧，并非换个器皿，因为凡器皆漏，此时不漏，终归要漏。漏是绝对的，不漏是相对的。解决漏的问题，不在于补器或换器，而在于消除了器。以此智慧，来看许多问题，不在于如何汲水方才不漏，而是要明白为何要汲水。对车匿而言，最根本的办法，还是要洞察其何以恶性如此。哲学家说，哲学之功用，在于前提批判。在佛家看来，就是破除有漏，根本在于毁器。砸掉了心中成见，自然就有一番天地。原来，佛家之无漏，不是堵住了窟窿，而是消除了汲水。

当然，人之汲水，在于不免于口渴。饥渴如影随形，就难免营营。大师让放下，哪里就能放下呢？由此看来，人生就是边走边漏。"有漏"这个说法，产生快三千年了，至今还有市场，正是如此。对车匿以梵檀治之，恐怕也是不得已，没有更好的办法啊。

57. 道德的变迁与不变

读《中国人的道德前景》

书　　名：中国人的道德前景
作　　者：茅于轼
出版机构：暨南大学出版社
出版时间：2005年3月

这是一本老书了。但就其内容的深刻性而言，它至今仍然没有过时。在这本书中，作者茅于轼先生用浅显易懂的语言说清楚了一些极为深刻的道理，令人有醍醐灌顶之感。

关于书的内容，网上有一篇文章是这么介绍的：

《中国人的道德前景》讨论道德问题，首重在两个方面。一是对道德问题进行理性的分析，用大家都同意的简单逻辑来分析各种道德主张的矛盾性和一致性，指出每种主张隐含的出发点是什么，它可以推广到何种程度，其界限何在。道德说教之所以苍白无力就在于缺少理性分析。说教者板着面孔，说出一堆自己也不能自圆其说的主张，叫人觉得滑稽可笑。二是大量结合我国经济改革以来出现的各种社会现象来展开理性分析，而不是在纯粹的形式逻辑里兜圈子。不仅报刊上有趣的新闻报道可以用作我们的素材，许多司空见惯的现象也是我们讨论问题的出发点。越是熟视无睹的事，越能说明大家共同认可的规则。

实际上，这本书还有一个重要的论域，那就是道德的变迁。在这个论域，茅先生深刻地揭示出，不同的经济制度之上，会有不同的道德观念。因而，道德有自己的历史，也必然有自己的前景。在这样的视角里，任何国家的道德观念似乎都可以分为三部分。一部分是亘古不变的道德，似乎可以理解为康德所言与头顶上"永恒的星空"可以等量齐观的"心中的道德准则"，自有人类以来就一直被遵循。另一部分是根本不成立的道德，可以称之为"伪道德"。这些"伪道德"有的过去流行过，已经被人们抛弃，也有的至今仍被一部分人奉行，需要批判。这可以理解成从古至今一直都是错误的道德——尽管在特定历史时期没有被人们识破。而第三部分，就是那些不断变迁的道德观念。《中国人的道德前景》这本书的研究重点，就是第三种形式的道德。这本书试图揭示在市场经济条件下，中国人秉持的道德观念会有哪些变化。这正是书名的内涵。

那些亘古不变的道德，似乎各个古老民族的典籍中都有。人们通常把这些古老而常新的智慧称为道德金律。犹太人的道德金律是"你想让别人如何对你，你就要先那样对待别人"。中国人的道德金律是"己所不欲，勿施于人"，翻译过来，是"你不想让别人如何对你，你就不要那样对待别人"。乍一看，差不多；

细一想，区别很大。

犹太人是从积极的方面陈述的，规范自己行为的同时，包括了对别人的期待。这种倾向尽管并非不道德，但开启了道德绑架的可能。某人可能会这样认识：我请他吃了饭，他就应该请我吃饭。进而，我称赞了他衣着漂亮，他也应该称赞我。甚至，我为他撒了谎，他也必须为我撒谎。到了这一步，这种道德金律就差不多成了道德绑架。在这样的语境里，人很难有独立性。而中国人的道德观，是从消极或者否定的方面阐述的，只包括了对自己的要求，不包含对他人行为的期待。从价值观层面，后一个更具有普适性。

但可惜，秦汉以后，中国渐成专制政治，波及社会，就是越来越多的人喜欢规定别人的生活方式、生活态度甚至生活感觉，以致"己所不欲，勿施于人"慢慢变成了"己所欲，必施于人"——这和犹太人的道德金律已经非常接近。这种道德观的演变成果，在国家层面，有民粹主义之"爱国贼"；在社会层面，有泛滥成灾的道德绑架；在家庭层面，有严重违背教育规律甚至人性的"狼爸狼妈"，不一而足。

在我看来，这种强加于人的"道德"，从本质上来看，本来实为"不德"。但不德之德何以形成？究其原因，一曰愚，二曰蠢。前者是不明白事理，后者是不明白人心。子曰："愚不可及"。后世误解了此语，以为贬义。其实，夫子是说他的弟子，装傻的本领一流，别人比不上。如此，愚者多半是明白人心的，只是能力差些。更常见的是蠢，表现为自以为是，损人亦不利己。我们通常对愚人会有敬意，所谓大智若愚是也，对蠢人则会充满怒火。

但细究两者，愚人之不德更为可怖。因为他其实明白世故人情，但仍然要将自己的立场强加于人，而蠢人是真的不懂。蠢人有可能变聪明，此后便可能不做蠢事，但愚人是不可救药的，他以规定和控制别人为乐，失去了这个，他会活得没有滋味。古代那些给别人立贞节牌坊的所谓圣贤，多是这一类。

中国人的面子文化，也是这些愚人——道德卫士的伎俩。我们都知道中国人好面子，所谓交际，就是互相给面子。给面子就够朋友，不给面子就不够朋友。究其原因，中国人讲究"当面教子，背后教妻"，意思是，老婆要给面子，孩子则不要。如此久之，中国人少年时严重缺乏面子，因而在成年后拼命找回。这种从小就不尊重人的劣质道德，其实也来自圣人要维护等级制度的努力，因为家国一体，在国要控制臣下的思想，就需先"从娃娃抓起"。现实如此，人人不例外。会做人的人，其实就是能给别人面子者；不会做人的，总是无视别人的面子。看上去很高大上的道德行为，背后的原因其实颇令人不齿。

古代有个笑话，说县太爷不喜猪肉，部下犯错便罚吃之。可以想见，县衙虽大，找不到干对事的人，而县里的猪肉，也经常脱销。这是个笑话，但其内在逻辑，与上述"爱国贼""狼爸狼妈"无异，都是把自己一己之好，强加于人。

《中国人的道德前景》这本书之所以值得一读，正是因为作者用经济学观念思考社会生活中司空见惯的道德问题，穿透了许多习惯性的道德谬误甚至道德陷阱。即使不能改变现实，它也能令我们获得道德进步的思想力量。

58. 第三只眼睛看《水浒传》

读《水浒传》

书　　名：水浒传
作　　者：施耐庵 / 罗贯中
出版机构：人民文学出版社
出版时间：2018 年 1 月

推荐《水浒传》我是下了一些决心的。毕竟，到了出版已经繁荣到令人目不暇接的今天，书多，好书也多，一本从小学时就读得滚瓜烂熟的古代小说，是否还值得费些时间再读一遍，大多数人的观点，估计是否定的。当然，就《水浒传》而言，有的人还可能认为，看一遍都没什么必要，感觉像是小孩子才要看的。但过去有句老话，叫作"少不看水浒"，据说是因为小孩看了《水浒传》，容易学打架斗殴，不好管教。当然，还会有人说，《水浒传》里的人物，基本都是些社会闲散人员，甚至其中一大部分都是劳改分子，没有多少高尚的东西，不是正能量，所以不值得读。这些观点，和认为《西游记》是封建迷信，《红楼梦》是诲淫诲盗，《三国演义》是突出帝王将相一样，你要去反驳，就上了他的当。

在我看来，四大名著当然都值得读，如果加上《儒林外史》和《金瓶梅》，变成六大名著，中国明清古典小说就可以"观其大略"。当然，在六大名著中，我个人认为最好的是《水浒传》。这个恐怕就有很多人不同意了，不过，这是我个人的观点，即使你不同意，我毕竟还是有权利说一说的。就像刀尔登说过古典名著中最好的是《儒林外史》，你得承认，你可以不同意，但他不是无的放矢。

要给四大名著排个队，如同要给唐诗宋词排队，其实是一件费力不讨好的事。因为不论怎么排，都有人不同意，不小心就会陷入意气之争，排队带来的意义反而要大打折扣。但排队的事，古往今来一直不绝，我最近看到的一个有趣的排队，是用大数据为唐诗排队，具体的方法我忘了，但第一名是《将进酒》，这个我相当赞成。所以，自然也觉得给四大或者六大名著排排队未尝不可。

一般而言，人们认为在四大名著中，《红楼梦》是最好的，其他三部则等而下之，依次是《三国演义》《水浒传》和《西游记》。对于《西游记》排在最后，我完全没意见。但对《水浒传》排在《三国演义》之后，却完全不能同意。因为《三国演义》的硬伤，鲁迅已经指出，刘备和诸葛亮两个主要人物，创作完全失败，形象之丰满，尚不及关羽、张飞和曹操，所以，你很难说它好。在我看来，真要谈阅读价值，还不如直接读《三国志》。当然，有人会以流行而彰显其价值，这当然不值一驳，倘流行便好，最好的当是流行性感冒，已经108年了，至今生生不息。而《水浒传》写人物一个是一个，仅举一例，鲁达、武松和李逵，都是粗豪汉子，但你稍微一想，就知截然不同。

按照《三国演义》里边的说法，一个人从来没上过战场，然后给出征的大将带上三个锦囊，到一个地儿掏一个，都能预判正确。这怎么可能呢？所以鲁迅说："欲显刘备之长厚而似伪，状诸葛之多智而近妖。"意思是，刘备是个伪君子，这儿哭半天，那儿还抢地盘；诸葛亮是个妖魔，不是人，他连战场也没有上过，但每每料事如神，老能弄对，这怎么可能？你生活中有这样一个人，你敢和他做朋友吗？所以，就"文学是人学"的意义上，《水浒传》是明显好于《三国演义》的。

最后，《红楼梦》和《水浒传》比，这个恐怕争议最大。本来民国时，《红楼梦》也还平常，最近几十年来，《红楼梦》已经扶摇直上，成了几千年中国文化的代表。中国人善于造神，一个《周易》，一个红楼，已经忝列神位，神圣不可侵犯。这时你要说不好，自然会招来一片批判甚至谩骂声。所以我的策略是，不说《红楼梦》不好，只说《水浒传》的好。

我们前面说过，一本真正的好书，人物是活的，是发展的。我们看《水浒传》，确实做到了这一点，甚至可以说，只有《水浒传》做到了这一点。我们读第十回，看林冲这个人，是所谓80万禁军教头，现在看，只是国防大学的一个教员而已，而且宋朝崇文抑武，一个武官，社会地位也就那么回事。但比及现代，林冲好歹也是国家公务员，还是"正处级干部"，社会地位当然是有的，但在书中，林冲甫一出场，就是老婆让人欺负了，本来要赏对方一顿老拳，一听是衙内之子，气先矮了半分，可见其窝囊和隐忍。后来，不论高俅的爪牙如何陷害他，他自己始终有个幻想，希望能摆脱厄运，重归"体制"。你看，林冲的人生态度，和中国农民过去"三十亩地一头牛，老婆娃娃热炕头"的人生态度其实没太大区别。一直到风雪山神庙，火烧草料场，林冲对未来完全绝望，才迸发出了冲天气概，斗杀陆虞候，雪夜上梁山。京剧《夜奔》就是讲这一段故事的，唱腔悲凉高亢，是一部真正意义上的经典。这是一个灵魂的蜕变，一种精神的升华，读进去，大多数人都会强烈地代入，觉得自己就是那个林冲。在生活中委曲求全无数次，有时是领导不恰当的批评，有时是老婆因为屁大点事吵嘴，有时是因为社会上各种各样的不公，这种事天天憋得你难受。然后终于有一天你会喝上二两，然后大喊一声，去他妈的，老子不干了！世界这么大，我要去看看。这不就是林冲吗？你会完全沉浸在这个人物的内心世界之中。当然，等酒劲过去，就发现这种冲冠一怒只是个想象，看看荷包，想想处境，还得继续干。这就是《水浒传》的魅力所在。四大名著中，只有《水浒传》是写底层人物的命运的。它塑造了十几个甚至几十个鲜活的底层人物形象，他们的卑微情感，他们的苦难挣扎，他们彼此的倾轧与相帮，都是数千年中国社会特别是专制时代最真实的写照。我们读历史就知道，你要想让人更真实地了解中国古代社会的历史和文化，《水浒传》是最合适的。

不止于此。我们还可以从政治的角度去看《水浒传》，把《水浒传》研究通了，中国古代的政治似乎也就明白了。事实上，四大名著都是写中国的政治生态的。《西游记》看上去是妖魔鬼怪，其实也是政治生态。而《红楼梦》《三国演义》乃至《金瓶梅》《儒林外史》都是如此。但如果我们要把标准定为"最逼真的政治生态",那很容易看得出来,只有《水浒传》把中国官场和江湖的关系清清楚楚地表现出来了。其他著作,只有《儒林外史》参差仿佛,但《儒林外史》多少有点戏谑化,每俟逼近真实,就拐弯了。而细观《水浒传》,中国的政治完全在书里呈现出来了,它比《三国演义》真实多了,底层人的挣扎与各种不平,上层人的腐化和胡作非为,比比皆是。看了《水浒传》,我们甚至能够"古为今用",从历史的纵深,理解中国为什么要反腐。它是用隐喻和变形的方式揭示了最残酷、最真实、最黑暗的现实,比《官场现形记》《二十年目睹之怪现状》更深刻,比《儒林外史》《镜花缘》更逼真。

另外,我们还可以换个角度,从管理的角度看《水浒传》。你看,宋江舞枪弄棒一般,文采方面也没有任何才智,但在梁山里头把交椅坐得稳稳地。为什么呢?这很值得思考。在《水浒传》里,我最喜欢的人物是小李广花荣。为什么?花荣是水浒里百分之百完美的人。但这么完美的一个人最后是怎么死的呢?花荣是上吊死的!为什么上吊死呢?宋江被朝廷赐了毒酒,毒发而亡,所以花荣也上吊,追随而去。我们不觉得这里边有值得引发社会学思索的东西吗?何以如此?花荣这样完美的人,为什么这样死?宋江有何魔力能够如此紧密地团结弟兄?联想起来,楚汉争霸,我们都在同情项羽,项羽没拿下江山。但是你看看刘邦在楚汉相争的荥阳之战中,项羽已经把刘邦的部队团团围住,刘邦已经完全没有逃走的机会。这时,有一个刘邦的手下人挺身而出,扮成刘邦的模样去投降,项羽的士兵一片欢呼,以为战役已经结束了,因为刘邦已经就擒,放松了警惕,结果,真刘邦逃跑了,假刘邦立刻被砍为肉泥。刘邦何以能如此？这不是社会学的东西吗？这不是管理学的东西吗？在我看来，宋江这样"文不足安邦，武不足定国"的卑微人物，居然可以堂而皇之地成为山寨之主，最根本的原因是，他在那个朝廷腐败、贪官横行、恶行遍地以及公平正义严重缺乏的社会中，以一己之力为诸多江湖豪杰提供了来自民间的"公平正义"。你看，宋江的绰号叫"及时雨"，又叫"呼保义"，不正是这种民间公平正义的生动写照吗？当他成为山寨之主后，又迅速地把梁山好汉聚会的大厅，由"聚义厅"改为"忠义堂"。虽是一字之改，却把梁山的组织目标，由背弃朝廷变成接受招安；由原来与官府不合作变成"主动合作"——其实，这正是众多梁山好汉，尤其是分量更重的上层人物的共同理想。无论是"及时雨"，还是"忠义堂"，宋江都坚定代表了梁山内部多数好汉的价值观。他不做山寨之主，这些人是不会答应的。所以我们也可以从中受到启发，从管理学的角度可知，人要在一个组织中有所作为，就必须代表多数人的价值观。这正是《水浒传》从管理学的角度给我们的启发。

无论如何，《水浒传》都是一本难得的古典小说，我是把它排在古代长篇小说的第一位的。如今，只要你打开《水浒传》，仍然能感受到那种非常熟悉的江湖的和市井的气息，和今天的社会高度神似。古人说"少不看水浒"，叫我看，其中另外的意思是，一个人没有足够的阅历是看不懂《水浒传》的。

59. 好经济学家是如何炼成的？

读《回望：一个经济学家是如何长成的》

书　　　名：回望：一个经济学家是如何长成的
作　　　者：张维迎
出版机构：海南出版社
出版时间：2022 年 11 月

作为一个新生代的经济学家——我是指那些不仅学习了马克思主义经济学，也研究了西方经济学的经济学者，张维迎一直处于聚光灯下。他的一系列经济学著作都颇受瞩目，他与林毅夫的论辩也吸引了无数人的热切关注。但相对于如郎咸平、王福重乃至陈春花等同在聚光灯下的学者，张维迎尽管在经济学自由主义的道路上立场坚定，态度强硬——这往往是会引起争议的主要因素。但奇怪的是，他往往能在剑拔弩张的对立双方中都能赢得认同甚至赞誉，尽管有好几次我都注意到，那些赞誉他的人未必看懂了他的经济学主张。

张维迎能够赢得专业经济学家的肯定，原因自然很简单：他自己就很专业。注重专业，意味着他研究中国现实经济的结论与他的经济学原则在逻辑上是一致的。这一点让他大大地超越了逻辑混乱的郎咸平，也在与林毅夫的辩论中占了上风——在我看来，林毅夫的错误不是逻辑混乱，而是前提错误。和当年的若干位努力为计划经济辩护的波兰经济学家一样，林毅夫也想十分聪明地调和计划和市场，但费力不讨好，无论认同哪一头的学者都不买他的账。而张维迎不仅捍卫市场经济的理论立场足够准确，分析和判断的逻辑也足够清晰，这使得他在专业水准上成了一个能够被信赖的学者。在国家的社会经济遭遇困难的时候，专家们也都觉得该听听张维迎的。他总是很清醒，虽然有时候话不好听，但真理多数情况下都不好听，不是吗？

真正值得惊讶的反而是普罗大众也很买张维迎的账。在我交往的圈子里，有一段时间，许多年轻的朋友几乎是言必称张维迎。大家争相引用他关于市场的逻辑和强盗的逻辑的论述，从中受到极大启发。张维迎几本关于市场经济理论的通俗阐述的著作都卖得非常好，其中多数都一版再版。这其实很令人惊讶，因为在中国，能对经济学家观点和立场提出"尖锐"挑战和"有力"批驳的，每每是网上的芸芸众生。许多经济学家虽然被同行认同，但常常被网民骂得狗血喷头。虽然我们知道，那种立论与驳论，已经远离了真正的学术，但没有人会喜欢被"批倒批臭"的。唯其如此，张维迎能够左右逢源，尤其在网上受到一定程度的追捧，其实是颇令人惊讶且感慨的。

最近，张维迎出了一本新书，叫作《回望：一个经济学家是如何长成的》。显然，这不是一本学术著作，而是一个学者写自己生活和成长经历的随笔集。对于喜欢这个学者的读者，这自然是很有意义的书写。让多数读者去读学者的学术著作，未免困难太大，而仅仅从报章网络去了解这个学者，大家又觉得很不解渴。所以，张维迎的这部著作受到普遍的欢迎，是意料之中的事情。在喜欢张维迎的问题上，我完全不能免俗，因而也在第一时间就买了一本，只花了一个晚上就读完了。如此短暂的阅读时间，既非不认真，又非不重要，仅仅是因他写得浅显，篇幅也不长之故。书中收录了张维迎近些年写的若干篇散文，主要是两部分：一部分是对他青少年时期周围亲朋好友的回忆，包括母亲、父亲、发小、村主任、公社书记、地方官员和一些朋友；另一部分则是其学习经济学过程中的老师和同学的回忆录，当然也包括自己的人生轨迹和感慨。这些文章汇总起来，大致能够看得出，其实就是张维迎的一个自传。

我印象最深刻的是他从始至终呈现在每一篇文章、每一段回忆、每一段感慨中共有的特点，那便是强烈的平民意识和底层立场。他关注着普通人的生活，感动于底层民众的坚守，时刻不忘经济学改善人的生活、实现人的发展、维护人的权益和尊严的人文立场，从而使这些语言朴实、叙事平白的文章，不仅有了穿透现实的力量，也有了关切民生福祉、维护公平正义的温度。

直到这时，我才理解了为什么张维迎能够受到两个不同维度的读者的喜爱，尤其是受到底层民众的欢迎。原来，从这些文章的内蕴可知，也就是"良心"二字而已。好的经济学家，就是这么炼成的。

60. 伪装成文学的社会学

读《金翼：一个中国家族的史记》

书　　名：	金翼：一个中国家族的史记
作　　者：	林耀华
译　　者：	庄孔韶 / 方静文
出版机构：	生活·读书·新知三联书店
出版时间：	2015 年 5 月

前不久，我要给一所大学带体育社会学的课程，因为自己要先有"一桶水"的缘故，就有意识地读了一些社会学的经典著作，从马克斯·韦伯、涂尔干一直到费孝通，看了二三十本书。就是在这次集中火力的阅读中，我第一次听说了《金翼》其书和林耀华其人。阅读这本书大概只花了一个晚上的时间，心里的感受是，如果今生错过这样一本杰作，那该是多么遗憾！

《金翼》是林耀华教授在 20 世纪 40 年代发表的英文著作。林耀华是福建古田人，美国哈佛大学博士，我国著名的社会学家、中央民族大学博士生导师、终身教授。当然，从他的研究涉猎和成就而言，说他是历史学家、人类学家和教育家，也没有什么问题。林耀华活了 90 岁，一生都在从事社会学和人类学的研究，著作等身，但为他奠定毕生崇高学术地位的，正是他 30 多岁就完成了的《金翼》。

比起后来林耀华完成的一系列社会学和人类学著作，《金翼》的出世多少有点偶然，可以说，是林耀华"妙手偶得"。1940年，林耀华在哈佛大学人类学系获得博士学位后，妻子突然罹患疾病，需要他放弃在大学里的工作，在家陪伴照料。他利用陪伴妻子的余暇，做了一些早年田野调查成果的整理。在赴美读书前的1936年和1937年，林耀华在自己的家乡——福建省闽江流域的黄村及所在县乡镇，在本人生活经历的基础上做了一些社会调查。对于需要和社会密切接触、深度观察的社会学家而言，在自己的家乡进行调查，虽有先入为主、路径依赖之弊，但更有情况熟悉、容易实施、理解深刻、感受强烈等显而易见的好处。所以，大多数社会学家在选择田野调查的对象，都会选择自己的家乡或者长期生活的地方。

林耀华之田野调查地点虽然未脱窠臼，但最终完成的作品却令人"大出意表之外"。这种感受，直到我最近读这本书的时候也同样强烈，忍不住想追问：你确定这是一本社会学著作，而不是一部小说？

在这部"小说"中，林耀华用几乎白描的手法，冷峻地叙述了两个农人家族的兴衰。通过他清晰而客观的描述，我们了解到，闽江边乡村里的年轻农民东林和他的姐夫芬洲，饱受务农之苦，决心从商来改变命运。经过考察和思考，精明的芬洲和踏实的东林合伙在离家不远的湖口码头开了一间店铺。从此，他们改变了祖祖辈辈以务农为生的生活方式，开始了崭新的经商事业，从而以这样的方式，把村庄的农业与城镇的商业连接起来。由于勤勉努力，加上机遇不错，两个姻亲兄弟的生意取得了成功，攒了不少钱，生活有了不小的改善，还准备在自己生活的村子盖起新房子。在两人共同勘测和选择理想的房址时，身为姐夫的芬洲受风水先生所谓"龙吐珠"之地的断言，瞒着小舅子东林，抢占了这块只够盖一幢大房子的"风水宝地"。东林得悉后，自然非常不满，但碍于亲情，只好在姐夫房址的不远处物色了一块坡地盖房。看上去，芬洲的"龙吐珠"比坡地上的东林家有更好的"风水"，自然也就预示着美好的前程。

但是，生活并不是一帆风顺的，在芬洲和东林通过闽江船运带来的稻米和咸鱼买卖赚钱的同时，他们也在生活中遇到了各种各样的困扰和不幸。芬洲的家庭事务出了不少问题，使他左右支绌、捉襟见肘，难以适应经营关系与环境因素的变化，最终无奈退出了湖口店铺生意，而雪上加霜的是，他的儿子也因失误丢掉了再立新业的机会，家庭无可奈何地衰落了。

而形成鲜明对比的是，东林成功地摆脱了诉讼案的麻烦，控制了家族内部的纷争，不断学习如何应对命运的挑战，善于与朋友携手合作，赢得了商业经营的成功。最后，芬洲一家已经从作者观察生活的画面中消失。1937年，林耀华回乡的时候，得悉芬洲已经逝去，寡妻贫困潦倒，和养子回了远方的娘家。而东林家则继续扩大生意，形成了一个亦农亦商的富贵家族，与当地的各种势力盘根错节地捆绑在一起，事业达到了发达的顶峰。

显然，如果在阅读之初，一个人得到的信息就是这是一部小说，他也会津津有味地读下去，丝毫不觉任何怪异之处。

其实，这当然与20世纪以来全球范围内急遽兴起的工业化、城镇化和商业化浪潮而催生的社会学理论研究范式转换密切相关。人们已经不满足于通过理性主义推演和构架的方式研究社会，而更多地希望以经验主义的路径，去迫近生活的原始状态，毫发毕现地展示社会运转和演化本身。在这种研究范式的影响下，高举实证主义大旗的新社会学揭竿而起，在全球范围内形成了逼近生活原生态的浪潮。就中国的社会学而言，与林耀华同时的20世纪40年代，中国社会学（人类学）可谓佳作迭出，经典不断，费孝通的《江村经济》、许烺光的《祖荫下》、杨懋春的《一个中国村庄：山东台头》正是其中优秀的代表。这种以无限逼近现场为路径的社会学研究浪潮，如同狂飙突起般席卷了世界，当然也波及到中国。这些成果正是在这一背景下取得的，以上面所叙述的四部作品为代表，中国20世纪上半叶社会学研究的学科体系、方法路径就此确立，直到今天，我们的社会学研究，仍然走在费孝通、林耀华们的延长线上。

就林耀华这本伪装成小说的社会学著作而言，在作者不动声色地叙述两个家族的生活变迁的过程中，19世纪末叶至20世纪30年代中国南方地区的地方农业、船运、商业、政治、法律、教育、民俗、信仰、宗族、家族等社会文化生活从多个角度渐次呈现，这正是一切社会学或曰人类学学者所孜孜以求的研究目标。

这部书甫一出场，就受到了以美国社会学为代表的世界社会学界的高度重视。太平洋关系研究所学者拉斯克为它作序推荐。1944年，这部注定成为经典的著作首次以《金翼：一部家族的编年史》为名在美国出版。1945年，美国著名社会学家贺兰德来华，在与林耀华教授会面时，他提议对《金翼》进行合理的修订，增加了一些内容（后来成为该书的第21章），主要是理论分析，这就使得《金翼》增加了理论的厚度，变得不像一部小说了。1947年，修订后的《金翼》在伦敦出版，书名改为《金翼：中国家族制度的社会学研究》。这差不多就是我们今天看到的版本了。

你不难区分作为小说的《金翼》和作为社会学著作的《金翼》，这样阅读的体验乃至由此而感受到的理论力量虽非绝无仅有，也相当难得。无论如何，以阅读小说的心情去涉猎一部经典的社会学著作，我们很难有机会遇到第二本类似的著作。仅此而言，《金翼》也应该成为任何一个想要通过读书去了解中国的读者的必选，即使你对社会学一无所知，也毫无兴趣。

61. 中国艺术史的扛鼎之作

读《美的历程》

> 书　　名：美的历程
> 作　　者：李泽厚
> 出版机构：生活·读书·新知三联书店
> 出版时间：2009年7月

大概在大学二年级的时候，我就读了李泽厚先生的《美的历程》。那时，刚刚进入大学，不知道为什么——也许是赶时髦，突然就对美学产生了浓厚的兴趣。朱光潜先生的《谈美书简》，丹纳的《艺术哲学》，以及若干本大学哲学系的美学教科书，都拿来如饥似渴地读。不仅读，还喜欢和别人讨论美学的若干范畴。关于美是主观的还是客观的，以及"美是生活"之类的话题常常谈论不休。就是这个时候，我对李泽厚先生的理论乃至著作产生了强烈的兴趣。而读过他的第一本书，就是《美的历程》。

直到今天我仍然认为，一个中国人要提高自己的人文素养，《美的历程》是必读之书。我第一次读是从大学的图书馆里借出来的。对于一个仅仅在高中时学过一点哲学课程的我，读懂这本书并不容易。这本书篇幅并不长，只有十二三万字，章节也只有10章左右。从远古到明清，每一章介绍评述一个时期的艺术风格，当然，也总括式地介绍某一门类艺术的形成、发展和变迁。尽管它是从时间的轴线一路写来，但你很难把这本书看成一部标准的中国艺术史，而更像是中国艺术哲学。因为它尽管也有不少具体艺术作品的评价和分析，但更多的笔触，是用一个叫作"美是有意味的形式"的美学观念，来整体地把握中国数千年艺术审美与各个历史进程的有机联系，从而揭示出各种历史的和社会的因素对于中国独特审美和艺术的作用和影响。

我第一次读这本书其实多少是盲目的。那个时候，别说中国艺术的脉络与走向，就连中国历史的脉络与走向，我也所知有限。当时这本书对我的意义，多半还在于一些碎片化的知识积累。比如李泽厚先生介绍"青铜饕餮"，使我对中国古代青铜器产生了浓厚的兴趣，尽管当时，也仅仅是了解了青铜文化之粗略演变，以及夏商周各自的风格而已。但"青铜饕餮"这四个字就仿佛种子埋在了心里，只要有合适的土壤，就要开花结果。今天，我在各个博物馆欣赏青铜文明的独特魅力时，李泽厚先生最初的启蒙显得尤为重要。当然，不仅青铜文明，我对中国书法和绘画"线的艺术"的领悟，对佛教文化所谓"佛陀世容"的兴趣和涉猎，对"中唐文艺精神"（李商隐、杜牧等）的独有好感，都滥觞于李泽厚先生的这本书。

大学毕业以后，这本书我大概又读过三次，都是后来又在书店里发现的其他版本。迄今，我的藏书中，不同版本的《美的历程》大约有7种。就从对这本书不断深入的阅读，我就能深刻地理解，李泽厚先生实际上就是凭借这本书，成了改革开放后中国美学的奠基人物。他从改革开放后重新开始研究美学，创立了很多今天已经耳熟能详的概念，比如前面提到的青铜饕餮，以及线的艺术、佛陀世容、儒道互补等，对于新时代的美学乃至艺术创作，这都是十分重要的概念、命题和范畴。而李泽厚先生的美学思想，又是在这本书中做了最完美的呈现。难得的是，李泽厚先生最初是准备拿这本书当一个提纲，计划先以"短平快"的方式，完成一个美学观念框架的构建，随后假以时日，再努力完成一部更为宏大的作品。以这么短的篇幅完成一部中国艺术史，在我们看来是不太有可能的，甚至是不可思议的。但是他居然就写了出来，而且非常全面和流畅。在我看来，李泽厚先生最终未能完成那部计划中的鸿篇巨制，对我们而言未必是遗憾。从阅读和欣赏的角度，有这部《美的历程》足矣。

当然，这本书还有一个特点，那就是文辞非常优美。我曾经在一所大专院校工作，当时我最不能容忍的一件事情，就是好多孩子已经上了大学，仍然写着很粗俗的文字，甚至连我们的青年教师都是如此，总是那种啰里啰唆、颠三倒四的叙述，令人感慨我们的语文真不知道是怎么教的！本来，中国的古代汉语，有一种夺人心魄的简约、精致和气韵生动之美，就像李泽厚先生这本书，十几万字一气呵成，就像是一首诗一样，非常漂亮。从这个意义上，我觉得学生们为了写好作文，也值得把这本书认真地读一遍。

62. 物质文明的魅力

读《迷人的材料：10 种改变世界的神奇物质和它们背后的科学故事》

> 书　　名：迷人的材料：10 种改变世界的神奇物质和它们背后的科学故事
> 作　　者：[英]马克·米奥多尼克（Mark Miodownik）
> 译　　者：赖盈满
> 出版机构：北京联合出版公司
> 出版时间：2015 年 9 月

一个闻名遐迩的材料学科学家，从自己家屋顶平台上一张普通的照片说起，介绍神奇材料世界的前世今生，然后，写成一本可以给对材料世界并无特殊知识的普通读者阅读的神奇之作，其中，极尽幽默睿智之风格，旁征博引之内容，深入浅出之表达，生动直观之图样。这就是我刚刚读完的这本书，叫作《迷人的材料：10 种改变世界的神奇物质和它们背后的科学故事》。

我们每个人其实都活在材料的世界里。无论你身在何处，只要睁开眼睛向四周瞧瞧，目光之所及，都是各式各样的材料。我在写这篇文章的此刻，正坐在家里的书房，眼前是一张书桌，是木头材料，书桌虽然是原木色的，但上面显然涂了不止一层清漆，这是又一种材料。由于我自己总是不小心将墨水滴在书桌上，有些木质的缝隙中，已经浸淫了很多擦不掉的墨水痕迹，而且，还是红色、蓝色、黑色乃至橙色都有，虽然不显眼但也强烈地表明了墨水这种材料的存在及其特征。书桌上堆满了书，虽然杂乱无章，但都属于一种称为纸的材料。除了书，桌上还有笔筒（木质和陶瓷质各一）、电脑和一些手边用的小玩意，它们都是由不同的材料构成的，从塑料到钢铁乃至各类化工产品。

由此及彼，我们能想到，所有的人都身处周遭人造物的世界，所有的一切构成了一个材料学的博物馆。有些材料出自近代甚至几年前，而另一些东西则可以上溯到几千年前。人类或者创造了它们，或者赋予它们一种前所未有的功能，它们就进入了人的生活。它们的作用，也许只有你突然失去了它——哪怕只是暂时地失去，它们才会显示其无比重要的、不可或缺的价值。看上去，没有什么比这些周边的物品更普通了，但仔细想来，对于我们的日常生活、未来发展甚至身家性命，又没有什么比这些看上去的寻常之物更加重要了。

但在通常情况下，人们似乎丝毫没有意识到材料这种司空见惯之物居然可能是比思想、制度更为重要和长久的东西。大多数人都把主要的精力奉献给了那些精神、观念和理论层面的事物，而忽略了我们的历史很大程度上是被人们偶然发明、发现乃至发展了的若干物质材料所决定的。我们过去对于历史一个可能的谬误就是以为在很早之前，人类的一些先哲就预先以敏锐而神圣的思想能力预设了未来，然后我们的祖先按图施工，才有了周围这个材料组成的世界，与人类的思想世界逻辑自洽，有因有果。但现在我们知道了，更有可能的是，人类每每是在"黑暗中摸索"，不知道向何处去，甚至在很长的时间里，就生活的目标而言，时间是停止的。而打破这种停滞的，可能就是一个小小材料。火的发现和应用就是如此，而马克·米奥多尼克在《迷人的材料》中娓娓道来的10种重要材料——钢、纸、混凝土、巧克力、气凝胶、塑料、玻璃、碳材料、陶瓷和医用生物材料也是如此。它们基本上仍然是属于人类"妙手偶得之"的产物。只是当这些事物偶然地出现以后，由于其强烈的功能性，才迅速地侵入生活，占领阵地，甚至改变思想。

这正是材料的力量，也是我们应当怀着虔敬之心来阅读这本书的原因所在。

63. 哲学入门的最佳读物

读《哲学家们都干了些什么》

书　　名：哲学家们都干了些什么
作　　者：林欣浩
出版机构：北京联合出版公司
出版时间：2015年6月

所有对人文历史知识有兴趣的人都该读一读哲学。甚至，所有的人都该如此。即使我们在读书的问题上持有功利主义的态度，究竟读什么，要精确地算计一番，哲学也当是首选。毕竟，智慧不仅有风格之别，也有程度之别，而最高程度的智慧必然是哲学。学一点哲学，性价比最高。

但是，许多人并非不想学习哲学，而是对其高深而晦涩的面貌望而生畏。很多欧洲古典哲学家的著作不仅部头硕大，而且句式冗长，一句话常常就是一页纸。读的时候，刚找见谓语，就忘了主语；等找见宾语，主语和谓语就全忘了。硬着头皮读下去，不仅颗粒无收，而且打击信心。有人统计那些最多被提起却最少被阅读的经典著作，十有八九是哲学著作。这显然是实情。我读过一些西方经典哲学家的著作，柏拉图和亚里士多德还算好懂，法国的启蒙主义者狄德罗、伏尔泰和卢梭等也还能知道说什么，到了康德和黑格尔，基本就如堕五里雾中了，而到了维特根斯坦为代表的现代哲学家，我是靠连蒙带猜才能看懂几句的。

唯其如此，历代哲学研究者都试图尝试将哲学写得通俗易懂，以便使哲学智慧普及到更多的人。我读过的此类读物，第一本就是《苏菲的世界》，那本书是以小说的形式向读者传递哲学知识。他虚构了一个哲学教授向一个叫苏菲的女孩讲述哲学知识的经过，揭示了西方哲学发展的历程。这是极棒的一本书。当然，以小说的方式来书写，哲学的茶叶即使多放几片，但由于文学的水太多，茶味仍不免淡了些，因为不是所有的哲学命题都适合讲故事。

另一个把深奥的哲学写成行云流水的美文的作家，是英国作家阿兰·德波顿。这位剑桥才子1969年出生于瑞士苏黎世，出道时非常年轻。他围绕那些带有永恒性的哲学主题，比如爱情、时间、自我、旅途等，写了一系列唯美而又不失深刻的小说乃至散文体哲学著作，如小说《爱情笔记》《爱上浪漫》《亲吻与诉说》，以及散文作品《拥抱逝水年华》《哲学的慰藉》《旅行的艺术》《身份的焦虑》等。我在很长一段时间都是阿兰·德波顿的忠诚读者，差不多看完了他的每一本书，也深受感染。当然，就要从比较系统地了解哲学史上那些基本的范畴而言，阿兰·德波顿的著作并不合适。他甚至刻意地回避了把自己的书写成哲学著作，大约是担心吓跑读者。

而林欣浩的《哲学家们都干了些什么》虽然同样浅显和随

性，但从体例上看，却是一本比较中规中矩的哲学史著作，自然也是哲学著作。从其他学科的习惯来推论，一旦说某一本书是学科史，它就不可能在学科本身的主题上有更多阐发。但哲学是个重要的例外，一旦说某部书是哲学史著作，它也基本可以被认定就是一本哲学著作。因为所有的哲学命题或曰论域，尽管从古代已经提出，但一定是至今尚未解决也永远不可能解决的。武汉大学哲学教授陈修斋先生曾有一句精彩的论断：哲学就是无定论。就是这个意思。所以，与其说哲学是解决问题的过程，毋宁说哲学是提出问题的过程。从哲学诞生的那一天起，一代代的哲学家们不断地提出问题并且发表见解，因而构筑起巍峨的哲学大厦。但是，没有一个问题最终得到解决——那些所谓解决了的问题，事实上是科学问题，而非哲学问题。当然，这绝不是说哲学家们都是些无聊之人。恰恰相反，解决问题过程中的思想收获，比问题得到解决重要十倍。有人说哲学就是哲学史，大约就是这个意思。

唯其如此，林欣浩的写作就有了独特的味道。它是一本风趣生动的简明哲学史，也是亘古至今那些伟大哲学家思考若干终极问题过程的忠实描述与记载。本来，多数哲学家都想在这样的思考中抵达终极真理，尽管他们从未抵达，但他们的思考、论述、断言乃至争吵，构筑起了人类仰为圣殿的哲学大厦，无数人因之启蒙思想、丰盈灵魂、锤炼意志，世界也因之被改变。林欣浩简约、通俗而尽可能不失真地描摹了这一过程。尽管其简约的文字不可能完整再现大厦精妙的细部，但是，如同若干年前流行的世界之窗微缩景观一样,让我们用寥寥几天的时间,就能纵览那些哲学天才高迈而丰富的精神世界,开启一场轻松幽默的哲学之旅,仍不失为一部难能可贵的佳作。

64. 上善若水

读《流动的权力：水如何塑造文明》

> 书　　名： 流动的权力：水如何塑造文明
> 作　　者： [英]史蒂文·米森（Steven Mithen）/ 休·米森（Sue Mithen）
> 译　　者： 岳玉庆
> 出版机构： 北京联合出版公司
> 出版时间： 2014 年 7 月

出生于米利都城的古希腊哲学家泰勒斯是比孔子还早的人类思想巨匠，他创立了著名的哲学流派爱奥尼亚学派。说人类的哲学起源于他也不为夸张。毕竟，当东西方都在向神祇寻求答案的时代，他第一个提出了"什么是万物本源"这个哲学问题，并且尝试着给予了回答。在我看来，这是哲学和神学真正意义上的第一次分野，因为理性主义精神、唯物主义传统和普遍性原则都要以此为逻辑起点，因此，这一刻就可以视为哲学诞生之时。

有趣的是，泰勒斯认为万物的本源是水。这多少有点让人大跌眼镜。毕竟，我们周围存在太多不是水的事物，而且，即使稍加观察，就能发现这些事物很难由水转化而来。泰勒斯生活乃至创立哲学流派的地域爱奥尼亚是在爱琴海的东岸，即今天的土耳其西部。离泰勒斯的家乡不远就是爱琴海的滚滚波涛，这也许是泰勒斯认为水是万物之源的经验基础。但尽管如此我们还是很难想象，泰勒斯会相信他脚下所踩的坚硬陆地是水变来的——也许他是看到了水结成冰的情景？

无论如何，把万物本源视为水，至少说明，人类很早就知道了水无与伦比的重要性。中国的先哲老子也把水视为学习的榜样，他说上善若水——水是一切美好品质的最佳代言者。这也把水摆到了同样重要的地步。如果我们联想起水在生命衍生、演化和文明创造中的独特地位，就知道无论是泰勒斯还是老子都非信口开河，而是集合了极为重要的人类经验。巧合的是，他们几乎生存于同一个年代。而更为有趣的是，比泰勒斯和老子更早，东西方都产生了大洪水的故事，在西方叫作挪亚方舟，在东方叫作大禹治水。尽管故事的缘起和情节各不相同，但人类的命运与水紧密关联，却是不争的事实。

这正是我们阅读史蒂文·米森和休·米森的名著《流动的权力：水如何塑造文明》时所应当持有的基础性认知。这位英国不列颠学院著名院士多年来一直致力于水和文明起源之间关系的实证性研究，取得了丰硕成果。在这本书中，他以一种俯瞰式的眼光，介绍了人类历史上具有代表性的10处古代治水文明遗址，通过对考古发掘、文献记载和神话传说等研究资料的考古学、人类学和历史学研究，他描述了千百年前人类如何控制、利用和争夺水资源的历史过程，以及这一重要历程如何深刻地影响甚至改变了文明的兴衰和社会的演进。这10处遗址，既包括居住在两河流域的苏美尔人如何通过灌溉技术创造出第一个人类文明，也包括地处今日约旦的纳巴泰人在沙漠王国佩特拉如何建立那座久负盛名的"水的天堂",还包括古罗马宏伟的引水渠、李冰父子修建的都江堰、吴哥森林里的"内陆海洋"等人类特定时期内宛如奇迹般出现的水利工程。在此基础上,作者通过实地考察和理论研究,努力探索了这些水利工程和文明演进的关系,深度思考了水、权力与人类文明的博弈历史,从而揭示了我们今天的文明世界和水之间存在的不可替代的本质联系。

今天,水在我们的生活中扮演了更加重要的角色,如果没有足够的水,很难想象我们今天的生活是什么样子。事实上,当总书记说"绿水青山就是金山银山"的时候,这一主题已经并且正在呈现出新的更加重要的样貌。在这样的时候,阅读一本介绍人类与水的关系的著作,尤其有着更加深厚的现实意义。

65. "火钳刘明"

读《史记》

书　　　名：史记
作　　　者：（汉）司马迁
出版机构：中华书局
出版时间：2014 年 8 月

小时候最爱《水浒传》，尤喜好汉的绰号。有学者研究，一百单八将的绰号，虽各有名堂，亦有其规律。大致言之，共有六类。六类之中，最为质朴者，当属以兵器名之者，如双枪将董平，善使双枪，万夫不挡，再如大刀关胜，双鞭呼延灼，也是如此。这些好汉，以兵刃名世，当是普天之下，在世之人中，此种家伙，用得最绝者。兵刃之下，人头无数。

但你看《水浒传》，哪怕把书翻成卷心菜，估计也看不到这一段：

只见大刀关胜把刀锋向上一挑，杏眼微睁，喝问：来将通名！

来将年岁颇轻，齿白唇红。见他拨马转身，声音洪亮道：我乃火钳刘明是也！

看到此处，不仅读者大疑，就连关胜估计也要犯糊涂了：火钳？火钳是什么东东？

无怪乎关胜不解，读者诸君怕也糊涂了。这火钳不是兵刃，刘明也非战将。火钳刘明原是21世纪方才兴起的网络语言，是"火前留名"的谐音。怎么用呢？举例说，在网上冲浪，不意见到一个帖子，写得是行云流水、排山倒海、气吞万里、情寄八荒。总之，好极了。心下立刻判断，这就是东坡在世，太白重生啊，赶紧巴结，万一等这哥们儿出了名，可就来不及了。所以，立刻拱手行礼，言道："卤煮威武，请火钳刘明。"啥意思？就是发帖的楼主（卤煮）厉害，我要做你的粉丝，请给签个名吧！

看得出，所谓火钳刘明，是要进行一项风险投资：预测某君未来升值，便蓄意提前巴结。

如此说来，火钳刘明这种心态，在中国并非罕见。我们读《史记·陈涉世家》，也有这样的记载：

陈涉少时，尝与人佣耕，辍耕之垄上，怅恨久之，曰："苟富贵，无相忘。"佣者笑而应曰："若为佣耕，何富贵也？"陈涉太息曰："嗟乎！燕雀安知鸿鹄之志哉！"

显然，陈涉认为自己颇具大才，同佣耕者应该找他"火钳刘明"，没想到那哥们儿是个笨蛋，说陈涉你就一种地的，哪里能火一把啊。这两位没对到一个频道，后人颇替他们叹息了一回。

古人真懂火钳刘明的，也在秦汉之际，就是汉朝开国君主刘邦的老岳父吕公。我们看看《史记·高祖本纪》的这一段：

> 单父人吕公善沛令，避仇从之客，因家沛焉。沛中豪桀吏闻令有重客，皆往贺。萧何为主吏，主进，令诸大夫曰："进不满千钱，坐之堂下。"高祖为亭长，素易诸吏，乃绐为谒曰"贺钱万"，实不持一钱。谒入，吕公大惊，起，迎之门。吕公者，好相人，见高祖状貌，因重敬之，引入坐。萧何曰："刘季固多大言，少成事。"高祖因狎侮诸客，遂坐上坐，无所诎。酒阑，吕公因目固留高祖。高祖竟酒，后。吕公曰："臣少好相人，相人多矣，无如季相，愿季自爱。臣有息女，愿为季箕帚妾。"酒罢，吕媪怒吕公曰："公始常欲奇此女，与贵人。沛令善公，求之不与，何自妄许与刘季？"吕公曰："此非儿女子所知也。"卒与刘季。吕公女乃吕后也，生孝惠帝、鲁元公主。

看得出，刘邦本是个村头混混，有些聪明劲儿，但每日喝酒赌钱，家无余财，地无半垄，做着个正股级、还没编制的亭长（注意，可不是厅长，也不是庭长），已经40多岁，也没文凭，干部"革命化、知识化、专业化、年轻化"的要求，一条也沾不上。碰上扫黄打黑，没准还得进去。但吕公居然一眼看出刘邦的潜质，坚决地要求他"火钳刘明"，严厉地斥责老婆吕媪的短视，坚决把女儿嫁给了刘邦。这一火钳刘明，不小心把自己推到了国丈的宝座，真是令人不明觉厉！

如此火钳刘明的精彩，还见于秦相吕不韦的经历之中：

> 子楚，秦诸庶孽孙，质于诸侯，车乘进用不饶，居处困，不得意。吕不韦贾邯郸，见而怜之，曰："此奇货可居。"乃往见子楚，说曰："吾能大子之门。"子楚笑曰："且自大君之门，而乃大吾门！"吕不韦曰："子不知也，吾门待子门而大。"子楚心知所谓，乃引与坐，深语。吕不韦曰："秦王老矣，安国君得为太子。窃闻安国君爱幸华阳夫人，华阳夫人无子，能立适嗣者，独华阳夫人耳。今子兄弟二十余人，子又居中，不甚见幸，久质诸侯。即大王薨，安国君立为王，则子毋几得与长子及诸子旦暮在前者争为太子矣。"子楚曰："然。为之奈何？"吕不韦曰："子贫，客于此，非有以奉献于亲及结宾客也。不韦虽贫，请以千金为子西游，事安国君及华阳夫人，立子为適嗣。"子楚乃顿首曰："必如君策，请得分秦国与君共之。"

后来子楚继位，吕不韦果然做了秦国的丞相。这种火钳刘明的预测力，令人惊叹吧？

中国古代社会，甚至直至今天，重人际甚于重事理，讲关系甚于讲规矩。君子要想发达，必先谋于大人，结交权贵，方可有所裨益。但大人也罢，权贵也好，结交不易，攀附更难。所以，功夫要下到大人之未大，权贵之无权，方可顺理成章。"火钳刘明"多少有些玩笑，但牵涉中国政治文化的若干微妙之处，就令人笑不出来了。

66. 纸上得来绝不浅

读《纸》

书　　名：纸
主　　编：陈燮君
出版机构：北京大学出版社
出版时间：2012年12月

世界上的第一张纸是什么时候产生的？每个人都能想到蔡伦。这个东汉的宦官用树皮、麻绳、破渔网等"垃圾"，化腐朽为神奇，制造出了人类历史上第一张能够稳定书写的纸张。这一足以载入史册的发明极大地改变了人类的信息记录和传播效率，对文明演进的催化作用，无论给予多高的评价都不会过分。

在蔡伦发明纸张之前，各个民族的信息载体可谓五花八门，各擅胜场。最早的可能是两河流域苏美尔人的泥板，他们用木条四围，下垫青石，里边抹上底格里斯河和幼发拉底河特有的胶泥，趁泥未干，便用木签在上面写字——称为"楔形文字"，等泥晒干，一张写满字的"纸"就诞生了。亚历山大征服两河流域，从那里缴获了大量这样的"纸"，他甚至在埃及入海口城市亚历山大里亚建设了专门的图书馆，来保存这些"图书"。

埃及人用的是莎草纸，他们把尼罗河边生长的一种芦苇割回来，刮掉清皮，削成薄片，然后纵横交错编成类似席子那样，薄薄的芦苇片就会被自己渗出的胶液粘连在一起，然后用石头压平晒干，就成了埃及特有的纸。再用矿石粉调成的颜料在上面写字，一张张连接起来，就成了埃及特有的"莎草纸书"。至今，埃及仍大量保存和出土这种最古老的"纸"。这恐怕是世界上所有信息载体中最像中国纸的"纸张"了。

印度则使用贝树的叶子作为纸张，据说这种"纸"轻薄而又有韧性，非常适合抄写经文，所以印度流传至今的许多巴利文和梵文经典就称为"贝叶经"。

犹太人也为世界纸的历史贡献了自己的特色，他们是牧人，所以近水楼台，使用羊皮作为"纸"。他们把《旧约》的经文抄写在一张张羊皮之上，然后把这些羊皮装订在一起，就成了"羊皮卷"，不仅《旧约》是"羊皮卷"，在很多犹太人聚居区，传世经典《塔木德》，到今天都是羊皮卷。

无论是泥板、莎草纸，还是贝叶、羊皮卷，在具备书写和传承特征的同时，都有一个共同的缺点，那就是使用成本太高。羊皮自然价格不菲，莎草纸和贝叶制作工艺十分复杂，费工费时，而泥板虽然便宜，但自身过于笨重。这些特征决定了需要传递的信息不可能特别广泛，这种载体自身的数量也不可能太大。

早期中国的"纸"也好不了多少。在蔡伦的发明之前，我们的祖先用两类截然不同的事物来作为信息承载和传递的工具，一类是简，一类是帛。简是竹简或者木简，也就是以木或者竹制成的长而狭的薄片,用刀子将字刻在上面,所以过去专事书写的人称为"刀笔吏",他们的腰间总是挂着刻刀。刻好的简如果多于一枚,就会用苇草织成的绳子串起来,久之成为长长的一排,曰册,册卷起来,就是卷,今天我们称书为一卷或者一册,概源于此。帛是丝帛,可以以毛笔在上面写字。简虽然好于泥板,但与莎草和贝叶一样,加工工艺复杂,体积也庞大,而帛则十分昂贵。所以,全世界都需要更廉价、方便和耐用的信息传递工具。蔡伦的发明恰当地产生了。蔡太仆(蔡伦一生担任过的最高官职)尽管知道自己做出了贡献,但绝对想不到有如此之大。

公元751年,大唐王朝的军队在他们颇具威名的将领高仙芝的带领下,在中亚地区的怛罗斯(位于今哈萨克斯坦)与刚刚兴起信奉伊斯兰教的阿拔斯王朝(中国人称之为黑衣大食)派出东征的军队打了一场战役,史称"怛罗斯之战"。由于原先归顺大唐的葛逻禄临阵倒戈,加上自身准备不足,唐军打了败仗。但多少有些奇怪的是,唐朝士气未受大的影响,大食军队也没有乘胜追击,双方好像体育比赛一样,比赛结束就各自回家了,甚至双方的外交关系也没受影响。第二年,唐廷还在长安接待了大食的贸易使团。但这场战役对世界历史的影响却是非常之大,因为在大食军队俘虏的唐军士兵中,有一些造纸的工匠。大食的将领迅速把这批工匠带回了阿拔斯王朝的首都巴格达,要求这些工匠造纸。从此,中国独有的造纸工艺获得西传。随着伊斯兰人的西征,这个稀有的工艺不仅传到了整个中亚的阿拉伯世界,也传到了北非地区,并渡过直布罗陀海峡传入西班牙,随后又翻过阿尔卑斯山脉传到了今天的德国和意大利。马丁·路德把《圣经》翻译成德文之后，能够很快印出单行本，很大程度上就是拜新传来的造纸术所赐。甚至可以说，纸的传入，为如火如荼的宗教改革和北方文艺复兴提供了重要的催化剂——如果要反抗教会的权威，没有比人手一本《圣经》更有帮助的了。要知道，过去整个城市里，也只有教会能拥有一本羊皮卷《圣经》。

由此看来，了解纸的历史，知悉纸的文化，对我们洞察世界文明的演进规律和进程，具有极大意义。唯其如此，陈燮君主编的《纸》这本匠心之书，就有了更加崇高的意义。这本书原初的创意，是要配合上海博物馆"纸文化"系列展览，邀请了不同领域的知名专家学者，分别就自己熟悉的领域写文章，同时邀请了几位优秀的插画师绘制和转印了大量插图，从而从不同的视角，不同的侧面，展现出了纸文化的丰富多彩。全书分为纸源、字纸、纸工、纸韵四部分，分别展示了历史上各类手工造纸法，各个时代的印刷、书籍装帧工具，各种纸制物、工艺品，以及各个时代的审美风尚。对于那些对物质文明史有特殊兴趣的人而言，这样一本书在手，实在是善莫大焉。我自己先是细细地看了一遍，又粗看第二遍以"观其大略"，细微之处，感触良多，唯读者诸君自己体会，才能知道其中的妙处。毕竟，"纸上得来并不浅，绝知此物须深研。"

67. 初心中的中国

读《乡土中国》

书　　名：乡土中国
作　　者：费孝通
出版机构：北京大学出版社
出版时间：2012年10月

对于一个中国人，看这本书的感觉就像是照镜子，你以为看的是外面，实际上看的是你自己。

提到费孝通，每个人都耳熟能详的是他研究中国的"社会学四部曲"（这个四部曲的表述是我生造的，但想来不至于离题太远），也就是《江村经济》《乡土重建》《生育制度》和《乡土中国》。这四部书不仅奠定了费孝通本人在中国社会学学科建设中的"带头大哥"地位，也奠定了中国社会学的世界地位。

在这四部书中，《江村经济》《乡土重建》和《生育制度》都是专门的研究著作，只有《乡土中国》是费孝通在西南联合大学讲授社会学课程的教材。20世纪40年代，费孝通在西南联大和云南大学带社会学的课程，在上"乡村社会学"这门功课的时候，他把自己过去完成的部分论文，结合新写的若干篇论文，形成了一个整体上有联系、微观上也独立成篇的课程内容体系。具体地讲，他的"乡村社会学"课程，包括了《乡土本色》《文字下乡》《再论文字下乡》《差序格局》《维系着私人的道德》《家族》《男女有别》《礼治秩序》《无讼》《无为政治》《长老统治》《血缘和地缘》《名实的分离》《从欲望到需要》等14篇论文，也可以说，是费孝通对中国传统社会——在20世纪初期的视域里，实质上也就是中国乡村社会的14个基本特征，从而用现代社会学的理论与方法，从乡村社区、文化传递、家族制度、道德观念、权力结构、社会规范、社会变迁等诸多方面深度剖析了其结构及本色。其中的很多观念，比如差序格局、无为政治、礼治秩序等，已经成为我们观察认知中国传统社会乃至今天中国的元知识。从这个意义上，费老的研究给予多高的评价都不会过分。

今天的人们之所以仍然要读这本书，是因为它对中国社会的观察与审视，迄今为止并未过时。经过20世纪历经跌宕的工业化、城市化、现代化努力，无论是城市还是乡村，中国已经变得完全不同。但这绝不意味着我们成为中国人——或曰称为中国人的特质已经完全消失。恰恰相反，文化及其派生物如思维方法、生活方式、伦理传统、宗教神祇、婚姻仪典等社会学家们始终关注的事物，要远远比政治变迁、经济生产方式、物质材料等具有更强的延宕性，直到今天，我们周边所用之物可能已经找不到一样古代社会的器物，但我们的思想观念和思维方式等更具备文化特性的精神，可能仍然有着大量的古代遗存。"黑夜给了我黑色的眼睛，我却用它寻找光明"，在这个意义上，我们永远无法真的摆脱传统。而费孝通的《乡土中国》，也正是在这样的意义上，成为我们常读常新的经典，我们从中看到祖先的影子，其实也是我们自己。

68. 还原历史的田野本色

读《何草不黄：〈汉书〉断章解义》

> 书　　名：何草不黄：《汉书》断章解义
> 作　　者：鲁西奇
> 出版机构：广西师范大学出版社
> 出版时间：2015 年 6 月

鲁西奇教授的这本《何草不黄：〈汉书〉断章解义》，我是在一家机场书店买到的。只有碰上特别中意的书，我才会如此迫不及待。因为大多数书如果在图书网站上买，能便宜很多。

首先吸引我的是鲁西奇这个名字。因为童话大王郑渊洁笔下有个叫"鲁西西"的人物，我以为有些关联，但翻了书就知道完全挨不上。鲁西奇是武汉大学毕业的历史学博士，现任复旦大学教授，还是中国地理学会历史地理专业委员会委员，美国耶鲁大学历史系客座教授。这些显赫的头衔当然也能说明他的水平。但最能说明他水平的还是他的著作，手中的这本《何草不黄：〈汉书〉断章解义》就让人眼前一亮。

"何草不黄"引自《诗经·小雅》。我一直以为，倘综合来看，《诗经》中最可读的篇章当是小雅，国风出自民间，虽然接地气，但水准良莠不齐，大雅及颂，政治气息浓烈，诗味就差点意思，只有小雅抒情性与艺术水准皆备。倘要例说，这首"何草不黄"正是重点。先看看：

> 何草不黄？何日不行？
> 何人不将？经营四方。
> 何草不玄？何人不矜？
> 哀我征夫，独为匪民。
> 匪兕匪虎，率彼旷野。
> 哀我征夫，朝夕不暇。
> 有芃者狐，率彼幽草。
> 有栈之车，行彼周道。

我最喜欢其中"匪兕匪虎，率彼旷野"这两句，孔夫子也曾引之描述自己与弟子周游列国、不得其所的困窘，触动心弦的倒不是旷野的风霜，而是内心的苍凉。这种苍凉心境的外部表征，就是一望无际枯黄的野草——何草不黄。在鲁西奇教授心中，《汉书》描摹的历史大致也是如此。这些念头，我几乎是一瞬间就想到了，心里立刻有一种悲凉的情绪。于是就买下这本书，而且细细地读完了。

关于这本书的内容，鲁西奇教授自己就有个精彩的描述：

> 一本重写的讲义，讲《汉书》，也讲其他。
> 本书通过对《汉书》若干篇章的细致解读，分析《汉书》

所叙述之历史过程与历史认识的根源,揭示记忆、回忆、追忆及谎言在历史叙述与认识形成过程中的意义与局限;展现皇帝、官僚、侠士与儒生以及普通百姓的思想、言行与生活,阐明历史过程中人、社会与国家的不同作用及其局限;以现代人的思想与智慧,洞察历史真相,认识人类历史进程及其特征,阐发历史叙述中跨越时间与空间的、对于人类生存与发展的意义和价值,思考现代社会、现代人的前世今生。

显然,鲁西奇教授读《汉书》,对古人过于简约的叙事方式是不满意的。有人说,在东汉发明纸张之前,古人用来撰写文字的材料过于昂贵,以至于西汉以前所有的中国文字都十分简约,尽管这样的叙事风格成就了中国散文的简约之美,但也使后世关心历史细节的学者经常叹息,从中找不到令人满意的信息。其实,这也是世界上各个古老民族记载历史普遍的缺憾,相比之下,中国反而可能是最好的。有人可能会举出更为详尽的希罗多德《历史》乃至修昔底德《伯罗奔尼撒战争史》来反驳,但别忘了,古希腊的历史记载极不完整,有的时段详尽,而更多的时段则完全阙如。当然,无论东西,古代历史的记载都不可能像今天这样,一个小小事件就有汗牛充栋的文献,令学者望洋兴叹。因而,鲁西奇试图在讲授《汉书》的过程中给学生更多的信息,不仅必要,而且可贵。

但这本书的意义不仅于此。更为重要的是,古人在书写历史的过程中,其实有着很多的禁忌,他们似乎是在秉笔直书,但有意无意之间，遗漏和改写了很多信息。所谓无意，是因为古人和今人对事件观察和注意的视角不完全相同，古人认为无关紧要之处，今人却视为至要。所谓有意，是指古人为了"为尊者讳"或者别的什么理由，常常有意识地回避、增窜、改写或者模糊化了很多事实的细节。今天的历史学家，更需要如破案高手那样，通过史料的爬梳与对照，通过"二重证据法"，乃至通过敏锐的心灵洞察，来勘别真伪，揭示实相，进而窥视历史深处的隐秘之所。鲁西奇讲《汉书》，正是做了这样的努力，而且，在我看来是取得了卓越的成效。

我们试着举个例子看。他写刘邦和项羽遇到秦始皇车驾时的不同反应，有如下的评论：

"大丈夫当如此。"这是个典型的励志故事，可以写入小学课本。可是，《史记》《汉书》对这个故事的记述，却都非常简略，没头没尾，连具体的时间都没有。"纵观"，师古解释说："纵，放也。天子出行，放人令观。"然遍检《秦始皇本纪》，并未见有始皇帝出行时"放人令观"的记载，这让人很怀疑刘邦真的曾经有机会在咸阳见过秦始皇。而在《史记·项羽本纪》中却有一个与此相类的故事：

秦始皇帝游会稽，渡浙江，梁与籍俱观。籍曰："彼可取而代也。"梁掩其口，曰："毋妄言！族矣！"梁以此奇籍。籍长八尺余，力能扛鼎，才气过人，虽吴中子弟皆已惮籍矣。

检《秦始皇本纪》，知始皇帝游会稽，是在始皇三十七年（前210），其行程是先至楚地云梦，浮江而下，过丹阳，至钱塘，临浙江，上会稽，然后还过吴，从江乘渡江，浮海北上，至琅琊、荣成山，归途中至平原津而病，死于途中。其时项梁、项羽正居于吴中，是吴中豪杰，"吴中贤士大夫皆出项梁下"，故项氏叔侄得以往观秦始皇。

盖其时秦始皇或已衰病，兼在旅途之中，并无多少威仪可言，故项羽见之，并不觉得怎么了不起，乃发出"彼可取而代也"的感慨。项氏出自楚国贵族，世为楚将，其时是流亡身份（项梁杀人，与籍避仇于吴中），一直站在朝廷的对立面，处身秦帝国的"体制"之外，故项羽得有此言，可以理解。刘邦出身卑微，身为秦朝亭长，是"体制内的人"，怎么会有这种想法？即使有，又怎么敢、怎么会出之于口？即使出之于口，如此狂妄之言，当时又是何人听到的？听到了而不告发，岂非与刘邦同罪？如果无人听到更无人告发，史家又是如何知道的呢？

显然，最合理的解释是：这个故事，是在刘、项相争的过程中，为了应对项羽的那个英雄故事而编造出来的，意在表明刘邦曾经与项羽一样，拥有推翻秦朝的远大志向，在推翻暴秦的伟大斗争中拥有至少是同样的起点。换言之，是为了与项羽争夺推翻秦朝的政治资源，受到项羽英雄故事的启发，移花接木，嫁接过来的。

这种"发古人之未发",实在是让我们惊叹之余,当浮一大白的。然纵观全书,到处都是这样手术刀般精准的议论,倘每遇如此妙处便喝酒,恐怕书还没看完三分之一,人就烂醉如泥了。所以,喝酒不喝酒不打紧,但如此痛切的文字和思想,是值得我们爱不释手的。当然,倘若学养差一点,想读完这本书,也并不是那么容易的。

69. 五四精神永放光芒

读《五四运动史：现代中国的知识革命》

> 书　　名：五四运动史：现代中国的知识革命
> 作　　者：周策纵
> 译　　者：陈永明 / 张静
> 出版机构：四川人民出版社
> 出版时间：2019 年 7 月

2023 年 5 月 4 日是五四运动 104 周年纪念日。想到五四运动已经过去了 100 多年的历史，颇是感慨系之。于是，推荐一本写五四运动历史的著作。而在我看来，周策纵先生 1960 年出版的《五四运动史》就是必然之选。

纵观其一生，周先生是个杂家，百度上介绍他，也说他是国际著名的历史学家、汉学家、红学家和诗人，可见其涉猎之广。周先生是湖南衡阳人，生于 1916 年，五四运动爆发时，他才 3 岁。他的家庭是一个旧时典型的乡绅之家，住在农村，颇有田地。有趣的是，他还有个弟弟，叫周策横。可见其父亲对他们的期望，就是策论国是纵横，"铁肩担道义，妙手著文章"的。他的父亲周鹏翥也是诗人、书法家，行侠仗义，望重一时，旧学深厚而思想维新，以至于倾家襄助辛亥革命。母亲亦识字，所以能给他较好的教育，一直上到高中，创作诗文若干，他的文名就崭露头角。

他高中是在长沙一中上的，15年前，毛泽东也从这里毕业，算是他的学兄。中学毕业，他得到一个机遇，到重庆市政府工作，担任编审，就是今日之文字秘书。后来，还调到国民政府主席侍从室任编审，为蒋介石起草文稿。今天仍能找到由他起草的几篇蒋介石演讲稿。这可是个飞黄腾达的机遇，幸而他不恋仕栈，干了大约三四年就出国留学去了。

1948年，周先生赴美国留学，开始潜心研究中国五四运动的历史，最后获得了美国密西根大学博士学位。他的博士论文，正是《五四运动史》。由于反响甚佳，他又花了些时间，将不到20万字的论文扩写成今天我们看到的55万字规模的《五四运动史》。这部书1960年由哈佛大学出版社以英文出版，影响很大，先后7次再版，对海内外研究五四运动的历史价值，贡献了新生的力量。此后，他还利用自己做研究时的材料汇编，编著了《五四运动研究资料》，收入了五四时期上千种报刊、资料，极大地方便了进一步的研究，可谓功德无量。据说，罗素夫人还写信给他，感谢他对30年代初她和罗素访问中国时各种情况的记载，称他写出了当时中国青年的精神与气氛。

国内的研究者很早就知道周策纵，但直到1996年，他的《五四运动史》才由江苏人民出版社改名为《五四运动：现代中国的思想革命》在国内出版了中文版，至今好评如潮。周策纵还做过一些红学的研究，同样取得了国际成果。晚年时间，他曾经多次回国内讲学和交流。2007年5月，周先生在自己美国旧金山的家中逝世，享年91岁。

五四运动是中国近现代史上的一件大事，历来，研究五四运动的著述可谓汗牛充栋。但就专门史而言，周策纵先生的《五四运动史》是较有国际影响的一种。如果就国内看，那应该是影响力最大的一本。此书史料翔实，视野开阔，分析深入，角度多样，尤其是对五四时期各种社会思潮与运动的关系，研究得极为精当。在我看来，如果读者要对五四运动乃至中国现代史上的社会思潮脉络有一个清晰的认知，周先生这本书实是不二选择。

　　我是大约10年前就读了周先生这本书。读完的那一本，和许多读过的书一起，放在了一个库房里，一下子找不出来了。为了写这篇文章，专门又在网上买了一本，粗粗地看了一遍。选择在今天这样的日子里推荐周先生这本书，也算是我本人对五四运动的一个纪念吧。

70. 马克思主义的天才火花

读《关于费尔巴哈的提纲》

书　　名：马克思恩格斯选集
译　　者：中共中央马克思、恩格斯、列宁、斯大林著作编译局
出版机构：人民出版社
出版时间：2012年9月

2023年5月5日是马克思的诞辰纪念日。205年前，这位伟大的"共产主义之父"诞生于德国西南部小城特里尔。关于马克思的人生经历和历史贡献，读者诸君只要看恩格斯那篇《在马克思墓前的讲话》，便可完全掌握。对我而言，在今天这样一个特殊的日子里，纪念马克思的方式是回顾他的一篇短文，那就是《关于费尔巴哈的提纲》。在我看来，这篇短文中蕴含的思想火花，几乎就是他最终创立的马克思主义思想的最初形态。

且引几段来看：

> 从前的一切唯物主义（包括费尔巴哈的唯物主义）的主要缺点是：对对象、现实、感性，只是从客体的或者直观的形式去理解，而不是把它们当作感性的人的活动，当作实践去理解，不是从主体方面去理解。

这段话虽然拗口，但对于准确地表达辩证唯物主义对费尔巴哈机械唯物主义乃至"从前的一切唯物主义"的超越，没有比它更简洁的了。

再看这一段：

人的思维是否具有客观的真理性，这不是一个理论的问题，而是一个实践的问题。人应该在实践中证明自己思维的真理性，即自己思维的现实性和力量，自己思维的此岸性。关于思维——离开实践的思维——的现实性或非现实性的争论，是一个纯粹经院哲学的问题。

这就从正面（而不是否定的方面）提出了辩证唯物主义的基本观念，它既包括了对物质决定意识这一唯物主义基本立场的完整确立，也包括了对人的主观能动性——也就是实践的能力的高度肯定。唯其如此，才是完整准确的马克思主义，而不是那种琐碎的形而上学式的经院主义。

再看这一句：

人的本质不是单个人所固有的抽象物，在其现实性上，它是一切社会关系的总和。

就我最初的阅读而言，这是醍醐灌顶的一句，它立刻把我拉向了哲学——原来我们可以这样看待人！简单地说，我们是父亲的儿子，儿子的父亲，领导的下属，下属的领导，妻子的丈夫，丈夫的妻子，等等，我们从这些司空见惯的关系中把自己剥离出来。我觉得，不仅马克思主义的哲学，而且马克思主义的社会学，也是以此为基础的。

还有最后一句：

哲学家们只是用不同的方式解释世界，问题在于改变世界。

这是同样醍醐灌顶的一句断言。它是马克思主义哲学的实践性的最高表述。恩格斯曾经说我们"永远不能通过所谓绝对真理的发现而达到这样一点，在这一点上它再也不能前进一步，除了袖手一旁惊愕地看着这个已经获得的绝对真理出神，就再也无事可做了"。但我觉得，马克思这句话似乎是个例外。

谨以这样的方式，纪念伟大的马克思205周年诞辰。

71. 寂寞身后事

读《周作人传》

书　　名：周作人传
作　　者：止庵
出版机构：山东画报出版社
出版时间：2009年1月

5月6日是"汉奸作家"周作人的逝世纪念日。1967年他在囚禁的小屋里猝然发病，趴在铺板上溘然长逝，活了85岁。对照他只活了56岁的长兄鲁迅，活得实在不能算小。但他晚景凄凉，又非其兄长所能知。

周作人有写日记的习惯。他晚年的境况，从他自己的日记也可见端倪。1965年4月8日，他在日记中写道："余今年一月已整八十，若以旧式计算，则八十有三矣。自己也不知怎么活得这样长久，过去因翻译路吉阿诺斯对话集，此为五十年来的心愿，常恐身先朝露，有不及完成之惧，今幸已竣工，无复忧虑，既已放心，便亦怠惰，刘于世味渐有厌倦之意，殆即所谓倦勤欤，狗肉虽然好吃，久食亦无滋味。陶公有言，聊乘化以归尽，此其时矣！余写遗嘱已有数次，大要只是意在速朽，所谓人死，消声灭迹，最是理想也。"

古人有"寿则多辱"的话，这话用在周作人身上，颇为恰当。他本是新文化运动的主将，文名播扬于世，不亚于鲁迅，但因一念之差而附逆，成了一生的污点——甚至不止于污点。倘短命死了，毁誉自然与己无关了，但居然活到80多岁，且赶上了"文革"，无怪乎自己都感慨死"最是理想也"。

近代史上，没有人比周作人更矛盾的文人。他是鲁迅的弟弟，他是杰出的文人，但他又是汉奸。等他1967年去世，人们说"盖棺论定"，但实际上，他未及"盖棺"，早已"论定"。新中国成立后，他又活了18年。在这18年中，他老老实实生活，认认真真写作。对于他，政府还是给予了宽大对待，在生活上给予了高级专家的待遇，在政治上要求他不乱说乱动即可。所以，他一直生活在边缘。就在这样的生活状态下，他笔耕不辍，18年间，写下和翻译了数百万字的作品，为新中国的文化建设做出了不少贡献。从这一点上，尽管"论定"已久，但了解他、研究他乃至评论他还是十分必要的。

10多年前，我曾读过钱理群先生的《周作人传》。后来，又读过一本叫作《周作人的最后22年》的书。虽则当时感受强烈，但时过境迁，印象不那么深了。最近，很是认真地读了止庵的《周作人传》。因为刚刚读完的缘故，印象自然深刻，感受也极为强烈。这本书从周作人收到兄长鲁迅的来信，离开家乡去往南京读书写起，一直写到周作人的逝世，从资料的丰富程度来看，似乎比上面说的两部作品更加翔实。最为难得之处，在于作者尽量把自己置于客观的立场，不粉饰，亦不滥贬，力图还原一个真实的周作人。尽管从理论上讲，这不可能做到，但相比一下，作者已经做到了极致。

在本书的最后，止庵其实是颇费了些心思地写道——假如要从他（周作人）的话中挑出最具代表性者，或许可以选择以下两段："察明同类之狂妄和愚昧，与思索个人的老死病苦，一样是伟大的事业，积极的人可以当一种重大的工作，在消极的也不失为一种有趣的消遣。虚空尽由他虚空，知道他是虚空，而又偏去追迹，去察明，那么这是很有意义的，这实在可以当得起说是伟大的捕风。""盖据我多年杂览的经验，从书里看出来的结论只是两句话，好思想写在书本上，一点儿都未实现过，坏事情在人世间全已做了，书本上记着一小部分。"这是颇令人感触至深的语言，这似乎也能提醒我们，一个人即使成为罪不可恕的汉奸，也还是能给我们留下些另外的启发的。

由于引证材料的丰富和分析的深刻，这部书尽管篇幅不算太长（300页出头），但并不好读。快餐式的阅读肯定是不行的，需要时间，需要安静下来的心灵，才能读得进去。诚能如是，则不仅对于我们了解周作人，而且对于我们进一步了解鲁迅，了解民国的学术与政治，了解20世纪的中国，这本书都是不可多得的好书。

72. 不堪回首的历史

读《苏联遗传学劫难》

> 书　　名：苏联遗传学劫难
> 作　　者：笑蜀
> 出版机构：广东人民出版社
> 出版时间：2003年4月

今天我们都知道，科学真理有其为真的规则，它既不服从于权威，也不能以民主的方式确定。一个理论被认定为真，只能以符合实证性和符合逻辑性来判断，两者缺一不可。后来，波普尔提出了第三个尺度，叫作"可证伪性"，在他看来，一个自称的真理，如果在任何情况下都确定为真，那反而不具有真理性。这三个尺度就是判断真理的客观标准，科学大厦必须建于其上，才能稳如泰山。

通过上述观念我们能看出，关于科学哲学，人类已经有了比较深入的思考，也形成了关于辨别真理之真伪的科学理论。这些理论，在20世纪二三十年代之前，甚至在19世纪末期，就已经清晰地被明确下来，被学界普遍认同。在这种状况下，一个假的理论（不是错误理论，因为错误理论是人的认识不到位造成的，而假的理论从一开始就是编造的）能够大行其道，概率不会太高，时间也不会太长。

但是，这本《苏联遗传学劫难》讲述的苏联科学史上一段惨痛的经历，让我们看到了科学理论演进历程中完全相反的一页。20世纪30年代到40年代的苏联，本来已经攀上了全球生物学研究的高峰，但一夜之间风云突变，以李森科为首的一批科学骗子组成所谓"米丘林学派"，在苏联当局直接支持下，完全否定孟德尔、摩尔根的染色体-基因理论，把整个经典遗传学打成了"资产阶级伪科学"。在这样粗暴野蛮的摧残之下，苏联的遗传学研究机构或土崩瓦解，或鸠占鹊巢，一大批著名遗传学家被开除、被流放、被逮捕。其中，苏联遗传学泰斗、具有世界水准的生物学科学家尼·瓦维洛夫院士先是被边缘化，然后被批斗、关押，最终被判死刑，秘密执行。本来在世界上处于领先地位的苏联遗传学被基本摧毁，李森科的伪科学"米丘林生物科学"则在苏联泛滥成灾，给苏联的科学事业和农业、林业生产造成了无可估量的损失。

斯大林去世以后，赫鲁晓夫出掌了苏联最高权力。本来，赫鲁晓夫曾与李森科长期为敌，仅仅是由于斯大林的庇护，赫鲁晓夫才没能打击甚至取缔"米丘林生物科学"。但新登大位的赫鲁晓夫出掌最高权力后，出于种种复杂的政治因素，居然放弃了过去一直主张的打击政策，选择与李森科握手言和。在这种情况下，继续顽固地反对染色体-基因理论的李森科本来自以为走到了穷途末路，不意在苏联继续走红，直到赫鲁晓夫下野，李森科才被逐出苏联政治舞台，结束了他对苏联学术界长达30多年的黑暗统治，苏联遗传学这才回归孟德尔-摩尔根体系。

　　作家笑蜀忠实而详尽地叙述了这段历程，虽然他在多数情况下只是平白介绍，不加褒贬，但我们在阅读中，还是能够产生深深的情感波动，感觉生活本身往往比小说还富有戏剧性。现在，这本书在网店里已经成为冷门书，几乎无人问津。但我们本该记住并且经常回味这样的教训，因为"历史常有惊人的相似之处"。

73. 书鱼其实不小

读《书鱼知小》

书　　名：书鱼知小
作　　者：流沙河
出版机构：江苏古籍出版社
出版时间：2003 年 10 月

我曾推荐过流沙河的《诗经现场》，忍不住要再推荐他的另一本书，如果稍稍粗暴些要做个比较，也是好出许多的一本书，叫作《书鱼知小》。

《书鱼知小》是流沙河先生写历史文化的一部文集，收录了上百篇揭示细节里的古代生活真相的随笔作品，多是小品，但文章颇多，所以全书洋洋洒洒，500 多页，实是大部头。这些小文章，一般都是从文字、古籍中某个方面的细节入手，析毫剖厘地展开分析，从而解答或澄清史料、常识或者说辞中的一个小问题，每每让人有醍醐灌顶之感。有时，甚至发现某个小问题的辩证，却解决了一个"千古悬案"，指出了一个"千年错案"，令人拍案称奇，或恍然大悟，或哑然失笑。

这本书之所以叫"书鱼知小"，"书鱼"是四川话书虫之谓，"知小"，就是自谦所涉及的都是些小问题。从题材看，文章涉及古人生活方方面面鲜为人知的细枝末节，既包括个人层面的衣、食、住、行、娱乐、文化活动的点滴，也包括社会层面的官场、商业、战争、手工业、科学领域的细节。文章主题小、篇幅短，每篇顷刻可读完，却信息量十足。

事实上，此书不仅不小，还是一本真正意义上的"大作"。大在何处？在我看来，当有三大。

首先，这是一部大家之作。作者流沙河，生于1931年，逝于2019年，既是诗人、作家，又是学者、名流。《成都商报》在一篇文章中评论他道："他的一生都浓缩在汉字中。他的诗歌作品影响了几代人的成长。晚年致力于中国传统诗歌与文字学的研究。擅长破译文字密码，对文字解释独具慧眼。他心系四川文化，魂绕《芙蓉秋梦》，他从来只说四川方言，这方言就像扎起的篱笆，虽然他的成就早已远播四方，但是篱笆内才是他的归属。他坚持公益讲座，从《庄子》《诗经》，到六朝诗歌，从唐诗，到宋词，多年坚守讲坛，传播经典。"以这样卓越的才华来创作，必然是大家之作。

其次，这是一部大观之作。他涉猎的话题，谈梦说图腾论源，他考证风物、饮食、名物、器物等，他叙述一个字或一个词的来龙去脉，他说画说诗谈历史，几乎是无事不涉，无话不谈。从古人的夜生活怎么安排，到小麦是龙卷风刮来的吗？从麒麟到底是哪一种兽，到屈原的天文知识有多强，到唐诗中用了哪些电影手法，娓娓道来，绵延悠长。说这本书是"中国古代文化大观"，不算夸张。

最后，这是一部大成之作。且不说它行文风趣又幽默，典雅又清奇，简洁又利落，辛辣也温厚，嘲人也自嘲，探幽发微，每见文心，也不说它极高的普及性，男女老少皆可从中受益匪浅，单是从古文字的角度，读者读一本书，就等于上了一节古文字知识或诗画欣赏的普及课，一本厚厚的《书鱼知小》读下来，就相当于大学里上了两三个学年的课。大成之成，实无比肩者。

且引一段文字看：

> 在下有幸，曾在农场劳作，升屋布瓦，也算夫子自道"多能鄙事"，知悉瓦与人同，亦有两性之别。牝瓦稍小，仰置于两木椽之间，小头向下，大头向上，由下置上，直抵屋顶，形成瓦沟，所以又名仰瓦和沟瓦。牡瓦稍大，俯盖于两瓦沟之间，大头向下，小头向上，由下盖上，直抵屋顶，形成瓦脊，所以又名覆瓦和盖瓦。牡瓦覆在牝瓦之上，前者俯而后者仰，古人觉得好像交配，于是有了"瓦合"之说。合谓两性互相交合。瓦合既非有机结合，所以容易拆散。《汉书·郦食其传》郦生说刘邦"起瓦合之卒，收散乱之兵，不满万人"，正谓其队伍易散伙。于是又有了"瓦解"之说。解谓解除交合关系。瓦解一词首见于《史记·淮南王安传》之"百姓离心瓦解"。

如此行云流水，当可用那句说旧了的杜诗来形容："此曲只应天上有，人间能得几回闻？"

74. 中国绘画艺术的一个独特视角

读《中国绘画中的"女性空间"》

书　　名：中国绘画中的"女性空间"
作　　者：巫鸿
出版机构：生活·读书·新知三联书店
出版时间：2019年1月

近来，这本《中国绘画中的"女性空间"》是我看得最认真的一本书。一来是中国艺术史是我最近的兴趣所在，二来这本书符合我对好书的全部定义：思想高远、文字有灵性、信息量大、装帧优美。通览全书，作者文笔极少废墨，博识睿智，很有穿透力。而"女性空间"这样的视角，不止于女性本身，也不止于艺术本身，而是有着更为宽广的视域。其中，对若干古画的细致分析最令人心仪，颇有饮美酒之感。

巫鸿是一位旅美学者，他早年就读于中央美术学院美术史系，毕业后到故宫博物院工作，专攻书画与金石组，改革开放后，又重返中央美术学院攻读硕士学位。此后到美国求学，在哈佛大学取得了美术史与人类学双博士，随即留校任教，并获得终身教授职位。随后，又受聘于芝加哥大学艺术史系及东亚语言与文明系，并在2002年建立了芝加哥大学东亚艺术研究中心并任主任。

巫鸿教授获得的荣誉还包括2008年成为美国国家文理学院终身院士，以及美国美术家联合会美术史教学特殊贡献奖，他主要研究中国古代艺术，兼顾当代中国实验艺术。以他为代表的一代学者甚至对世界范围内整个美术史学科的走向产生了重要影响。

这是第一次看巫鸿教授的书。尽管他的名字我早已熟悉，在不同的场合已经差不多买齐了他出版过的书，汇总起来有十几本，包括《重屏》《武梁祠：中国古代画像艺术的思想性》《中国绘画三千年》《豹迹》《废墟的故事》《"空间"的美术史》等等，以及最近刚刚出版的《中国绘画：远古至唐》。简单翻阅就能断定，每一本都值得用心去体味。当然，我自己迟迟没有始读的原因，是读这样分量极重的书，需要一个阅读的契机。其中最为重要的是，内心必须是宁静的，哪怕有一丝嘈杂也不好。

在这本书里，巫鸿分析了100多幅女性题材的绘画，精到、准确甚至专业自不待言。这些内容让我以一种特殊的方式领略了中国绘画史上若干杰出人物和杰出作品，顾恺之、张萱、周昉、阎立本、顾闳中、吴伟、杜堇、唐寅、陈洪绶、焦秉贞等大家的作品都是古典中的精粹。作者细致入微地分析品评，令人大开眼界。更重要的是，巫鸿教授把这些女性题材的作品以"女性空间"这一独特命题串联起来，赋予其更加深刻的观察角度，为中国古代绘画艺术研究、品味、开掘打开了一扇崭新的大门。他品鉴画中人物与存在其中的空间的特殊意蕴，进而把时代的审美趣味、社会风尚、道德标准乃至风土人情等纳入视线，给人们审美的享受之余更多思想的乐趣。

更令人赏心悦目的是，我阅读的这个版本是毛边本，这自然是物超所值。这是有生第一次，我很耐心地看完了一本毛边本，看一页裁一页，还专门为此买了一把精致的木质裁纸刀，个中三昧，只可意会，不可言传也。

巫鸿的书，要一本本看下去。

75. 嬉笑怒骂皆成历史

读《狄更斯讲英国史》

- 书　　名：狄更斯讲英国史
- 作　　者：[英]查尔斯·狄更斯（Charles Dickens）
- 译　　者：苏旻婕 等
- 出版机构：北京时代华文书局
- 出版时间：2014年7月

约略熟悉一点英国文学的人没有不知道狄更斯的。这位极为高产的作家被誉为维多利亚时代最伟大的文学家。他先后出版过15本长篇小说、5本中篇小说、上百篇短篇小说以及数篇纪实文学，我们不假思索地就能说出他的几部长篇小说，包括《雾都孤儿》《双城记》《大卫·科波菲尔》《远大前程》等。他还是个社会活动家，一生致力于改善儿童权利、教育和其他社会改革活动。但当我在一个旧书店里看到这本印刷非常精美的《狄更斯讲英国史》居然是狄更斯的大作，还是有些诧异——难道著名的英国史，反而都是跨界之作？

在我知道狄更斯的英国史之前，我心目中最著名的英国史，也不是专业的历史学家所著，而是哲学家休谟的《英国史》。而且，尽管休谟身后最终以蔚为大观的哲学巨著《人性论》名世，但在他生前，让他成为英伦第一流名人的，反而是他的鸿篇巨制《英国史》，翻译成中文，有六卷之多，至少也要150万字以上。我们还知道，英国首相丘吉尔也是一个历史学家，他撰写的《第一次世界大战回忆录史》让他蜚声史学界，后来还写了《第二次世界大战回忆录》，更是史学名著，甚至因此获得了1953年的诺贝尔文学奖。进入现代以后，英国的史学高度发达。这或许和他们这种跨界研究的良好传统不无关系。

与休谟、丘吉尔的历史学巨著相比，狄更斯的这本讲英国史的书篇幅很短，因而阅读的难度会小得多。狄更斯非凡的文学家地位，加上篇幅较短这个特点，使得这本匠心之作成了史上最经典的英国史。我查了查，这本书从1851年初版，然后多次再版，甚至被若干所英国名校选为历史教材，堪称英国本土最受认可的历史教科书。

在我看来，对于中国读者，阅读并且了解一些英国的历史，十分必要。在人类社会由近代走向现代的进程中，英国是最为重要的国家之一。英国对世界的科学贡献、技术贡献、制度贡献和文化贡献，至今仍在为人类的福祉发挥作用。同时，由于长期而大规模的全球性殖民，英国也为世界留下了无数伤痛、离乱和麻烦，有的融入被殖民者的集体记忆，有的直到今天仍然在制造着不稳定，甚至仍然制造着灾难。只有认真地读一读英国的历史，才能理解英国何以如此，世界何以如此。也只有这样，在百年未有之大变局中，我们才能有站稳脚跟、沉着应对的底蕴。

这本书出自大师之手，语言生动，不枯燥，不学术，文学色彩浓郁，可以给人带来极佳的阅读体验。同时，观点犀利，不粉饰、不做作，其中多有狄更斯个人的强烈倾向，甚至偶有激进言论，个性色彩鲜明，嬉笑怒骂，酣畅淋漓。在我看来，倘要了解英国的历史，这本书当是首选。

当然，这本书只写了从公元前 50 年到公元 1689 年的英国历史，似乎不够完整。但公元前 50 年以前，因为没有考古学的支持——狄更斯的时代，现代考古学还没有诞生，相信狄更斯也写不出什么。后面还有 100 年可写却没有写，或许他有所顾忌，或许他想找一个合适的结点。由于这本书已经足够精彩，我们不能苛求他更多了。

76. 难以突破的重围

读《汴京之围：北宋末年的外交、战争和人》

书　　名：汴京之围：北宋末年的外交、战争和人
作　　者：郭建龙
出版机构：天地出版社
出版时间：2019 年 7 月

这本书断断续续读了将近半年，对所谓"靖康之耻"的求知欲是主要目的。虽然郭建龙的大名足够有号召力，但我是看了这本书才知道，他就是写了三本"密码"（《中央帝国的财政密码》《中央帝国的军事密码》《中央帝国的哲学密码》）的那个著名作家。

少时对北宋的认知是愤慨和不屑一顾，后来多读了些文史，对北宋灿烂的文化就多了些仰慕，所以想起北宋，内心总是充满了纠结。这本书以通络流畅的笔法写宋、辽、金三国纠葛不休的历史，华彩的落笔收放在靖康年汴梁失陷之后北宋君臣的种种努力和牺牲，他们的愚蠢和无能，他们的假言与真情，他们的抗争与落难。这段不堪回首的历史，即使放在人类史的视野里，也是一段惨不忍睹的悲剧。很难想象，北宋这个创造了伟大物质文明的王朝，却以如此渺小而不堪的方式仓皇谢幕，一切牺牲和毁灭

都卑微无比。

北宋灭亡的曲折历程也印证了历史的吊诡之处，偶然中有必然，必然中有偶然。史家关于这段历史以及意义，已有汗牛充栋的著述。我最初是读了北大邓小南教授的讲述，对这段历史有着难以割舍的复杂心态，不仅从实证分析的角度难以辨析，有时甚至连最基础的价值观也难以把握。一方面，军事上的强大一方在文化上处于弱势；另一方面，力量上卑微与弱小的另一方却呈现出强大的文明形态，直到今日我们都仰其恩泽。这种历史的错位无处不在。其实，放大了想，不仅北宋，整个封建王朝的历史概莫能外。

在我看来，对中国而言，北宋的失败是失去了另一种可能，一种以和平代替杀戮、以牧歌代替号角、以财富换取和平的可能。这种历史的选择，被今天的政治家和历史学家反复言说和实践，成为一种已近成熟的历史常态，但对中国历史而言，从北宋开始，这扇门已经关上了。从此，中国的历史词汇中，只有你死我活的零和博弈，只有苏格拉底言说的"强者的正义"，只有"枪杆子里边出政权"一条路可选。

这是难以突破的重围，不仅是汴京之围，也成了国家之围，民族之围。

77. 走过春天，走过我自己

读《生活的哲学：寻找人生意义的 12 堂哲学课》

> 书　　名：生活的哲学：寻找人生意义的 12 堂哲学课
> 作　　者：[英] 朱尔斯·埃文斯（Jules Evans）
> 译　　者：贝小戎
> 出版机构：中信出版集团
> 出版时间：2016 年 11 月

因为写东西，今年上半年看书不多。那天一本书写完交了稿，心里无事，就到书架上乱翻。不意抓起这本英国作家朱尔斯·埃文斯写的《生活的哲学》。随便看看，竟然看了进去。300 页左右的篇幅，两天多看完。随之，便有些联想。

读书的过程是否定的过程，你不断地发现自己的浅薄，然后，试图深刻，又发现新的浅薄。这令人痛不欲生。此时，你会由衷地羡慕那些从不读书的人。对于所有问题的论断他们都那么斩钉截铁，毫不迟疑。这样细察生活的真相，其不合常理之事，常在于八九，而四面皆通顺者，不过一二。令人感慨，人是理性动物，何以如此非理性？

有人以为，这是读书人的清高所致。说白了，世事本来简单，文人总是把它整复杂，以致道理可能正确，但许多人听不懂，自然就信口开河了。所以，似乎该把话说简单些。我仔细琢磨，觉得并非如此。人类之言说，所有的话都是说给一部分人听的，是一大部分，还是一小部分，既取决于言说者，也取决于谁来倾听。自说自话的孤芳自赏虽然未必需要提倡，但个人愿意，也无伤大雅。倒是强迫人所谓雅俗共赏，往往动机可疑，而且效果不佳——通常，都是消灭了思想的价值。康德、黑格尔和马克思的著作都不好懂，也不必所有人都懂，但无损于其价值。我一直疑心白居易给老太太看诗这个故事的真实性。白乐天诗篇现在还有大量流传，你不用找现在的老太太看，看看中文系的小姑娘是否都能读懂？

显然，理性的局限性，必然另有原因。细思之下，忽有所悟。人做任何决定，就当事之人，自是瞻前顾后，反复斟酌，但殊不知，每每是一个小小细节，已经先验出场，暗中安排了一切。比如爱上一个人，可以说出所爱之人若干优点，以为爱的依据，但细细究察，心理之变化，仅是某时神情某个细微变化而已。赞成或者反对一种观念，必以为是知识使然，然而论辩对象亲近或者疏远之程度，甚至论辩时的神情与言辞，令人愉快或者不快，往往就预设了立场，使人情不自禁，攻击或者认同。买衣服，买汽车，每每在一念之间。有人说，这些细微之处，或有深意存焉。小小主题之间，多种内蕴，集于一处，所谓顿悟思维者也。但这种说法，疑点颇多。人瞬间之感觉，错讹者多矣，但少数事务，深思熟虑，却无此讹。所以，顿悟之说，并不成立。

人性的弱点，在于一瞬间之感受，已经决定了根本，以后即使理性出场，也不免在错误的道路上，做徒劳的努力。这种人性之本性，北岛20年前就有诗句，叫作"也许一开始就错了，结果还是错"。因为人做决定，理性时常缺席。有时，眼睁睁地看着，却无能为力。这差不多就是历史的真相。孟子说："人皆可以为尧舜"。但2400多年过去，没几个尧舜。一时立起来，最终也站不住。原因就是，人总是一时糊涂，再用半生弥补。凡人如此，伟人也如此。

或曰，那为什么伟人就成了伟人？我喜欢的答案有两个。第一个是，你总是跪着看他，他就成了伟人。还有一个答案是如果买彩票，总有人中奖，变成争相当伟人，也总有人弄成。说得通俗点，他们运气好些。

但《生活的哲学》这本书之所言，与那些来自理性的道理有些不同。这本书里全部的道理，出发点是经验。换言之，源自作者真实的人生经历。朱尔斯·埃文斯20岁的时候，就沉湎于毒品。为了购买毒品，他刷爆信用卡，将生活弄得一团糟。大学毕业后，他的精神崩溃了。就在这时，他开始阅读哲学——遇到了以苏格拉底为代表的认知哲学，一个新的精神治疗手段。而惊人的是，哲学真的治愈了他！苏格拉底哲学循序渐进地挽救了他濒临崩溃的生活，从中他领悟到，哲学是一种生活方式，而不仅是学院里被传授的学问。于是，他探访那些被哲学拯救了的人，从越战老兵到海豹突击队员，从"阿波罗号"的宇航员、回归自然的山居隐士、拉斯维加斯的魔术师、纽约皇后区的帮派分子到重新发现哲学价值的哲学教授。他发现，这个世界上原来有那么多的人都被哲学改变，哲学挽救了他们的生活。于是，他写下了这本书。他将苏格拉底、柏拉图、伊壁鸠鲁等12位伟大的古代哲人聚在一起，设计成梦想中的人生学校，让他们向我们传授现代教育缺失的内容：如何调整情绪、如何享受当下、如何应对人生的不幸、如何过上更好的生活、如何面对生死。他把哲学还原成了生活本身，如同把营养学变成午餐，把健身学变成足球比赛。

看来，问题不在于读不读书，而是如何读书。具体讲，是如何从书本回到生活本身。在这本书里，你看不到哲学理论，而是会看到情绪健康、人生信念、生涯规划、直面死亡、改变环境等现实的生活问题。

突然就想起那首老歌了：

走过春天，走过四季。

走过春天，走过我自己。

读这样的书，你发现的不是理性，而是你自己。

78. 一笑哪知是酒红

读《苏东坡传》

书　　名：苏东坡传
作　　者：林语堂
出版机构：湖南文艺出版社
出版时间：2016 年 6 月

五一长假，昨夜回家省亲，因上呼吸道感染，病卧在床，咳嗽连连，四肢无力。晨起及昏，只好闭门读书。凡四本，主题涉及历史、佛学、人物和经济学，可谓杂矣。但我读书，本是消遣，不谋稻粱，亦不述不作，所以完全随性。卧床而读，虽则病痛，亦颇惬意。醒时辄读，困了便睡，神思但还清晰，因病之故，能放下身外，亦能专注。东坡先生晚来得病，写道：

寂寂东坡一病翁，白须萧散满霜风。
小儿误喜朱颜在，一笑哪知是酒红。

病中犹如此旷达，非我辈所及也，令人心向往之。我后半生最倾慕之古贤，但此君一人。今日昼读，最为动心扉者，正是重读林语堂先生之《苏东坡传》。此书 20 年前读过，但竟剩些许记忆。思之，当时年轻心性，不曾明了东坡一生襟怀，书页只进了眼，却进不了骨血。前不久有朋友约课，让我讲东坡，心里紧张，今日之读，也算临阵磨枪。

昨日归家，知母亲前几日大病一场，血压邃高，几致晕厥。问其缘由，却是看我满头白发，知我最近繁忙，心中不忍，忧思沉积而成。这几日有良医诊治，已然好转。回来见我染了头发，心中更喜，血压已完全正常。这大约也是母亲"误喜朱颜在"了。我虽小恙在身，见母亲痊愈，不免高兴。想起自己不想染发，劝告母亲接受我头发全白，自以为聪明，不免是"我为聪明误一生"了。

人生入晚境，正如"塞下秋来风景异"，虽则丰富多彩，不免肃杀凋零。前浪如此，后浪依然。到这一步，正是佛言人生实相，生老病死四苦都须面对的时节。即便人生无常，倘能"误喜朱颜"，也还是好的。

79. 书院的兴衰

读《中国书院文化与建筑》

书　　　名：中国书院文化与建筑
作　　　者：杨慎初
出版机构：湖北教育出版社
出版时间：2002年12月

《中国书院文化与建筑》一书，是湖北教育出版社2002年12月出版的"中国建筑文化研究文库"丛书中的一册。这套书我在2007年在北京逛书店时就碰上过，当时全套皆备，但没有折扣。我虽甚喜之，但苦于囊中羞涩，就只买了其中一本（大约是《中国墓葬建筑文化》）——我当时正对各种陵墓建筑有兴趣。回来后也没读成，机缘巧合，送给了龙山殡仪馆的班兵主任。前几日看到中国图书网上的这套书中某一本打折，就捎带买了回来。书寄到后，由于我素喜建筑，这套书的装帧设计又典雅古朴，深得我心，故动了要搜齐一套的念头。经过十数天网上的查询，目前大概购得了十八九本（有的是上下册），基本全了。买的时候才知道时过境迁，这套书为藏家所重，已是相当抢手，好几本都是溢价购得的。

好不容易买回来，总还是要读吧？先读哪一本，我想了一下，就定了这本写书院文化与建筑的。我喜爱书，以文士自视，先读写书院的这一部，理固宜矣。随后又选了一本《中国史前古城》同时看，那本厚一些，看了一半了，也是兴趣所在。

书院是中国古代建筑的一个独特内容，这种文化设施历代都有，多数是以承载私学。至唐，书院成了初步的气候，到宋代，则蔚为大观，元代继续保持势头，至明代一溃而至于无，后期又复兴。到了清朝，为官方征用，不复学术独立性，其实已是明日黄花。晚清新学兴起，书院就灭亡了。算起来，可以说是宋为鼎盛，唐元明清各有些花样。

过去有四大书院之说，四者之中，我去过三个，乃岳麓、白鹿洞和嵩阳。后两个，是2010年到广州看亚运会，看罢开车回太原，途中去的。两大书院今日已不复读书盛况，仅存遗迹而已。但古迹历历，总还是能调动人思古之幽情。而岳麓书院，去了不止一次。"惟楚有才，于斯为盛"，至少拜访过三四次了。这个书院最大的不同，是它至今仍是书生求学之所，湖南大学之一部分仍然驻跸于此。文化还活着，这是最不容易的。

我喜欢访书院，大约是心中有些文人的情结，哪怕是残垣断壁的遗址，也愿意专程去逛逛。除了四大书院，还去过不少，书中基本上都说到了。书院代表了一种学术的自由精神，这种精神今天依然不是充足供应的，这大约也是人们喜欢书院的原因吧。

对我而言，看这本书，更多的大约是旅游指南。工作忙，年龄大了，东奔西跑的劲头下降，现在已不是看了书再去旅游，而是看书本身成了旅游。

80. 大地上的古中国

读《中国史前古城》

书　　名：中国史前古城
主　　编：马世之
出版机构：湖北教育出版社
出版时间：2003年3月

　　这本书是"中国建筑文化研究文库"系列中的一本，读这本书的理由，在昨日推荐《中国书院文化与建筑》那一本时已经讲了。这本书的内容，是我一直感兴趣的史前中国文化，虽然作者的着眼点是建筑，但我感兴趣的却是历史。

　　"史前古城"中其实蕴含着一个重要的信息，它是作为文明的重要标志物而彰显其价值的。在著名的文明三要素（城市、文字和青铜器）中，"史前古城"对一个文化遗迹以及它代表的时代历史被判定为文明具有重要的作用。而我也正是想借此了解古文化向古文明过渡之时的详情。

　　这本书的特点是平铺直叙，尽管作者把中国史前古城按地理区划分为中原、海岱、江汉、江浙、河套和巴蜀六大地区，但在对各地区的古城描述中，基本上是逐一陈列式介绍，这就使读者有机会得以全景式地对出现在中国大地之上的史前文化，从建筑的角度做一纵览,从中能够感受到,老一辈历史学家苏秉琦先生所言"满天星斗",正是这种古城遍及四面八方的形象表征。

阅读这本书及其他类似著作的一个重要的收益,是越来越感觉中国列入"四大文明古国"的合理性。曾经有一种言论,认为中华文明从时间上看,要比埃及、两河流域(苏美尔和巴比伦)以及印度文明要晚出,最重要的原因就是早期文字之缺少,乃至青铜器之晚出。但看了这本书,我们就以一种更加客观全面的史观来审视,晚出的文字和青铜器不能简单地用僵硬的标准予以低估,就整体上看,六大地区有如此丰富的古城遗址,其中大量的考古发现,足以比肩另外三大文明,而且,实际上是有过之而无不及的。这就让我们对中华文明列入四大文明多了一份扎扎实实的自信。

81. 从亚历山大大帝开始的世界史

读《亚历山大的征服与神话》

书　　名：亚历山大的征服与神话
作　　者：[日]森谷公俊
译　　者：徐磊
出版机构：北京日报出版社
出版时间：2019 年 11 月

去年元旦前，在一个专门卖书的网站冲浪，很惊喜地发现了这套丛书，一套 9 本，是日本一个著名的图书出版机构讲谈社出版的。讲谈社是日本最大也最著名的出版机构，主要出版文学、语言学、社会、哲学、宗教、地理、历史、科学等方面的读物。该社从出版儿童读物到面向专家学者的专业书籍，从低廉价纸皮书到价格昂贵的豪华美术画册，出版范围相当广泛，在日本乃至世界出版业内都有相当的影响力。

我对讲谈社的熟知主要是来自两套历史丛书。其中一套是《讲谈社·日本的历史》，那是一套印刷成竖排版繁体中文的丛书，我对繁体读物一直有特殊癖好，但竖排版就有些吃力，翻看了几本，感觉内容不错，遂有了初步的好印象。随后，又发现了一套《讲谈社·中国的历史》，和前面所说的《讲谈社·日本的历史》一样，都是小开本，我已经看完了前两本，感觉实证研究的功夫非常扎实，引证考古发现还原历史现场的叙事让人印象深刻。而这一套《讲谈社·兴亡的世界史》，内容的安排和装帧设计像极了《讲谈社·中国的历史》，所以也毫不犹豫地买下了。

不过，《讲谈社·兴亡的世界史》虽则是世界史，却不是介绍全部的世界史，而是选取了9个重大事件为重点，突出对"兴亡"这一主题的剖析。森谷公俊著《亚历山大的征服与神话》是丛书的第一册，顾名思义，讲的是马其顿的亚历山大大帝征服欧亚大陆的故事。感觉译笔很有些不同，不太像日本人的语言风格。

总的看来，这本书是那种令人眼前一亮的出色著作。文字相当流畅，段落剖分很细，适合时间呈碎片化的读者。以往，我就有个似乎不太爱国的发现，凡是日本人写的历史书，一般都不错。除了前面介绍的两套丛书，最近读完的《大月氏》《游牧民的世界史》也如此。

这本书介绍了亚历山大的一生，以及他给后世带来的影响。前9章是写他的一生，当然包括他的父亲腓力二世开创马其顿帝国的历程，以及整个地中海世界的竞争格局，也写了他死去以后，部属将军们如何为争夺权力和地盘而展开拼杀。这一过程写得条理清晰、详略得当，既符合史书的规范，又适合大众阅读。

最后一章评价亚历山大的一生功业和后世影响，我认为是最为精彩的。亚历山大作为人类文明历程早期非常重要的古典人物，对他的描述、研究和夸饰可谓浩如烟海，不仅文学历史，亦有游戏影视等。这样一个人物，其评价在人的心目中早已固化成型，甚至争议也成为标准议题，按说是不易出新求变的。作者最后的评价不是从亚历山大功业成败的视角，也不是后人仰慕他英勇气概的角度，而是文明兴亡这一宏大主题——这本书和本丛书其他8本书大概都秉持了这样的价值观。在这样的视角下，这种个人英雄主义尽管充满了深刻的时代印痕，但在史学家的眼里，亚历山大的一生就有了不同的评说。作者最后讲："坦率地讲，有这样的领袖对我们来说并不是一件幸福的事。这不是从个人好恶方面来说的，亚历山大伟大的终极秘密在于整个社会一元的价值观。即使是在现代，如果处于一个封闭的国家或社会，或者时代朝着一个方向快速发展的话，像亚历山大这样的强势领袖，可能也会发挥出同样的效果。实际上，20世纪人类不是已经多次经历过这样的统治所带来的空前灾难了吗？""21世纪的任务应该是以此为基础，探寻符合宽容、共存要求的新领袖形象。"这是值得深思的观念，或许该让美国人看看。

82. 关于"何以中国"的一部力作

读《黄土与中国农业的起源》

书　　名：黄土与中国农业的起源
作　　者：何炳棣
出版机构：中华书局
出版时间：2017 年 8 月

何炳棣先生这本《黄土与中国农业的起源》的著作是他一整套丛书中的一本，这套丛书的每一本都印成了毛边本，要多漂亮就有多漂亮。本来，我既不熟悉何炳棣先生其人，也对中国农业起源这样的论题兴趣不足。读这本书，仅仅是一时而起要体会读毛边书的兴致，而将此书做了对象。

最近七八年来，我收集了许多毛边本，没有地方放，就全部堆在书房的地板上，现在已经"蔚为大观"，每日翻翻，爱不释手。去年疫情期间，心生一计划，不论读别的什么，同时必须读一本毛边本，读完一本再接一本。第一本选中的是巫鸿教授《中国绘画中的"女性空间"》，已读完。第二本便是这本《黄土与中国农业的起源》，也读完了。

关于何炳棣先生，百度有如下的介绍：

何炳棣（1917—2012），浙江金华人。1938年清华大学毕业，1944年考取了清华第六届留美公费生，1945年底赴美国哥伦比亚大学攻读西洋史，1952年获哥伦比亚大学英国史博士学位。之后，何炳棣先生逐渐转入国史研究，成绩斐然。1966年，何炳棣先生选为台湾"中央研究院"院士。1979年，何炳棣先生被选为美国艺文及科学院院士。代表作有《明初已降人口及其相关问题》《明清社会史论》《东方的摇篮》《读史阅世六十年》等。

介绍代表作，虽然没有涉及这本《黄土与中国农业的起源》，但显然，这个题材也是一个历史学家该有的选项。前几年读钱穆先生的《中国经济史》（是他的学生整理的课堂笔记），我对中国古代的农业起源有了一些初步的了解。后来读其他著作，也各有涉及这一论题的，便多了些了解和认识。

何炳棣先生的这本，是专著，也是名著。该书分三大部分。第一部分的研究对象是农业地理，就是把黄河中下游这一地域的自然地理特征和农业发展禀赋的内容做了分析研究。令我印象深者，一是"黄河支流边的高地"是古代新石器时代农村安居聚落的栖身之地，其不同于其他大河文明的泛滥平原特征，是产生旱作农业的地理基础；二是黄土的特性——肥沃，宜耕种，但水分少，决定了中国农作物的品种。第二部分是分析这一中心区域地表上的植物。何教授以《诗经》作为研究切入点，认真统计分析了《诗经》中出现的将近百种植物及其生长之地，这种分析方法令人耳目一新。分析的结论证实了耐旱植物是中原地带的主要特征，在农业起源的时期，广阔的黄土高原这一中心区域只有比较少的森林，绝大多数都是草原（亦有部分低洼泥泞之湿地）。因而，没有大规模砍伐森林之事，刀耕火种是误传，这些地域更适合垦殖耐旱的作物，这就是中国农业的起源。第三部分则逐一列举了粟稷、高粱、麦子、豆类、稻等作物在中国的源起和播种情况。从中我们知道，除了麦子，其他作物都是中国独立源起的，其中粟稷、稻是世界最早，高粱和豆则晚出，而麦则是引自西亚。我以前看钱穆先生的讲义，认为稷是高粱，现在看来，无论是古文字还是考古学，都不支持这一结论。

这本书的阅读体验很好，不仅来自毛边本，更来自何先生丝丝入扣的逻辑能力和严谨古雅的文字风格。看来，何先生的书还可以再读几本。

83. 从满天星斗到一轮圆月

读《中国远古时代》

书　　　名：中国远古时代
主　　　编：苏秉琦
出版机构：上海人民出版社
出版时间：2010年07月

我们这一代人已经感觉不到中国古史叙述方式的变化。今天，每一个粗通文史的人都可以清晰地说出旧石器时代、新石器时代乃至文明时代这样的概念，而100年前，人们提到远古的历史，用的却是盘古开天辟地、女娲补天、伏羲教民作网渔猎乃至炎黄尧舜禹这样的神话序列。这个巨大的变化重塑了我们的古史认知方式，使我们对民族、国家乃至人类早期的历史有了更加清晰的把握。毫不夸张地说，由于整个20世纪一大批历史学家、考古学家乃至人类学家的努力，我们对远古历史的知晓程度，比过去整整19个世纪的总和还要多。

对于这一段历史，历史学家常用的一个词叫作"史前史"。也许是因为词义足够明确，以至于从来没有人指出这个词就其本身而言是个悖论——倘"史前"仍有"史"，则不为"史前"；倘"史前"无"史"，则何为"史前史"？词意的矛盾正反映了100年前史学研究的困境：对于人类早期的历史实在说不出什么靠谱的判断。1909年，梁启超计划撰写一部新的中国史的时候，他决定把有史以前的历史放在开头。显然，学贯中西的梁任公已经受到了19世纪以来以现代考古学的勃兴为契机而重建的西方史学理论的深刻影响，开始以石器时代这样的概念来审视中国古史。他深刻地断言中国亦必有石器时代，虽然当时还拿不出像样的中国古史的考古发现。事实上，梁任公出色的预见性更是一种先声或者说号令，当时，近代考古学尚未传入中国，没有来自考古的出土资料，要撰写"有史以前的历史"，非不为也，实不能也。

但"始作俑者，其无后乎"。梁任公的身后，立刻就跟上了一大批璀璨夺目、灿若星辰的大师级历史学者，经过以王国维、罗振玉、傅斯年、李济、顾颉刚等为代表的一大批学者的努力，以西方史学理论来审视中国古史的研究取得了丰硕成果。学者们不仅"衣带渐宽终不悔，为伊消得人憔悴"地在书斋里苦思冥想，也走出书斋"上穷碧落下黄泉，动手动脚找东西"（傅斯年语）地考古发掘。从此，遍及中华大地四面八方的考古发现灿若星辰，不仅逐步清晰化了从旧石器时代早中晚期再到新石器时代早中晚期再到文明诞生的明确谱系，也形成了以黄河上游、黄河中游、黄河下游、长江中游、长江下游乃至辽河流域六大区域状若"满天星斗"的文化类型地理分布格局。经过几代人的努力，中华早期文化的"满天星斗"最终汇聚而成了中华文明一脉至今的"一轮圆月"。而自觉提出"满天星斗"到"一轮明月"这一相当准确而又充满诗意的中国古史演进趋势概念的，就是这本《中国远古时代》的作者苏秉琦先生。

颇为巧合的是，就是梁启超开始研究"中国史前之史"的1910年，苏秉琦在距此不远的河北高阳出生。他的一生，都献给了中国古史研究，到了1985年，苏秉琦应《中国通史》总主编白寿彝的邀请，担任该书第二卷《远古时代》主编。他召集俞伟超、张忠培、严文明、郭大顺等历史学家，用了整整4年时间，由张忠培和严文明执笔，完成从梁启超始，集历代中国历史学家、考古学家、人类学家之大成的这一旷世之作。

由于极强的专业性，这本书并非消遣类读物。恰恰相反，完整地读下来，需要一些耐心，也需要一些学养。但如果要清晰而完整地仰望中华古代文明的"一轮圆月"，没有比这本书更合适的了。

84．忍将龅龉报幽魂[①]

读《第三帝国图文史：纳粹德国浮沉实录》

> 书　　名：第三帝国图文史：纳粹德国浮沉实录
> 作　　者：[英]理查德·奥弗里（Richard Overy）
> 译　　者：朱鸿飞
> 出版机构：金城出版社
> 出版时间：2014年2月

在我读过的所有涉及纳粹德国历史的书中，由英国教授理查德·奥弗里著、朱鸿飞译的这本《第三帝国图文史》应该是最好的一本。它的内容翔实而清晰，有出色的历史学家才有的视野和穿透力。同时，这本书大量的配图和各种内容的文字插页也增加了信息量和纵深感。当然，此书的价格也颇为不菲，不过它值得。

纳粹德国，即便从它被消灭算起，也已经过去75年了。这个时间段差不多就是多数人的一生。许多比它更晚出现的政治事件和人物早已被丢进了记忆的黑洞，但这个人类政治史上的怪胎一直是大众视线内屡受关注的。这似乎有些奇怪。你很难想象，这件事至今比苏联解体还受关注。

[①] 忍将龅龉报幽魂：出自唐代孟郊的《哭李丹员外，并寄杜中丞》。

我个人感觉，人们之所以不停地回顾和关注这件事，其实是因为怀着一种惊愕和困惑，也即对某事始终难以解答和穿透的心理。人们始终难以真正释怀的是，一个似乎极其普通甚至有明显弱点的失败建筑师、失意音乐爱好者和败退的下士，何以在不长的时间里，乘势而上，统治了一个曾经威风八面的前帝国，并且，几乎就凭着三寸不烂之舌，居然把大半个欧洲乃至美国，最终将全世界拖入一场最终导致文明毁灭、数以千万计人失去性命的世界大战。即使这一切已经为无数学者记述和表现，即使它是千真万确的历史，我们仍然难以相信，它何以发生？它何以如此残暴地把世界拖入地狱？如果不能在内心里把这一切的原因剖白清楚，令自己相信它不会重演，许多人可能会长久地生活在噩梦之中。

这一切被无数的人反复思考并总结。因而，关于第二次世界大战的著作可谓卷帙浩繁，汗牛充栋。但是，关于第二次世界大战何以发生的疑问，仍然引发更多的探究、书写和喟叹。这些人类思想的经历和成果，最终影响甚至决定了"二战"以后的世界格局。但这个看来还是有些脆弱的格局，一方面贡献着和平，一方面也对各种冲突束手无策。从本质上说，它仍然没有相对应的力量，来中和乃至消解世界的丛林本色。当我们回首20世纪，仍然必须面对的是，巴黎和会为什么没有带来预想的和平，为什么联合国未必实现了真正的"联合"，为什么局部的冲突仍然无处不在，为什么人类比以往任何时候都拥有更多自我毁灭的力量，"文明的冲突"，甚至更高层面的"平庸之恶"。这样的世界，能否让我们在最为理性的心态下,相信悲剧不会重演?

  唯其如此,我们还需要一次次地忆起那个烜赫一时的"第三帝国",虽然它是野蛮和愚蠢的化身,从另一个意义上却成了人类智慧的渊薮。

85. 永远不要忘记"另一半"

读《另一半中国史》

书　　名：另一半中国史
作　　者：高洪雷
出版机构：人民文学出版社
出版时间：2012年8月

　　看这本书的跨度长达8年，原因很简单：8年前读了一小部分，因为懒惰以及另有兴趣，这本书就放下了。前年底，我又对这本书有了兴趣，但一直到去年疫情带来闲暇，才把它全部读完了。

　　这本400多页的大容量书不是一部深奥的著作，而是一部以普及为主的通俗读物。对我而言，它的意义是在对北方游牧民族的历史产生浓厚兴趣之后，通过它可以迅速而全面地对这些历史（而且不止于北方）有一个大致的了解。如果仍有兴趣深化，那么这一阅读虽不可谓之"入室"，亦可勉强命之为"登堂"。

　　这本书介绍了中国历史上曾经出现但今日多数已不存在的地处华夏四边的少数民族的历史变迁，也就是传统上言之为"戎狄蛮夷"的诸族的历史。在大一点的视野中，在西周形成的五服视野中，他们多数属于"绥服""荒服"之列，在华夏史册中占有篇幅不算太大，地位不算崇高的一小部分。在旧史观之下，他们似乎是无足轻重、可有可无的。如果我们学习历史，他们所代表的这段历史恐怕也仅仅属于"行有余力，则以学文"的部分。一个学者，倘不熟悉他们的历史，不能被视为无学问；如果对其历史有所了解，则可以以渊博而论。《论语》中记载，孔子认出了来自北方游牧部落肃慎的兵器，便饱受赞誉；但如果以此为研究对象，则大家便会认为是"旁门左道"而难有成果。这种状况自然在新的历史研究背景下得到了改观。我们现在能够认识到，中华民族的历史演进历程，与过去我们称之为"戎狄蛮夷"的历史不仅密不可分，而且，很多时候这些历史反而是主干，我们习以为常的历史仅仅是支流。这一认知的变化使我阅读了大量此方面的读物乃至研究成果，这本书仅算是个入门材料。

　　花了 8 年的时间才看完，也可以说是"不忘初心"了吧。

86. 佛教文明东渐的里程碑

读《犍陀罗文明史》

书　　　名：犍陀罗文明史
作　　　者：孙英刚 / 何平
出版机构：生活·读书·新知三联书店
出版时间：2018 年 2 月

买这本书的时候，我颇有些犹豫，因为它的价格居然有 800 多块。虽然在网上找到了打折扣的店，但也要将近 500 元，可以说是我买得最贵的一本书了。但读完以后，感觉还是物超所值。

这本《犍陀罗文明史》也是我读过的所有书中最"大"的一本。说它大，一是体积大。这本书有 540 多页，在我读过的书中页数不算最多，但印刷精美，装帧考究，每页纸都很厚，整本书大 16 开版面，厚度将近 66 毫米，重量估计有 3.5 公斤。二是内容大。犍陀罗是佛教文明东传的重要转折点，从某种意义上讲，说这一地区再造了佛教文明也不为过。念及佛教文明进入中原之后对中华文明的影响和中国文明今日仍比比皆是的佛教印迹，就不得不让人对犍陀罗这一源头心生向往。三是意义大。我一直对世界历史有浓厚兴趣，最大之着眼点便是昨日之世界中，生发于不同地域、寄托于不同渊源、呈现为不同样貌的诸文明，如何彼此竞争、融合、借鉴和演化为今日之世界的。其中文明因素之食物、穿着、用具、旅行和生产方式等均发生持续变化，而精神性的文化、宗教、艺术乃至生活方式也表现出你中有我、我中有你的状态。犍陀罗地区是这一演进趋势的极佳范例。

这本书是国内第一本详解犍陀罗历史、艺术的综合性中文图书，它通过文字和图像的有机结合，勾勒出这个曾经在中外贸易、文化交流中扮演重要角色的域外文明的大致轮廓和发展脉络。从中我们知道，自亚历山大东征将希腊文明强行带入这一地区并使之生根之后，希腊文化乃至后期的罗马文化、波斯文化、北方的斯泰基草原文化、印度文化、当地的本土文化乃至中华文化，均错综复杂地交汇于这一地区。仅宗教而言，希腊罗马的神祇、波斯的拜火教（祆教）和密特拉崇拜、印度的佛教和婆罗门教，以及形形色色的土著崇拜，都在这一带发生影响，借助政治的、文化的力量培育势力、扩大地盘。而这一切的硕果，便是犍陀罗文明，一种令人无法忽略的独特文化现象。

通过这本书，我们能够深入了解希腊巴克特里亚时代的历史及与中国的关系，从而恍然大悟般地联想起，云冈石窟中何以历历可见古希腊文明的样式与痕迹，这一切都离不开犍陀罗作为文明的十字路口发挥的酝酿、生发和传播文明的作用，尤其是将印度文明、波斯文明和希腊文明熔为一炉的重要历史价值。令人印象深刻的是，巴克特里亚国王米南德一世，既在西方古典文献留下了印迹，也在中国汉文文献中多次出现，成为中外文明在中亚地区融合与交流的标志性人物，对我们理解中华文明早期的开放性、融合性也具有重要意义。当然，本书也深入探讨了贵霜帝国的历史和艺术。这个曾经在中国历史上占据重要地位的文明体，对西方文化艺术传入中国起到了重要的中介作用。今天我们了解"一带一路"的渊源和意义，就不能不回到这个中亚地区曾经举足轻重的大国所经历的风风雨雨去看一看。

本书不仅是犍陀罗地区的政治史，也是有关犍陀罗佛教艺术的艺术史。长期以来，犍陀罗佛教艺术在国外具有极高的知名度，有关的论著不可胜数，而在国内，对犍陀罗佛教艺术做深入研究和全面介绍才刚刚起步。国内学界一直将犍陀罗视为域外文明，但实际上，犍陀罗文明和中华文明存在着千丝万缕的联系，对犍陀罗文明的研究，有助于我们理解中国自身文明的特点和发展轨迹。从这个意义上看，这本书不仅是总结性的，也是开创性的。

87. 古典主义经济学的精彩辩词

读《为什么我也不是保守派：古典自由主义的典型看法》

> 书　　名：为什么我也不是保守派：古典自由主义的典型看法
> 作　　者：[美]詹姆斯·M.布坎南（James McGill Buchanan）
> 译　　者：麻勇爱
> 出版机构：机械工业出版社
> 出版时间：2014年9月

《为什么我也不是保守派：古典自由主义的典型看法》很薄，但叙述并不浅显。对于我这样一个对经济学一知半解的读者而言，许多地方是硬着头皮读下来的。尽管如此，收获亦然巨大。

这本书的作者詹姆斯·M.布坎南是1986年诺贝尔经济学奖的得主，可以料想，一个大师级人物写这么薄薄的一本小书，一定是更着眼于思想而非知识。究其要点，布坎南旗帜鲜明地阐明自己的古典自由主义立场，与更强调控制的新自由主义针锋相对，构成了这本书的基本线索。

在书中，布坎南站在古典自由主义的立场上不失睿智地分析道：在经济现实中，很多经济政策的制定，需要较为复杂的先决条件，因而有时会选择"无为"（可以理解成中国古代经世济国智慧中那种"一动不如一静"的黄老之术）。这种"无为"看上去很像保守主义，但其出发点和落脚点是完全不同的。正因为辨析两者在经济现实中具有重大意义，为了免人误解，布坎南就专门写了这本书，以显示自己区别于保守主义的鲜明立场。

布坎南的经济学理论，是从门格尔、米塞斯一直到哈耶克所遵循的主观主义理路。在他的另一部名著《公共选择论》中，布坎南针对凯恩斯主义的缺陷，指出"政府失灵"的危害，认为政府的经济行为和个人的经济行为应纳入同样的框架进行分析，而不是使之游离事外。这是市场经济条件下的必然规则。在经济现实中，常常有各种"理想主义者"企图通过激进手段促成社会经济的快速发展，或者把社会经济导向某种人为设定的模式或者"规划"，在布坎南看来，这不仅徒劳，而且危险。因而，他几乎是在大声疾呼，提示人们珍视哈耶克鲜明强调的古典自由主义立场，而不是用某种貌似深刻的理想主义或者保守主义代替。

也许，我们从中受到的启迪是，每当我们面对社会经济纷繁复杂的局面而莫衷一是的时候，我们就至少应该回到布坎南，进而回到哈耶克和米塞斯，最终回到亚当·斯密。

88. 月氏踪迹何处寻

读《大月氏：寻找中亚谜一样的民族》

> 书　　名：大月氏：寻找中亚谜一样的民族
> 作　　者：[日]小谷仲男
> 译　　者：王仲涛
> 出版机构：商务印书馆
> 出版时间：2017年3月

这本书的阅读源于我对北方游牧民族历史一贯的兴趣。这一兴趣大约是起自2007—2008年我两度出差去新疆。因为以前从未去过，走前就找了些书读，其中包括一本花了好几年才读完的《另一半中国史》（尽管当时认为这本书很深刻，但现在已经不这么认为了）。这段算不上深刻的阅读让我发现，有一些曾经相当伟大和重要的历史信息，存在我知识的盲区中，而这些新知识不仅引人入胜，而且还在冥冥中能与我这个传统意义上的北方人建立起一种联系——一种心灵的召唤。于是，在随后的时间里，我读了很多有关北方游牧民族历史的著作、论文和其他材料，视野开阔了许多，兴趣也更加浓厚。这本《大月氏：寻找中亚谜一样的民族》便是其中之一。

这本书是日本东方书店推出的学术通俗阅读文库《世说中国》丛书中的一本。仅我所见，这套书已出的书目包括《刻在石头上的世界》《中国烟草的世界》《三国演义的世界》等十来种，这些著作，多数我也都看了。这套丛书很有特点，一方面是因为所有的单本都是关于中国古史的通俗读物，介绍学界关于此一历史领域的前沿研究成果，特别是结合考古学最新发现对古史进行研究的新成果，虽则通俗，但并不失深刻。同时，每一本书开本都很小，篇幅也不大，对于营营于俗务的读者，不会占用太多时间便有收获，可谓事半功倍。

《大月氏：寻找中亚谜一样的民族》完全具备上述这些特点。作者小谷仲男先生是研究中国古史的著名专家，这本书是他多年研究月氏民族来龙去脉的集大成专著。在这本书中的序章以及前两章中，作者介绍了中国西北边境出现的游牧民族月氏的概况，分析了现有的文献资料，描述了大约从春秋战国开始这个西北古老民族的历史脉络。第三章则话锋一转，开始介绍在阿富汗北部发现的希腊城市阿伊哈努姆的考古发掘成果，从中探索了月氏民族受到匈奴攻击被迫西迁以后的情况。接下来的两章则介绍贵霜王朝，第四章介绍其即将兴起时的情形，而第五章则论述其兴起后的情形。其实，叙述到这里，月氏民族的历史脉络已经清晰呈现，但难能可贵的是，接下来作者又用两章的篇幅，叙述了自己1996年造访当时属于苏联的中亚地区时的旅行日记要点，从实证的角度加强了这部专著的理论分量。最后一章，作者从考古学的角度考察月氏民族的历史定位，特别是重新审视月氏与贵霜的关系。我们过去多半认为贵霜就是西迁后的月氏，作者虽然没有否认这一点，但做出了更多结合考古实证的分析和判断。对于有志于探索历史真相的读者，一个开放式的结论可能不够解渴，但却是必要的和必需的。

我个人对大月氏的兴趣是从对匈奴的兴趣延伸而来的。记得大约在十几年前，我就读了陈序经先生的《匈奴史稿》，了解了冒顿时代匈奴东击东胡、西却月氏的那一段铁血历史，对中国北方游牧民族历史的了解就有了一个可靠的支点。毕竟，向东边看，中国由汉到唐的历史，是和北方一个名曰鲜卑的民族密不可分的，而东胡正是鲜卑的前身；而向西边看，大月氏之败于匈奴被迫西迁，又是整个中亚地区历史演进动力中一个十分重要的源头。虽然如此，我起初甚至连"大月氏"这样的名称，也仅仅能念对"大"字，"肉支"这样的发音，也不是一次就弄明白的（学者一度普遍认为，"月"字当念"肉"，但现在，大家已经修改了观点，"月"仍然念"越"这个音，新版的《辞海》都改过来了）。无论如何，对中亚地区早期这一段历史的熟知，对于我深化早期中国历史的知识结构，具有十分关键的作用。

看这本书还有另外的一些收获：第一，和精细认真的考古成果相结合，是现代历史学研究的关键。尤其是研究北方游牧民族的历史，他们没有书史于册的传统，许多民族是与南边的农耕文明密切接触后才有了文字，因而历史全写在废弃的城垣遗址、古墓葬、石刻乃至历久仍存的古器物中，只有通过考古发现，才能揭示历史的实相。第二，大夏、月氏、犍陀罗、帕提亚、乌孙、大宛等古国的相对关系，从时空两个方面去认知，是相当复杂的历史过程，但非此不足以明史。第三，犍陀罗地区对印度本土佛教的"再造",乃至佛教经由中亚这一地区传入中国,对于中华文明的丰富和演化,也具有极强的意义。在小谷仲男先生的这本书中,这一议题只是粗粗涉及,更详尽的内容,要看《犍陀罗文明史》那本书。两者参印,所得更多。

89. 细节里的"庚子国难"
读《流亡日志：慈禧在山西的53天》

书　　名：流亡日志：慈禧在山西的53天
作　　者：孙丽萍 / 陕劲松
出版机构：北岳文艺出版社
出版时间：2011年11月

最近，很认真地看了一本名叫《流亡日志：慈禧在山西的53天》的著作。这本书的作者孙丽萍、陕劲松似乎就是山西人，他们搜集了大量资料，将1900年八国联军入侵北京后，慈禧"西幸"中在山西省境内的经历做了认真的考证和记述，从而形成了一个颇具学术性的研究成果。

这段历史，在正史的记载中，被称为"庚子国难"，书写这段历史的著作其实已经不少。但作者独具匠心地选择了慈禧一行离开北京由河北北部向西逃窜，进入山西晋北地区一路南下到晋南最后离开山西中间这一段的经历。事实上，就慈禧的这一行程的整体研究而言，这一段上接祸乱、下归秩序，显得格外重要。

对于读者而言，慈禧进入山西后，一路逃亡，发生了很多鲜为人知的事，足够吸引人的阅读兴趣。书中描写，慈禧、光绪一行于光绪二十六年八月初三（1900年8月27日）进入山西天镇县境内，开始山西的行程。此时，慈禧一行惊魂未定，在河北境内只受到了极其简陋的接待，曾以绿豆小米粥果腹，甚至还"不嫌弃"地穿了百姓的粗布衣服。进入山西后，情况似乎仍然糟糕，由于提前准备的食物腐烂变质，天镇知县一时无法筹备出新的食物，受到了慈禧随行官员的训斥，居然自杀身亡。但后来，慈禧一行抵达忻州以后，接待的质量就明显改观了。在忻州，知府献上了新鲜水果和丰富贡品，贡院的住宿条件也"陈设富丽，为诸州冠"。到了太原以后，接待规格进一步提高。除了生活条件改善，太原知府赶制了多面龙旗，以壮观瞻，同时还率领民夫修筑道路：用黄土铺成的崭新大路。慈禧在太原停留了21天，观望京城动向是其主因，但是生活安稳舒坦恐怕也是缘由。后来继续南下到了侯马，筹备更加充分，所经之处，全部要黄土垫地、清水洒道、黄布幔围，行宫内张灯结彩，甚至还设了多处公馆，为随从护驾的官员暂住。而且，征用厨师80名，精心配制了满汉全席108道菜，耗资惊人。一直到闰八月二十五，逃难大军抵达永济市上阳村之后出晋入秦，算下来，慈禧在山西停留了53天，沿途经过了27个府、州、县、村。这个过程，正是慈禧从保命出逃到喘息初定再到主动出击，逐步重拾皇家威仪的过程。由于慈禧和光绪的生活和心理状态，对当时国家的决策不可小觑的影响，这一段历程，对于最终处置"庚子国难"产生的后果也非常之大。

我读这本书，起初最主要的目的是了解慈禧西逃经过我的老家阳高的情形。但遗憾的是，去阳高前一日在天镇，记载甚详，后一日去大同，记载更详，唯独阳高这一夜，只寥寥数语，完全没有细节。后面记述慈禧一路发号施令处理政务，也提到有些政令出自阳高，但也仅有地名而已，同样没有细节。

　　但既然翻开了，也就一鼓作气看完。说点不算题外的读后感，"庚子国难"这一段历史，颇值得中国人反思。一种制度何以对一个明显不合适却居于高位的人无可奈何？为什么在关键时刻，每每不是经国方略，而是政治权谋在发挥作用？为什么整个国家，从绝大多数百姓到绝大多数官吏，却都那么愚蠢，干一些既不利人亦不利于己的事？对这样的问题有所感悟，最好的方式，还是回到书中描写慈禧一行的细节中去探究一番吧。

90. 当"山河"遇到"尽头"
读《直到山河尽头》

书　　名：直到山河尽头
作　　者：牟　森
出版机构：新星出版社
出版时间：2022年6月

每一个写书的人都希望写出一本好书。但我们都知道，写书很难，好书更难。许多人写了一辈子，都没写出一本好书。在我看来，多数情况下，写出好书需要的是功力，"扫帚不到，灰尘自然不会自己跑掉"。但很多时候，好书如同摄影，相机就那样了，照出好照片的诀窍，是看你能不能找到一个好的角度。

《直到山河尽头》这本书是一本好书，好就好在作者找到了一个好的角度。这个角度，就是"山河"与"尽头"的交汇。

先说"山河"。其实，在中国古代，"山河"一词的意义，是逐步演化为"江山社稷"的。"山河"的说法，最初是出自《史记·孙子吴起列传》里魏武侯之言："美哉乎山河之固，此魏国之宝也。"按照魏国的地形，"山"当是指崤山，"河"自然是黄河。此时说"山河"，山就是山，河就是河，没啥潜台词。但历代演化，到了后来杜甫写《春望》时，就有了"国破山河在，城春草木深的句子,"山河"完全是江山社稷之意了。显然,山河不是人人得而有之的,能拥有山河的,在封建社会(西周和东周),是周王、诸侯乃至少数大贵族(卿大夫),到了帝国时代,就只剩下皇帝一家了。

再说"尽头"。"尽头"的意义,本来很浅显,也很少会有歧义,但在此书中,"尽头"是就生命而言的,也就是"人之将死"之时。事实上,作者就是要写拥有"山河"的少数人临死前的种种情态。写"临死前"这一主题,就我的阅读而言,似乎也谈不上独到,毕竟,我看过美国作家劳伦斯·布洛克的《八百万种死法》,虽然不是写了八百万种"尽头",但也描述了纽约城中各种离奇古怪的死法,包括在家里看电视却无辜被炸死、跟相邻几十年的邻居因一只新宠物而争执动武死亡,等等。劳伦斯·布洛克写作的寓意大约是,在纽约这样的"罪恶之城",每一个人都有他们的死法,谁也逃避不了死亡。当然,我还看到过一本叫《离奇死法大百科》的古怪之书,收录了安葬习俗、名人遗言,以及超过400幅各个时代的医学和历史插图,以及各种令人瞠目的细节,精确而生动地描述了人类不同时期、不同地域的"尽头"。

但当牟森创造性地把"山河"和"尽头"结合到一起的时候,我们就猜出了他老谋深算的诡计。世界上所有的人都会走到"尽头",但不是所有的"尽头"都可以作为历史的标识被铭记和思索。比如牧野之战打到"流血漂杵",死的人自然不少,但和"山河"关联的,却仅纣王一人。记述这个曾经拥有"美哉乎山河之固"

的人的"尽头",带给我们的理性探究和感情冲击,就会格外强烈。牟森正是找到了这样一个角度,他写了无数拥有"山河"的达官显贵们的"尽头",从纣王到伍子胥,从彭生到姜诸儿,从程婴到屠岸贾,从骊姬到夏姬,差不多100个"关键少数"的"关键死亡",成了历史最为冰冷的定格之处。

难得的是,在文字风格上,牟森采用了一种极具海明威特色的冷峻笔法,简约的短句子,不动声色的细节描述,以及极短的篇幅所呈现出的张力,都令人为之叹息。而且64开的小开本,也呈现出一种箴言集般的特殊魅力,让人爱不释手。至少,我是从中获得了极大享受的,毕竟,对于爱书之人,书才是山河,而且,没有尽头。

91. 永远不能忘记那些死亡

读《黑死病：大灾难、大死亡与大萧条（1348—1349）》

- 书　　名：黑死病：大灾难、大死亡与大萧条（1348—1349）
- 作　　者：[英]弗朗西斯·艾丹·加斯凯（Francis Aidan Gasquet）
- 译　　者：郑中求
- 出版机构：华文出版社
- 出版时间：2019年1月

这本书写于100多年前，作者弗朗西斯·艾丹·加斯凯是一位虔诚的英国本笃会修士，曾经担任红衣主教（在教会里，这可是仅次于教皇的高级职务），同时，和许多主教一样，他也是当时非常著名的历史学家。弗朗西斯·艾丹·加斯凯主教大人研究的历史的主要领域就是中世纪史，对于欧洲来说这是停滞甚至倒退的时代，但对于天主教而言中世纪可是他们的黄金时期。教会的地位从来没有像中世纪的欧洲这样崇高无比和神圣不可侵犯。《黑死病：大灾难、大死亡与大萧条（1348—1349）》这本书就是写中世纪的。不过，就我的阅读理解，弗朗西斯·艾丹·加斯凯没有美化教会统治下的欧洲历史。相反，他深刻揭露了欧洲的落后、残酷和无知——也许对上帝的虔诚让他只能实话实说吧。

黑死病是世界历史上的大事。导致欧洲三分之一甚至更多人口死亡的事件，无论如何都是人类历史挥之不去的噩梦。今天，别说死亡三分之一，就是出现三百分之一的非正常死亡，也会让人类社会变成地狱。

本书翔实记录了1348年到1349年欧洲陷入黑死病深渊的全过程，从起源、传播，一直到欧洲最终的深重苦难。作为一个英国人，作者对黑死病在英格兰传播过程的叙述尤其详尽。弗朗西斯·艾丹·加斯凯之所以能够如此详尽地对这样一个很难掌握全面准确第一手资料的课题展开研究，恰恰是得益于他的教士身份。正是这一身份使他有机会接触到大量与黑死病研究有关的资料，尤其是选用了英格兰的主教登记簿、庄园档案等原始资料，从而对黑死病及其影响进行了比较充分的实证研究。其中，他用各个教区教士更迭的速度或者频率来分析整个教区的人口死亡情况，是极具特色和说服力的。这本书成了作者的代表作，也反映了这个问题。

我们今天观察和分析黑死病给人类社会所造成的后果，不仅仅把黑死病看成一个医学问题，而更是一个社会演进的影响因素。能够观察到，黑死病带来了欧洲社会结构的变化。由于人口大量减少，仅存的劳动力变得无比抢手，再把他们固定在封建领主的土地上已经不太现实，农奴制因此就被打破了，而资本主义生产所必需的自由劳工因此产生。黑死病也导致了宗教势力在欧洲的衰退——教士也大批地死亡，以致维护教会权威的人手也不够了。即使教士活着，威信也大不如前，毕竟，如果上帝对这样的灾难无能为力，那他就不是全能的；如果他有能力阻止却不作为，抑或他制造了这场灾难，那他就不是全知或者全善的。一个或者不全能或者不全知全善的上帝为什么要信奉？这就为文艺复兴的祛魅打下了基础。至少，大大降低了教会的权威性。黑死病也带来了妇女的解放：男人都死了，城中的作坊和撂荒的土地只能由女人来照看，这使得女性变得重要，从而有更多的话语权。黑死病带来的这一系列变化也深刻地影响了世界。

　　当然，如果从一个今天的、更高的标准来看，这本书还是有明显的缺陷的。那个时候，人类对于传染类疾病的认知比今天要肤浅得多，因而这本书的作者充其量只能说是一个称职的记录者，只是把搜集到的情况不加分析地汇总到一起，涉及背景性的情况介绍与分析少之又少。当然，鉴于这本书诞生在100年前，我们对它也不能苛求太多。

92. 国之大事

读《中国兵器史》

书　　名：中国兵器史
作　　者：周纬
出版机构：中国友谊出版公司
出版时间：2015年9月

"国之大事，在祀与戎。"古代中国军事的历史，是整个中国古代史十分重要的一部分。研究或者对这方面内容感兴趣的读者，可能读过鸿篇巨制的《中国古代军事史》，读过以若干重要战役的叙述统合而成的历代战役史，以及专门介绍某个朝代战争史事的专门史。当然，关于古代战争，可读之书还包括历代军事家的传记，以及历代军事家所撰写的从战略到战术方面的兵书，从《孙子兵法》到《武穆遗书》，不一而足。由于中国古代战事频发，无世无之，中国古代的兵书也是异常发达，写军事题材的书可谓浩如烟海。

在这众多军事著作之中，有一本书却颇为另类，以其题材的独特角度而言，可能是唯一一本。这就是周纬先生的呕心之作《中国兵器史》。

《中国兵器史》是一部专门研究中国古代历朝历代古兵器的

史书，方家认为，它是这个领域至今绝无仅有的通史类读物，被视为中国古代物质文化史研究的经典之作。我们看看它章节的题目就能知道：

第一章 石兵（角、骨、蚌、玉兵器附）

　　第一节 原始石器时代及旧石器时代之石兵

　　第二节 中石器时代之石兵

　　第三节 新石器时代之石兵

　　第四节 石铜器时代之石兵

　　第五节 玉兵

第二章 铜兵

　　第一节 铜器时代

　　第二节 三代铜兵

　　第三节 三代以后之铜兵

第三章 铁兵（包括钢兵）

　　第一节 周代铁兵

　　第二节 秦汉铁兵

　　第三节 晋唐铁兵

　　第四节 宋代兵器

　　第五节 元代兵器

　　第六节 明代兵器

　　第七节 清代兵器

　　第八节 边疆各族兵器

限于篇幅，节以下的目次没有列出，但也足以说明这部书的独特价值。

为我们留下这部珍贵史稿的周纬先生，可以说是我国古代兵器研究的一位先驱。周纬先生1884年生于安徽（作为对照，比孙中山小16岁，比蒋介石大3岁，比毛泽东大9岁），1903年，他作为官费生赴法国留学，并获得巴黎大学法学博士学位。周纬先生之术业，本来在外交、法学及经济方面，由于著有《巴黎和会纪要》《新国际公法》等书，他在这些领域，也是一时之选。但周先生自幼便喜欢兵器，无论是在国内还是留洋，学业之余，把所有闲暇都留给了中国古兵的研究，为之倾注了毕生的精力。拿今天的话，是一个"把爱好玩成了专业"的另类研究者。1937年，他为"上海市博物馆丛书"写了《亚洲古兵器与文化艺术之关系》一书，在自序中讲道：

> 余童年即喜把玩家藏之周剑，以劈厨刀，厨刀辄缺其口，深异二千数百年前之朽物，铜绿满身，何以尚能犀利坚固若此，是必古人之文化艺术，有非今人之所能及者。稍长喜读侠义之书，窃慕削铁如泥之宝刀名剑，而以未能见及为憾。壮年治学，遂未遑注意及此。

由于这样的爱好，他到了欧洲，就到处搜寻观摩各国收藏家所藏之珍贵古代兵器，广泛接触兵器研究者和收藏家，遍访图书馆与博物馆，搜集研读相关著述，更出资收集了几百件古兵器珍品和近万幅资料图片，将大量精力投入中国及亚洲各国古代兵器的研究中。在大量第一手资料的基础上，他对中国历代兵器的发展源流、形制演变、制作工艺进行了开拓性的研究，取得了丰硕的成果，其集大成者，便是这本弥足珍贵的《中国兵器史》。

  国人研习历史之习惯，多在精神层面。史书记载古史之沿革，凡言辞、事迹、文书、脉络等，皆各有其章节，唯独对物质文明的演变，记载甚简，甚至多告阙如。但就我们对战争史的了解，固然人的精神意志具有决定性，但兵器的演化进步，每每也成为关键之因素。中古时期来自东方的游牧民族，倘要西进，多次战胜具有庞大马队战阵的西方民族，其原因，或在于东方民族先发明了马镫，因之可以单骑作战，双手挥戈或者拉弓射箭，从而大大提高了机动性和杀伤力，便是器物改变历史的明证。重视器物沿革的历史，我们的历史研究才更完整。周纬先生《中国兵器史》的意义，在于填补了空白，更在于开创了新域。

93. 孤独灵魂的哲学倾诉

读《在潮流之后：叔本华读书随笔》

- 书　　名：在潮流之后：叔本华读书随笔
- 作　　者：[德] 阿图尔·叔本华（Arthur Schopenhauer）
- 译　　者：韦启昌
- 出版机构：金城出版社
- 出版时间：2012 年 10 月

本书是叔本华的一本随笔集，辑录叔本华关于阅读、写作以及文学、美学方面的文章。全书篇幅很短，只有 160 页左右，但由于叔本华的深刻和敏感，它并不好读，需要安静的心灵，需要细细地体味。

大学里就读过叔本华的哲学著作《爱与生的苦恼》，虽说似懂非懂，但那个时代的我，正属于悲剧感极强的浪漫主义时代，对叔本华和尼采还是给予了特殊的热情，不时地引用他们的话，且到处谈论。似乎不谈些叔本华、尼采，都不好意思做一个 80 年代的大学生。

后来为稻粱谋，读书少了，叔本华更是渐行渐远，仿佛只是夜行列车经过的一个不停靠的小站，只是借着灯光有印象深刻的一瞥，很快就匆匆过去。直到某一天打开这本随笔，才算是又一次偶遇这位忧郁的哲学大师。

叔本华是一个博学、古板、睿智而又多多少少有些神经质的人。他对哲学赖以存身的时代背景的变迁有敏感的体验，不仅有宽容和理解，更有困惑和不安。如果说黑格尔是古典哲学的最后一人，那么叔本华就可以说是拉开现代哲学的第一人。前者那种构建庞大而复杂的理性大厦的努力，被后者追求以自我内观为主要形式的生命体验所替代。这大概源于远远复杂于古代的现代性冲击，同时，也是受了东方哲学特别是印度哲学渗透之后的体悟。叔本华对黑格尔的敌意和蔑视大致也来源于此，而不仅仅是人们常常认为的柏林洪堡大学师生对黑格尔的追捧和对叔本华的冷遇造成的心理后果。

读这本书就能感受到，叔本华是极其复杂的，他对身处的时代无从把握和驾驭，因而只是说出自己的感受，哪怕是惶恐无助。事实上，人是缺少远见的，总是难以嗅到未来的气息，因而，能有此灵敏感受的人必然是孤独的。这正是叔本华的孤独，尼采的孤独。从形而上学探索的终极意义而言，其实任何一个哲学家都是孤独的。"高处不胜寒。"如果他不孤独，他就不优秀，不杰出，不配成为哲学家。

叔本华打通了东西方，尽管他未及走进来。今天的我们虽说已经身处现代，但真的走进来了吗？难说。

94. 巴勒斯坦永恒的悲剧命运

读《漫步巴勒斯坦：记录一片正在消失的风景》

书　　名：漫步巴勒斯坦：记录一片正在消失的风景
作　　者：［巴勒斯坦］拉贾·舍哈德（Raja Shehadeh）
译　　者：马永波 / 杨于军
出版机构：新星出版社
出版时间：2010 年 8 月

这部颇具纯文学意味的随笔集其实是一部真正意义上的政治著作。它是几个世代以来居于地中海东岸黎凡特地区的巴勒斯坦人对犹太殖民者的血泪控诉。其中对家乡深切的热爱，对自然景物动人的描述，对童年往事的纯情追述，乃至对亲情友情爱情的讴歌与倾诉都令人感动；对入侵者的厌恶，乃至用法律武器来勇敢抗争的勇气也令人印象深刻。

我们曾经习惯于从犹太复国主义的立场或角度来看待巴以冲突，而本书这样一个正好相反的角度弥足珍贵。以往曾读过张承志游历伊比利亚半岛的散文集《鲜花的废墟》，也深切感受了摩尔人被西班牙基督徒赶出家园的那种发自内心的愤怒与绝望。但如果深刻地回忆，我们又发现，其实很难找到理性认知的皈依。毕竟我们也知道，那些人在 7 世纪席卷欧亚非大陆的时候，也曾残暴地入侵、践踏原住民的尊严、财产和生命，而在这两部书中被我们深切同情的对象，正是当年施暴者的后裔。

不由得想起，李敖曾雄心万丈，说3000年青史有我在，就没有说不清楚的。但倘李敖重生，能否说清这个道理呢？

95. 一本令人五味杂陈的书

读《"心经"新诠》

书　　名：　"心经"新诠
作　　者：　何新
出版机构：　北京日报出版社
出版时间：　2013年11月

这本书前前后后看了7年，大约分7年前的某一段、去年的若干时间以及最近几天3个时间段。第一次打开大约是当时正涉猎佛学著作，希望多方面地接触一些关于佛学的论述；后来则几乎是为了读完而读完，一本书读到一半就放下，感觉就像一颗牙掉了，每次触碰那个空洞心里都惴惴不安。

作者何新是一位奇人，他著作甚多，且涉猎极广，哲学、历史、经济学、人类学、考古学乃至古典的诠释，几乎无所不包。他的理论每出惊人之语，仿佛过去说不清的事到他这里全一网打尽似的说明白了。我虽然学问浅薄，许多领域未能深究，但仍然觉得他学问底子未必扎实，多有故作惊人之语之嫌。比如他著《希腊伪史考》，把古希腊文明一棍子打死，我就不太赞成。我很想把他叫成理论界的"张悟本"，就是那个用绿豆打天下的神医，但还是觉得他比张悟本水平高了不少，不能妄加评论。

这本《"心经"新诠》其实是个大杂烩。我猜想，可能是因为出版社跟何新约新书——毕竟他的书卖得很好，他一时拿不出一本书的内容，就临时拼凑了些文章，交给编辑了事。书的命名，也完全是考虑这些文章中最长的一篇。所以这本书的内容，基本上是以研究《心经》为主体，以宗教研究为尺度而编的一本论文集，甚至就是文章汇总，许多只是将古典做了个翻译。我花时间读，也许仅仅还是能有些知识的涉猎，甚至就是因为"已经读开了，那就读完吧"的心理。

我有个河北朋友十分崇拜何新，他也是个剑走偏锋的人，气味大致相投。但我对何新也罢，南怀瑾也好，多少有些警惕，虽然也还没有充分的证据，不肯轻易评之于大师，但"兼听则明，偏信则暗"，即使你不同意他的观点甚至治学态度，也该看了再批判，不是吗？读者诸君要不要看这本书，您自己看着办吧。

96. 苔花如米小，也学牡丹开

读《先前的风气（修订版）》

书　　名：先前的风气（修订版）
作　　者：穆涛
出版机构：陕西师范大学出版社
出版时间：2014年10月

穆涛是我特别喜爱的散文作家，他担任西北大学教授，博士研究生导师，中国散文学会副会长，陕西省文艺评论家协会副主席，中国作家协会散文委员会委员等，头衔一大堆，但在我看来，真正值钱的是"《美文》杂志常务副主编"这个头衔。重点倒不在"副总编"而在于"美文"。

他的散文，确乎担得起"美文"二字。据说，他本是河北人，因为贾平凹识他的才，就给挖到了陕西。我曾经读过贾平凹评论他散文的一篇长文，一时想不起篇名了，但得到同样写美文的贾平凹的如此肯定，也是穆涛实力的侧面印证吧。

我对穆涛的认知，源自他的散文集《先前的风气（修订版）》。这本书，基本上是穆涛读史书的心得笔记，都是短文章，其中大部分是以"稿边笔记"的形式刊登在《美文》上的。到手之后，几乎是一气呵成地看完，阅读的感受一言难尽。读者诸君自可找了体验，当知我言之不虚也。

今日撰此文直接的诱因是读了穆涛的一段以诗论事的文字，动了模仿的念头。他说，古人论境界，有四句妙语，一曰"老来境界全非昨，卧看素帘一缕香"（陆游）；一曰"蓦然回首，那人却在灯火阑珊处"（辛弃疾）；一曰"直到天门最高处，不能容物只容身"（苏耆）；一曰"此中有真意，欲辨已忘言"（陶渊明）。

这四句，都值得悬于室，细细品味。受他的感染，我也写了一段，说安静，可谓之"苔花如米小，也学牡丹开"，不顾粗陋，录于下面：

待在斗室，合上门窗，关掉音响，或者，走进树林深处，风雨不来，鸟声停歇，这大概是安静？但世界安静了，心安静了没有？依我看，安静有四重境界，第一重，曰"空山不见人，但闻人语响"，眼前无人，远处有声，身在空山，心在红尘；第二重，曰"小楼一夜听春雨，深巷明朝卖杏花"，心内寂然，耳边有声，风中有念，雨中有人；第三重，曰"鸟宿池边树，僧敲月下门"，心中无碍，人皆入梦，轻轻敲门，怕惊鸟醒；第四重，曰"结庐在人境，而无车马喧。问君何能尔，心远地自偏"，车马喧闹，心念不动，听雨是雨，听风是风。安静是一念不起，不是寂静无声。

有点意思没有？算是对穆涛的敬意。他还有几本书我还没有看，看了再说吧。

97. 永远的萧红

重读《呼兰河传》

书　　名：呼兰河传
作　　者：萧红
出版机构：中国青年出版社
出版时间：2008年9月

2023年6月1日是民国时期的女作家萧红的诞辰纪念日。早上醒来才知道这一点，遂到书房里翻出她的《呼兰河传》，很快地浏览了前面的几十页，一种乡愁般的情绪便涌上来。于是，便想写写萧红。

写中国的白话文学史，萧红是绕不过去的人物。当然，首先因为她是个女作家，在那个女性识字尚属稀罕的时代，一个年轻女性，能够洋洋洒洒写出若干部文学著作，且品质足可比肩须眉——至少在我看来，《呼兰河传》是可以媲美《边城》的——这便是奇迹般的存在。

萧红本名叫张迺莹，1911年出生于黑龙江省哈尔滨市呼兰区一个地主家庭，虽说家道殷实，但由于母亲本来盼着生个男孩子，又听了算命先生说她不祥，所以对她十分厌弃。而父亲营营于家业，亦无父爱给她。萧红的笔下能有敏锐的人情世故感受，正是与她备受冷漠的孩提时代相关。不过，总归好于穷人家的是她能一直读完初中（尽管小学毕业以后父亲就不想让她读了），她出色的文字天赋才能够显现出来。

萧红只活了31岁，与后来与她并称民国四大才女的其他三位相比，石评梅最短命，只活了26岁便病死。其他两位鼎鼎大名的吕碧城和张爱玲，吕活了50多岁，张爱玲则活了70多岁。四大才女尽管天寿各异，但共同的命运都是情路坎坷，相对单纯的石评梅虽然没有在多个异性旋涡中挣扎，但唯一爱过的高君宇却是有妇之夫，且没来得及理清情丝，高君宇便撒手人寰，天人永隔了。那是一个女人只有微弱自由的时代，四个人皆以才华和气质不屈于命运的摆布，悲剧的结局便是必然的。同样才华横溢的林徽因未能忝列四大，怕是与她前半程有机会摆脱这种悲剧命运，反而写不出沉郁纠结的文字有关。

四大才女中，虽则后来爆得大名的张爱玲似乎出乎其上，但在我看来，最有文学才华的还是萧红。看她的《呼兰河传》，她把呼兰小城的风貌写得出神入化，比起沈从文的边城、林海音的城南、老舍的北平，甚至鲁迅的绍兴，都不落下风，而是各擅胜场。多少有些花心的萧军成就了萧红的文学才华，又亲手扼杀了她通向幸福迷梦的可能，除了人事的纠葛，多半还是出于嫉妒。本想给她个龙套的机会，但登台不久便成了角，萧军不够宽广的心胸便备受打击——看他那些很是小家子气的文字，猜也猜得到。

如同"国家不幸诗家幸"一般，在那样一个风雨如磐的时代，女人成为文学家，最好的命运便是把自己视作烟花，一刹那璀璨在天际，片刻便消逝。同样璀璨的张爱玲虽说活了很久，但她不是也说"成名要趁早"吗？不是到了晚年便深居简出，甚至死去多时才有人发现吗？萧红的悲剧正在于她彻底的不妥协，她不得不求助于男人，但从不因此而出卖灵魂的自由。正是这一点，让她成了不可替代的萧红。也正是这一点，让她一次次被抛弃，最终失去了两个孩子，乃至自己的生命。看《呼兰河传》，她貌似平静甚至有些狡黠的讲述，其实都是带着泪的控诉。这是直到今天也令我们动容的伟大文学，它有时被模仿，有时被遗忘，但从未被替代，遑论被超越。

98. 真理总是在路上

读《寂静的春天》

书　　名：寂静的春天
作　　者：[美] 蕾切尔·卡森（Rachel Carson）
译　　者：吕瑞兰 / 李长生
出版机构：上海译文出版社
出版时间：2017 年

蕾切尔·卡森所著《寂静的春天》是人类环保主义的开山之作。我十几年前看这本书，完全是出于好奇，对它的背景一无所知。后来，随着环保主义在中国的兴起，许多人言必谈卡森，我对此君便有如雷贯耳之感。

但几年前，网上有一篇文章提到，由于《寂静的春天》倡导停用农药 DDT，导致 2000 万人死于疟疾，令人震惊。以下是引自网络大 V "老沈一说" 的网文：

> 柴静自己曾在博客里写过一篇关于 DDT 的故事：当年农药 DDT 被发明出来，用来消灭蚊虫，减少疟疾。但是 1962 年，蕾切尔·卡森发表了著名的《寂静的春天》，指出 DDT 致癌，并污染环境。《寂静的春天》后来几乎成了环保主义者的圣经，并最终导致了 DDT 的全面停用。

听上去棒极了，但可惜，DDT停用之后，又没有同样有效的药物来对付蚊虫，这使得非洲疟疾的发病率飙升，仅南非的一次疟疾大暴发，就导致了至少10万人的死亡。因为DDT的禁用，到了2000年，世界上至少有3亿疟疾患者，每年导致超过100万人死亡，相当于每天都有"7架坐满儿童的波音747失事"。

为此，科学家们开始呼吁重新使用DDT。南非在2003年采纳建议，并迅速把疟疾死亡人数降到50%以下。后来，连世卫组织都开始号召非洲国家重新使用DDT。

此时，已经有大约2000多万人死于疟疾之下。后来，著名作家迈克尔·克莱顿曾说，《寂静的春天》一书所杀的人，大概比希特勒还多。

对于像我一样通过阅读《寂静的春天》而更加确定了环保主义立场的人们来说，上面这些说法无疑是一种颠覆。我甚至曾经怀疑这样的说法来自"可耻的"农药生产商，但通过这几年若干进一步的阅读，我大概有了一些判断，禁用DDT导致疟疾重新肆虐的情况，基本上可以确定是事实。因而，迈克尔·克莱顿说《寂静的春天》一书所杀的人超过希特勒，尽管言辞刻薄，但抛开其价值判断而只看事实判断，则其言不虚。这几乎是让人倒吸一口凉气的。

这或许源于人类理性的傲慢。人们总以为自己通过艰苦的思想探索和实践印证之后，就能抵达真理的终点。从此，这些真理就成了如恒星一样的标准和法度，可以用来甄别一切是非。殊不知，由于理性不可避免的局限性，我们永远抵达不了真理的巅峰。这一点伟大导师恩格斯曾经有过极为精辟的论述：

> 真理是在认识过程本身中，在科学的长期的历史发展中，而科学从认识的较低阶段向越来越高的阶段上升，但是永远不能通过所谓绝对真理的发现而达到这样一点，在这一点上它再也不能前进一步，除了袖手一旁惊愕地望着这个已经获得的绝对真理，就再也无事可做了。在哲学认识的领域是如此，在任何其他的认识领域以及在实践行动的领域也是如此。
> ——引自恩格斯《路德维希·费尔巴哈和德国古典哲学的终结》

但无论是恩格斯之前，还是恩格斯之后，人类在认知世界的过程中，这句话所蕴含的真理性总是被抛在九霄云外。其实，就我们所讨论的关于《寂静的春天》的争议而言，只要明白真理总是在路上的道理，那些被卡森激情点燃的环保主义者可能就不会持有曾经无比过分而极端的立场，而恰恰是这种极端的态度，把卡森的环保主义理念推向了它的对立面。

真理就是如此吊诡，它每每不是毁于它的批判者，而是毁于它无比坚定以至奉若神明的拥戴者。

99. 市场经济的"三驾马车"

读《道德情操论》

> 书　　名：道德情操论
> 作　　者：[英]亚当·斯密（Adam Smith）
> 译　　者：蒋自强 / 钦北愚等
> 出版机构：商务印书馆
> 出版时间：1997年12月

今天是亚当·斯密诞辰300周年纪念日（2023年6月5日）。这样的时刻，自然应该写写这个人类史上无论怎样描述都不过分的伟大人物。

当今社会稍有知识的读者，没有人不知道亚当·斯密。这位苏格兰人号称"启蒙运动伟大的思想引擎"和"现代经济学之父"。仅仅是对于当代学习和研究经济学的人而言，亚当·斯密也是一个无法绕过的人物。然而，就我之所知，大多数人除了知道他写过一本名叫《国富论》的书，提出了一个称作"看不见的手"的原理之外，恐怕对这位伟大思想家的其他情况就说不出太多了。

当然，如果人们有更多的一些记忆，或许也能够记起，在多年前的一次记者招待会上，当时的总理答记者问时曾经颇具匠心地提到了亚当·斯密写过一本书，叫作《道德情操论》。说实话，我就是在收看那次记者招待会的现场直播时第一次听说了亚当·斯密写过这样的一本书。在那个记者招待会的语境里，它有力地阐述了一个极易被人认同的道理——为了克服市场不可避免的弊端（似乎还不完全是市场经济理论中经常提到的"市场失灵"，但有一些内容是一致的），我们需要另一种东西，叫作"道德情操"。这是市场得以维系的必要保障，也是人不至于被现代生活方式异化的一味清醒剂。以往，我们通常都认识到，市场经济不仅仅是一种能够保证效率的经济运营方式，也是一种必须以法治来保障其稳定的社会机制。从那个记者招待会开始，我建立了一种新的概念，那就是，市场经济不仅是一种法治经济，从更为深厚的意义上，它也必然地是一种德治经济。这样，就形成了一种以市场经济作为"服马"驱动，而以"法治"和"德治"作为"参马"左右护持的经济运行和发展方式。每当我们谈到市场经济的时候，我们的脑海里就应该浮现出这样"三驾马车"的情景。假如我们仍然只能记住"市场经济就是法治经济"这样的论断，我们就该知道，当1790年7月17日亚当·斯密离开这个世界的时候，他的墓碑上刻着"《国富论》和《道德情操论》的作者亚当·斯密长眠于此"。他当然写了不止两本书，但在亚当·斯密的心里，只有这两本书，是值得给上帝呈报的人生杰作。

从时间序列看，亚当·斯密完成《道德情操论》的写作，是明显早于《国富论》的。这也差不多反映了亚当·斯密个人的思想探索过程。《道德情操论》共分七部分，修订过六次。在书中，斯密用同情的基本原理来阐释正义、仁慈、克己等一切道德情操产生的根源，说明道德评价的性质、原则以及各种美德的特征，并对各种道德哲学学说进行了介绍和评价，进而揭示出人类社会赖以维系、和谐发展的基础，以及人的行为应遵循的一般道德准则。实际上，相比《国富论》，《道德情操论》给西方世界带来的影响更为深远，对促进人类福利这一更大的社会目的起到了更为基本的作用。通读全书我们能够看出，《道德情操论》的核心思想是：以自利为基础的市场机制必须要用以利他为基础的道德情感来协调，人们之间不但要自利而且要利他，透过人的这两种天性来到达"利益的天然一致"。

如今，身处急剧变革的市场经济大潮中，每一个普通人都面临着贫富差距拉大、股市非理性震荡、房价令人咋舌、社会老龄化加剧、社会诚信缺失、假冒伪劣屡禁不止、生产和生活安全屡受威胁等各种各样的经济与社会相互交织的问题，人们身处于社会之中，每个人都能深切地感受到自私、虚荣、妒忌、仇恨、贪婪、虚伪、谎言、冷漠乃至背信弃义、见利忘义等低级情感弥散周遭，因而对无私、平和、宽容、仁爱、慷慨、真诚、热情、正直、勤俭、乐于助人等人性的美德充满向往。而这些人性中截然相反的面向，以及由此衍生出的人类高级情感——"同情感"，正是200多年前亚当·斯密在撰写《国富论》之前就开始深沉思考的主题和焦点。尽管他涉猎甚广，公事繁忙，依然耗费了大量精力来思索和创作，最后，完成了这本全面、系统和深入分析人类情感的旷世之作。他深刻地阐明了，市场经济的良性运转，既需要整个社会为自由竞争的经济模式付出努力，也需要建立一种来自古老智慧和人性底色的商业文化，那就是，要让每个人都明白，

"利他"不仅是最好的美德,也是最高的智慧。每个人在追求物质利益的同时,都要受道德感念的约束,不要去伤害别人,而是要帮助别人,把这种"利他"的道德情操永远地种植在人的心灵里。唯其如此,整个市场经济才能和谐地运行,国家的繁荣、民族的强盛才能真正实现。显然,这些深刻的洞见,无论是300年前的英伦,还是300年后今天的中国和世界,都将是裨益于发展的金玉良言。我们要正确理解真正的"市场经济",《道德情操论》是必由之路。

100. 俄罗斯民族的不朽灵魂

重读《叶甫盖尼·奥涅金》

书　　名：叶甫盖尼·奥涅金
作　　者：[俄]亚历山大·谢尔盖耶维奇·普希金（Alexander Sergeyevich Pushkin）
译　　者：智量
出版机构：人民文学出版社
出版时间：2018年3月

今天（2023年6月6日）是被誉为"俄国文学之父"的俄国著名作家亚历山大·谢尔盖耶维奇·普希金的诞辰之日。1799年6月6日，这位俄罗斯历史上最伟大的文学家出生于莫斯科一个家道中落的贵族家庭，到他于1837年2月10日因参加决斗受伤致死，他的一生只活了短短38个春秋。在短暂的一生中，他留下了将近800首抒情诗，12部长诗，1部诗体长篇小说。他的早逝令整个俄国感叹："俄国诗歌的太阳沉落了。"

我对普希金的熟悉，主要是初中时就读过的那首《假如生活欺骗了你》。这是一首带给我们巨大鼓舞和激励的经典之作，我曾经在大学里的一场晚会上带着激情朗诵了它，获得了阵阵掌声，现在想来都无比激动：

假如生活欺骗了你，
不要悲伤，不要心急！
忧郁的日子里须要镇静：
相信吧，快乐的日子将会来临！

心儿永远向往着未来；
现在却常是忧郁。
一切都是瞬息，一切都将会过去；
而那过去了的，就会成为亲切的怀恋。

  由于这首诗过于强烈的印象，在我的心目中，一直觉得普希金就像是李白一样的浪漫主义诗人，激情澎湃，热血沸腾，直到上大学后读了他的诗体小说，才发现，即使这个儿时的印象不是全错，也至少是不确切的。

  普希金的代表作是现实主义题材的诗体小说《叶甫盖尼·奥涅金》。这部作品被誉为普希金最伟大、影响最深远、读者也最多的作品，俄国批评家别林斯基曾称之为"俄国生活的百科全书和最富有人民性的作品"，而另一位俄罗斯文学评论家则称之为"俄国现实主义文学的奠基之作"。如果类比中国的文学作品，《叶甫盖尼·奥涅金》当与中国的《红楼梦》相提并论。

  在俄罗斯走向近代化道路的特定历史背景中，叶甫盖尼·奥涅金这个形象具有相当深刻的典型性。奥涅金有过和一般的贵族青年相似的奢靡的生活道路，但是，席卷而来的时代精神大潮也将慵懒迷茫的奥涅金席卷其中，这种大潮正是彼时整个欧洲风云激荡的启蒙主义思想，其中的文艺作品代表，包括亚当·斯密的《国富论》、卢梭的《社会契约论》，乃至拜伦颂扬自由和个性解放的诗歌。作为一个人文禀赋十分优秀的贵族青年，他迅捷而主动地接受了这些进步思想的洗礼，整个人的思想内涵和精神状态都发生了显著的变化。就是在这样的背景下，他厌倦上流社会空虚无聊的生活，抱着对新生活的渴望离开混迹其间的大城市，来到了他曾经厌恶和漠视的乡村，试图从事农事改革。但是，华而不实的贵族教育没有给予他任何实际工作的能力，好逸恶劳的恶习又在他身上打下了深深的烙印，加之周围地主的为难和反对，奥涅金到头来仍处于无所事事、苦闷和彷徨的境地，染上了典型的时代病——忧郁症。尽管看上去有几分相似，但这里所说的忧郁症其实与我们今天经常见到的那种抑郁症并不相同。奥涅金式的忧郁症，是一种经过启蒙主义思想荡涤之后，以往来自宗教的神圣感被"祛魅"，而现实生活中又找不到替代的虚脱之感。他们总是被人生的意义、前途与命运这样宏大的主题吓得不知所措，因而，神圣被践踏，意义被消解，忠诚与情感变得滑稽，因而产生了一种源自心灵深处的苍白感。可以说，并非他们的身体，而是他们的整个精神世界都与新的时代格格不入，进而产生巨大的疏离。19世纪无数欧洲文学家，都创造了这种典型时代背景下的典型人物，托尔斯泰笔下的卡列宁、小仲马笔下的阿尔芒、歌德笔下的少年维特、拜伦笔下的恰尔德·哈洛尔德，莫不如是。

在这样的时代背景下，能够治疗这种忧郁症的"良药"，就是那种小资产阶级式的所谓爱情。奥涅金也是如此，在乡下的庄园，他和连斯基及其未婚妻奥尔伽成为好友。本来，奥尔伽的姐姐达吉雅娜纯朴、多情，她热烈地爱上了奥涅金，并勇敢地写信向他倾诉自己纯洁的爱情，但奥涅金又一次被自己的"虚脱感"打败，拒绝了她。为了逃避这种感情带来的责任与付出，他甚至在一次家庭宴会故意向奥尔伽献殷勤，引起连斯基的愤怒并要求与他决斗，奥涅金在决斗中打死了自己的朋友。追悔莫及之余，奥涅金离开乡下出国漫游。几年后在圣彼得堡一个舞会上，奥涅金和已成为将军夫人的达吉雅娜重逢，发现自己深深爱上了她，但达吉雅娜无法背叛自己的丈夫。尽管深爱着奥涅金，但达吉雅娜拒绝了他。奥涅金的故事就此结束。

普希金在这部著作中写到了决斗这样一种贵族之间理清恩怨的常见方式。显然，在这部多少有点自传意味的作品中，奥涅金的原型正是普希金自己。而他写奥涅金与连斯基的决斗并且打死对方的情节，似乎也反映了他对决斗的某种潜意识中的认同，以及对自身决斗能力的某种自信。遗憾的是，就在7年后，由于法国籍宪兵队队长丹特斯亵渎普希金的妻子娜塔丽娅·尼古拉耶夫娜·冈察洛娃，结果导致了1837年普希金和丹特斯的决斗。不幸的是，才华横溢的普希金就死在了对手的枪下，成了连斯基一样的悲剧人物。令人惊讶的是，普希金事实上是以一种角色互换的方式，在未来的生活中复制了小说里的情节。只不过，在现实中，普希金成了连斯基，而丹特斯成了普希金。这种把生活过成文学，或者把文学过成生活的奇特景象也是19世纪文学与生活的某种真实样貌。

这是一段我们已经陌生的历史。但从近代史的视角，这是所有国家步入近代化和现代化都走过的道路和面临过的心路历程。一方面，贵族阶级即将退出历史的舞台，特别是遭遇黑暗腐朽的专制政体、愚昧落后的农奴制以及适应这种制度的旧文化；另一方面，欧洲启蒙思想文化的传播促使俄国的知识者去思考。在这场俄国传统文化与西方文化的博弈中，西方文化以压倒优势撞击俄国文化。奥涅金的"多余感"是俄国旧文化与欧洲新文化撞击融合的产物，注定了他的悲剧性命运。其实我们看鲁迅先生在小说集《彷徨》中写出的若干人物，难道不是也能窥见这种"无力感"的影子吗？

小说就是在描述完决斗以后不久就戛然而止了。当时就有不少读者追问，奥涅金最后去了哪里？有人说他参加了十二月党人发动的暴动，死在了枪林弹雨中。这似乎是奥涅金最好的结局。但是，普希金却似乎有意识地放弃了这种颇有一抹亮色的尾声。显然，他不知道奥涅金应该向何处去。而他的这部伟大作品的最为伟大之处，恰恰是这种"不知道向何处去"的真实存在。那时候，可能最为进步的思想者，也不知道奥涅金该向何处去。所以，普希金也像易卜生写《玩偶之家》听到娜拉关门的声音，戏就落了幕一样，对奥涅金的归宿，来了个"山回路转不见君，雪上空留马行处"。

后　记

　　本书收录的100篇文章，多是我2023年3月3日开通"晓春荐书"公众号以来发出的读书札记。

　　所有的文章都是我自己写的，既无团队合作，也无润笔帮忙。起初的动因很简单。我酷爱读书，青少年时代就形成了读书的习惯。但那时心浮气躁，读书比较随意，很多书读完了就不知丢到了哪里，也有的读得半途而废。中年之后，不仅读书更多，态度也更加认真，将近20年的时间里，读过的书，大约有2000本。这些书，多数都整理到一起，成了一段物化的记忆。而且，每读完一本书，我也会写些书评或感悟，有的写在书页一侧，有的写到手机里发个朋友圈，也有的是手写到一个本子上，长短不拘，亦无定式，十数年间，林林总总，差不多有好几百篇。当然，由于是个人感悟，多数凌乱而潦草，并不适于拿给人看。

由于阅读并未终止，这样的感悟仍层出不穷。今年春节期间，一位友人建议我开个公众号，将这些断章加以整理，发于网上，或有益于众。我无能焉，写些文章尚可，但编辑成网页，却如蜀犬吠日，不知何以。幸得小友李亚炜者，擅长此道，愿意襄助，遂一拍即合，做起了这个"晓春荐书"。

有朋友问，每日一篇文章虽也不易，但由于所荐之书不同，意味着你每天读书一本，这如何可能？其实，我能每天一篇，是有多年来读书的积累垫底。过去读过的一些书，无论是否写过书评，重新一览，至少可以在一两个小时左右的时间内，写就一篇文章。当然，这要感谢智能手机，有了这个现代工具，碎片化时间，都可以利用起来。今年二三月间，我以之为工具，用了32天的时间，完成了《我看世界杯：一部世界足球的当代史》的创作，26万字，不耽误上班，不影响食宿，甚至连健身的习惯都没有中断——这就是现代科技的力量了。较之写这本书，写书评化整为零，其实还容易些。

这100篇文章，从学科的划分来区分，其实颇为"杂多"。大类言，有文学、哲学、历史学、经济学、社会学、心理学、艺术学乃至宗教类种种，实是我自己读书杂造成的结果。也有朋友建议我做个分类，但各类书籍的数目多寡不一，区分以后，从一本书的结构而言，实在难言美观，索性就只排序号，不做区分。拙见看，即使读者没有这方面的阅读兴趣，单看书评，也还是能有些收益的。倘实在不感兴趣，翻过去就好。

读书很辛苦，读书很快乐。所谓"荐书"，实际上就是我告诉您有个好餐馆，但饭菜还得您自己吃。而且，不好吃也不能怪我。毕竟我是尝过的，以我的口味，那是一道好菜。您要是不爱吃，那也是很正常的事。

感谢马国川老师为出版此书付出的辛劳。我多年以来一直是马老师的"粉丝"，读了他绝大多数的著作，受益匪浅。今日能得他倾力相助，也算圆梦。感谢乔卫兵社长垂爱，中国出版集团中译出版社能如此迅捷把这本书列入出版计划，几乎让我目瞪口呆，喜出望外。当然也要感谢编辑张旭老师的专业精神，和她每一次沟通都令我信心倍增。

感谢崔济哲老师作的序文。我是怀着忐忑不安的心情提出请求的，没想到，崔社长不仅爽快答应，而且很快就写了出来。誉美之词虽然愧不敢当，但他的肯定对我非常重要。

感谢郑也夫老师题写的书名。郑老师也是我特别尊敬和喜爱的作家，他古拙的书风一直是我最喜欢的。这本书能有郑老师的加持，实在是善莫大焉。

感谢我的同学傅小英，她帮我联系出版社，还亲自校对了全书，提出不少中肯的建议。不仅让书变得更好，也让我自己涨了不少学问。当然要感谢小友李亚炜，他几乎以一己之力，做了"晓春荐书"的编辑。也要感谢我的学生余笑帮我整理了初稿，每篇文章前面的图书发行简介，都是她整理的。还有很多朋友值得感谢，考虑到篇幅不能太长，就不一一列举了。

最后感谢我亲爱的家人们。夫人和岳母承担了几乎全部的家务，我才能心无旁骛地把业余时间都投入读书和写作。孩子们欣然成长，而分享他们的点滴，也让我的精神世界更加充实，写书评更有朝气。

是为记。

2023 年 7 月 7 日